초보자들이 가장 쉽게 따라할 수 있는 쉽게 배우는 시리즈 7

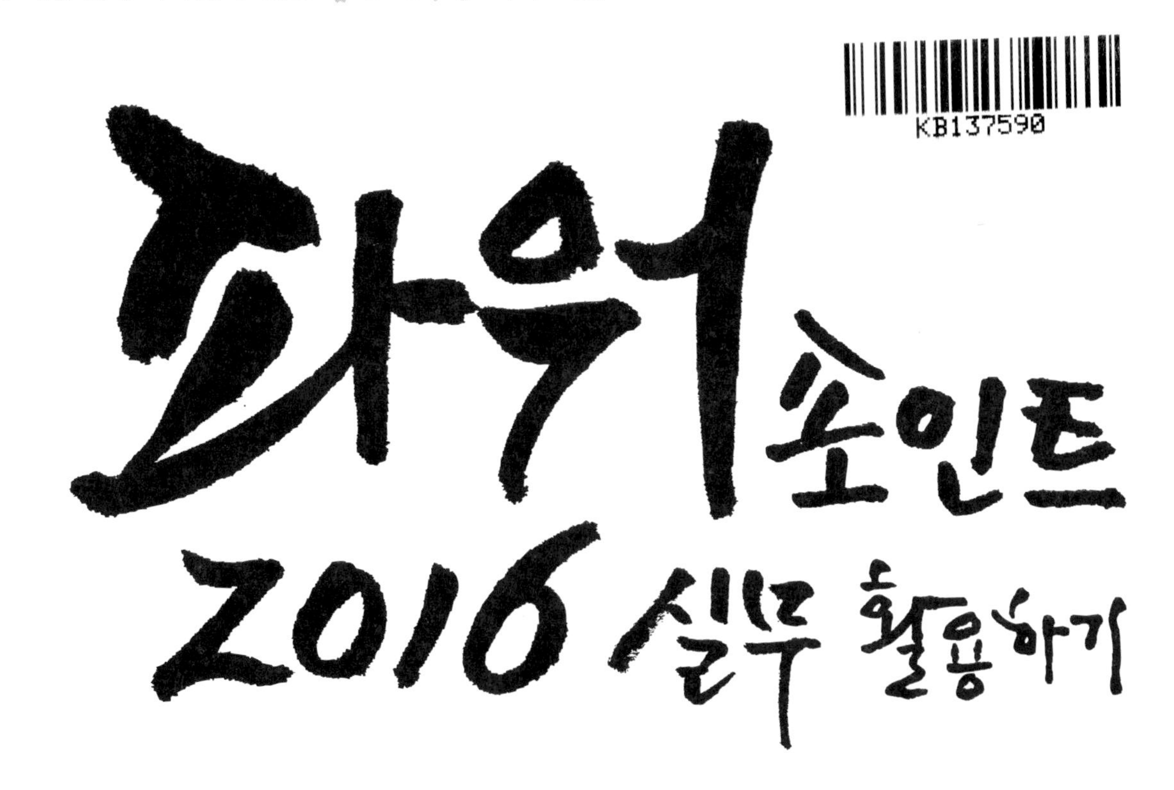

오연주 지음

파워포인트 2016 실무 활용하기

쉽게 배우는 시리즈 7

파워포인트 2016 실무 활용하기

2019년 3월 20일 초판 1쇄 발행
2019년 3월 30일 초판 1쇄 인쇄

저 자	오연주
기 획	정보산업부
펴 낸 이	양진오
펴 낸 곳	(주)교학사
주 소	공장 : 서울특별시 금천구 가산디지털1로 42 (가산동)
	사무소 : 서울특별시 마포구 마포대로14길 4 (공덕동)
전 화	02-707-5314
팩 스	02-707-5316(문의), 02-839-2728(영업)
등 록	1962년 6월 26일 〈18-7〉
홈페이지	www.kyohak.co.kr

이 도서의 국립중앙도서관 출판예정도서목록(CIP)은 서지정보유통지원시스템 홈페이지(http://seoji.nl.go.kr)와 국가자료종합목록시스템(http://www.nl.go.kr/kolisnet)에서 이용하실 수 있습니다. (CIP제어번호 : CIP2019006585)

머리말

파워포인트는 상대방이나 대중들에게 내용과 의미를 좀 더 효과적으로 전달할 수 있도록 프레젠테이션을 제작하는 프로그램입니다.

파워포인트를 처음 접하는 사람들은 어렵고, 복잡한 프로그램으로 느껴지는 것이 현실이지만 이번 교재처럼 가장 기초적인 메뉴와 다양한 기능들을 쉬운 예제와 함께 차근차근 학습해 나간다면 파워포인트 프로그램의 놀라운 기능과 편리함에 감탄하게 될 것입니다.

특히, 파워포인트 2016의 기본적이고 필수적인 기능들을 쉬운 예제와 함께 이해하기 쉽도록 설명하였기 때문에 누구나 혼자서도 공부할 수 있도록 하였습니다. 그리고 본문 구성에 추가한 참고 내용은 파워포인트 2016의 기능을 이해하는데 한층 도움이 될 것입니다.

본 교재는 편집면에서도 큰 글자체와 큰 화면의 시원스러운 편집 및 쉽게 따라할 수 있도록 구성하였습니다. 또한, 혼자 풀어보기의 문제들을 통해 각 레슨의 실습내용을 확실히 정리할 수 있도록 하였습니다.

마지막으로 본 교재를 통해 독자 여러분들의 열정적인 노력과 목표 달성에 소중한 결실을 맺을 수 있기를 진심으로 기원합니다.

저자 오연주

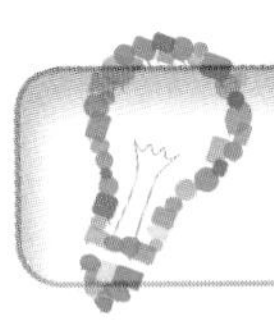

이 책의 특징

발문 : 해당 Lesson에서 학습할 내용들에 대해 가볍게 살펴봅니다.

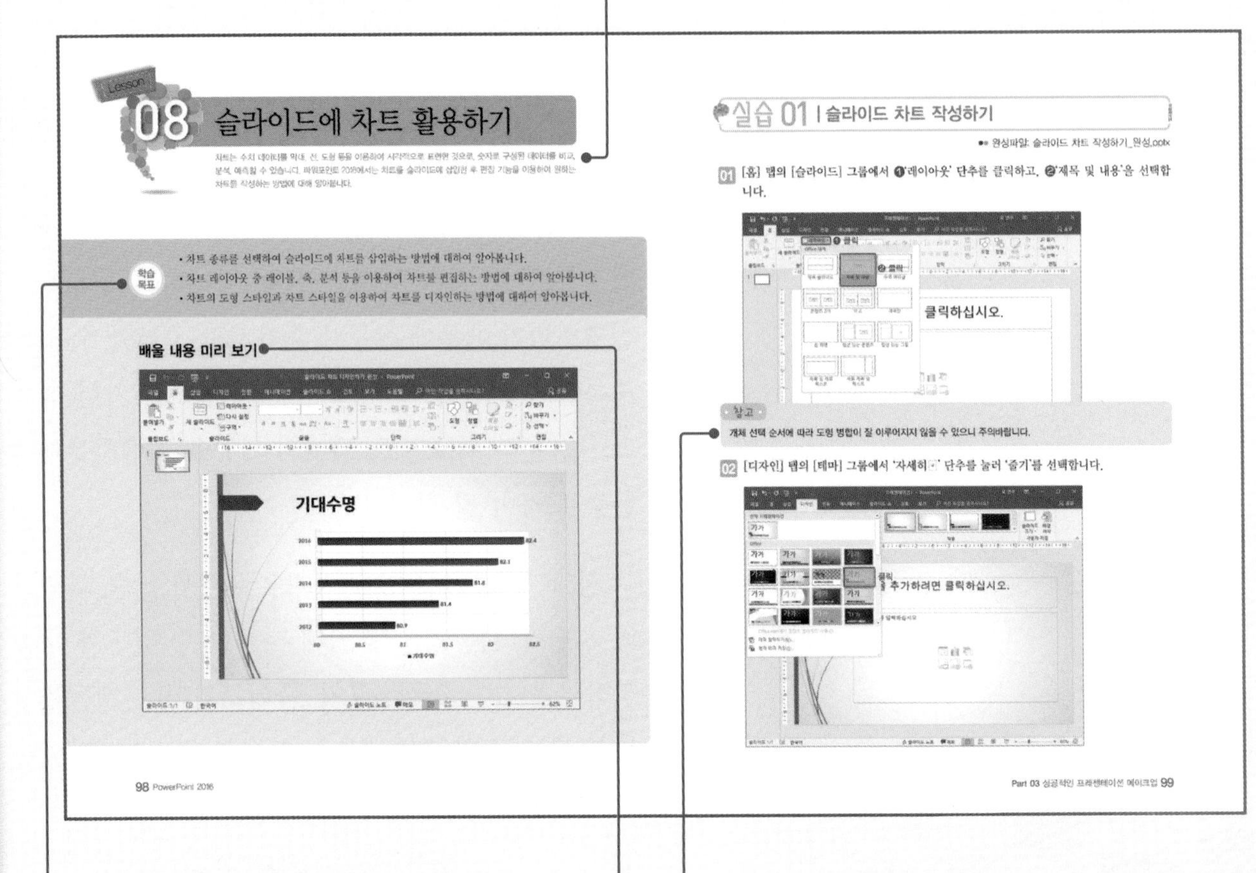

학습 목표 : 실습별 학습에 필요한 중점 사항에 대해 알아봅니다.

실습 : 본문 내용 중에서 학습에 필요한 추가 사항이나 핵심 내용을 일목요연하게 정리합니다.

배울 내용 미리 보기 : 해당 Lesson에서 학습할 내용이 무엇인지를 미리 보기 화면으로 알아봅니다.

혼자 풀어보기 : 하나의 Lesson을 학습한 후 예제를 통해서 학습 내용을 완전히 숙지할 수 있도록 스스로 풀어봅니다.

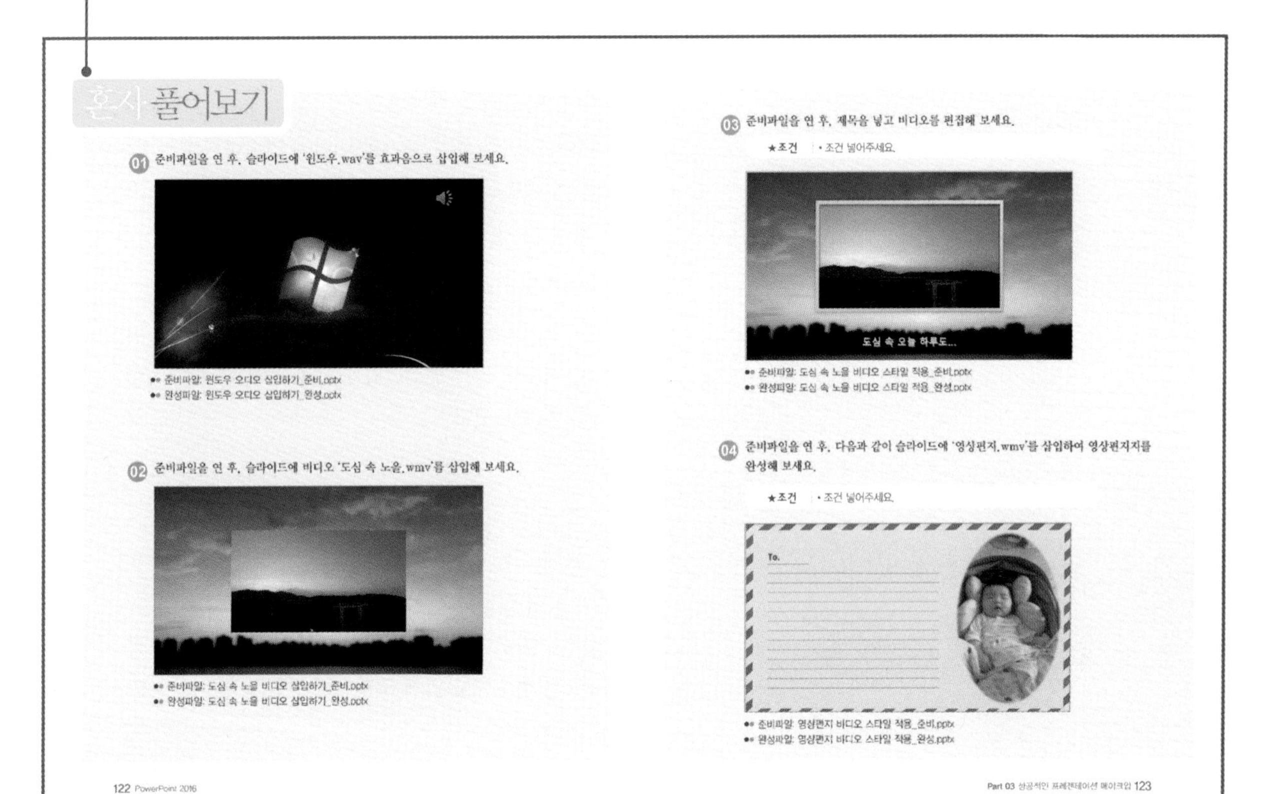

혼자 풀어보기

01 준비파일을 연 후, 슬라이드에 '윈도우.wav'를 효과음으로 삽입해 보세요.

- 준비파일: 윈도우 오디오 삽입하기_준비.pptx
- 완성파일: 윈도우 오디오 삽입하기_완성.pptx

02 준비파일을 연 후, 슬라이드에 비디오 '도심 속 노을.wmv'를 삽입해 보세요.

- 준비파일: 도심 속 노을 비디오 삽입하기_준비.pptx
- 완성파일: 도심 속 노을 비디오 삽입하기_완성.pptx

122 PowerPoint 2016

03 준비파일을 연 후, 제목을 넣고 비디오를 편집해 보세요.

★조건 • 조건 넣어주세요.

도심 속 오늘 하루도...

- 준비파일: 도심 속 노을 비디오 스타일 적용_준비.pptx
- 완성파일: 도심 속 노을 비디오 스타일 적용_완성.pptx

04 준비파일을 연 후, 다음과 같이 슬라이드에 '영상편지.wmv'를 삽입하여 영상편지지를 완성해 보세요.

★조건 • 조건 넣어주세요.

To.

- 준비파일: 영상편지 비디오 스타일 적용_준비.pptx
- 완성파일: 영상편지 비디오 스타일 적용_완성.pptx

Part 03 성공적인 프레젠테이션 메이크업 123

소스 : 필요한 소스 파일은 홈페이지를 통해서 제공됩니다.
(URL : http://www.kyohak.co.kr/에서 [IT/기술/수험서]–[도서 자료]

차례

PART 01 파워포인트 2016의 첫 만남

PART 02 시각적인 프레젠테이션 제작

03 PART
성공적인 프레젠테이션 메이크업

04 PART
멀티미디어 프레젠테이션

PowerPoint 2016

Part 01 파워포인트 2016의 첫 만남

파워포인트 2016 살펴보기

파워포인트 2016을 실행하여 화면 구성 요소에 대해 살펴봅니다. 또한 슬라이드를 작성하고 추가하는 방법에 대하여 알아봅니다.

학습 목표

- 파워포인트 2016을 시작하고 종료하는 방법에 대하여 알아봅니다.
- 파워포인트 2016 실행 화면 구성 요소의 명칭과 기능을 알아봅니다.
- 기본 슬라이드를 작성하고, 저장하는 방법에 대하여 알아봅니다.

배울 내용 미리 보기

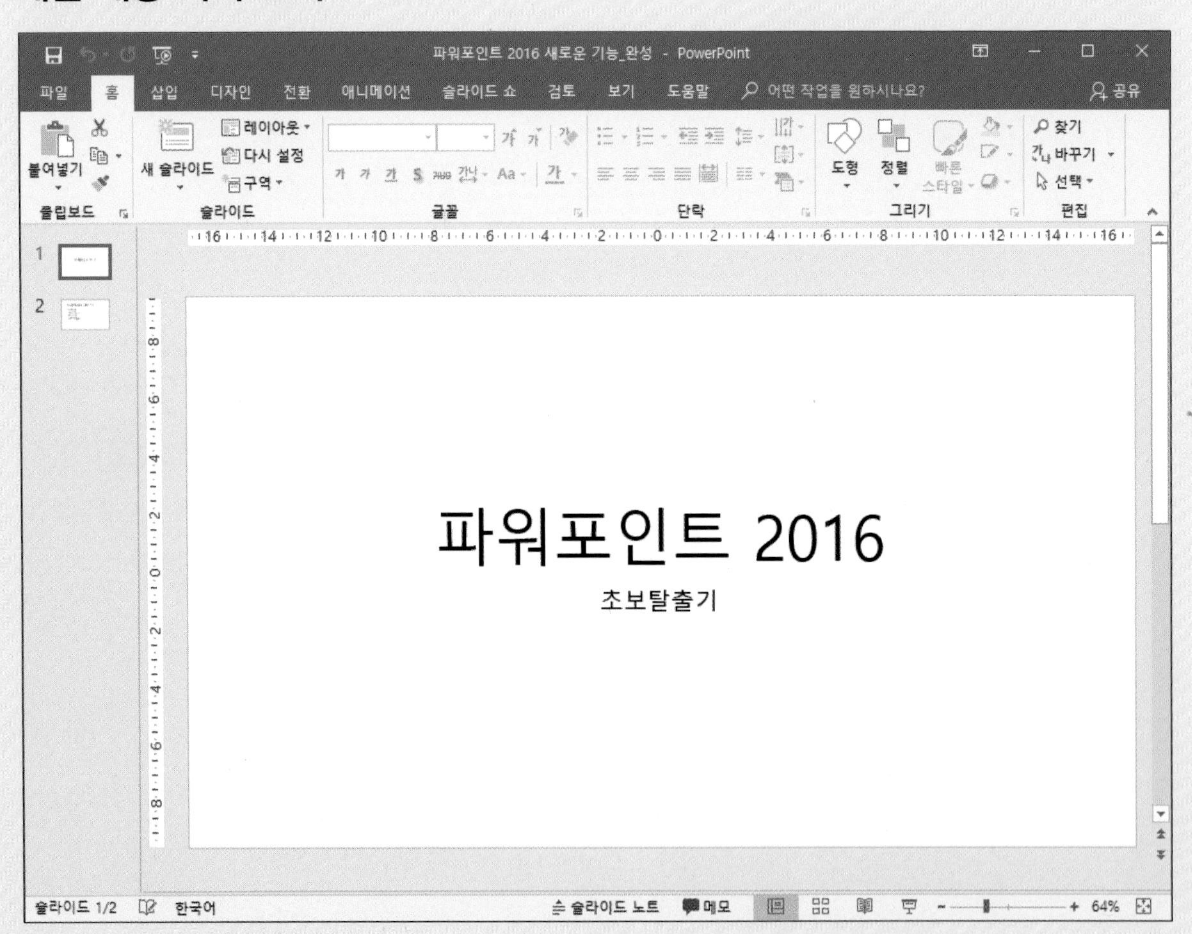

실습 01 | 파워포인트 2016 시작과 종료하기

01 [시작]-[모든 프로그램]-[Microsoft Office]-[Microsoft PowerPoint 2016]을 차례대로 선택합니다.

02 파워포인트 2016 프로그램이 실행되면서 다음과 같은 슬라이드 화면이 나타납니다.

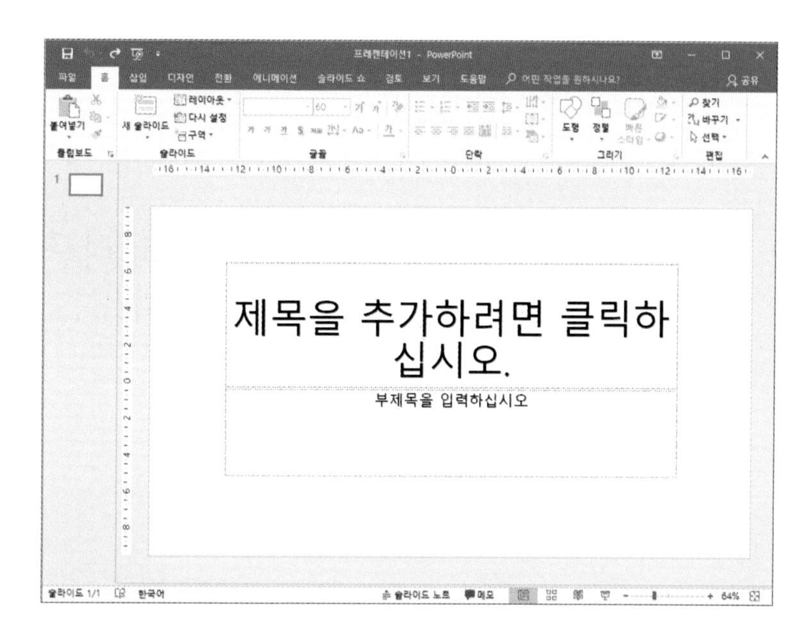

03 파워포인트 2016을 종료하려면 [파일] 탭을 클릭한 후 [닫기]를 선택합니다.

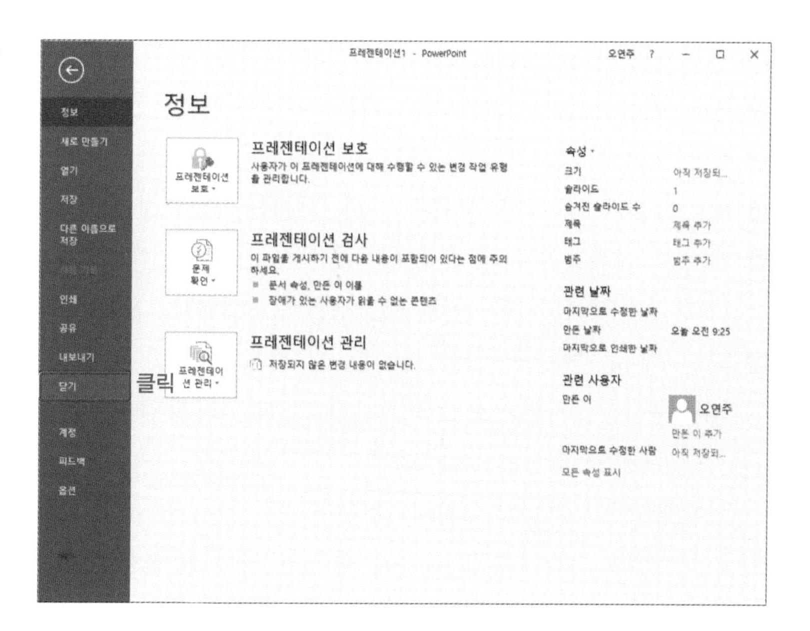

실습 02 | 파워포인트 2016 화면 구성 알아보기

화면 구성 요소

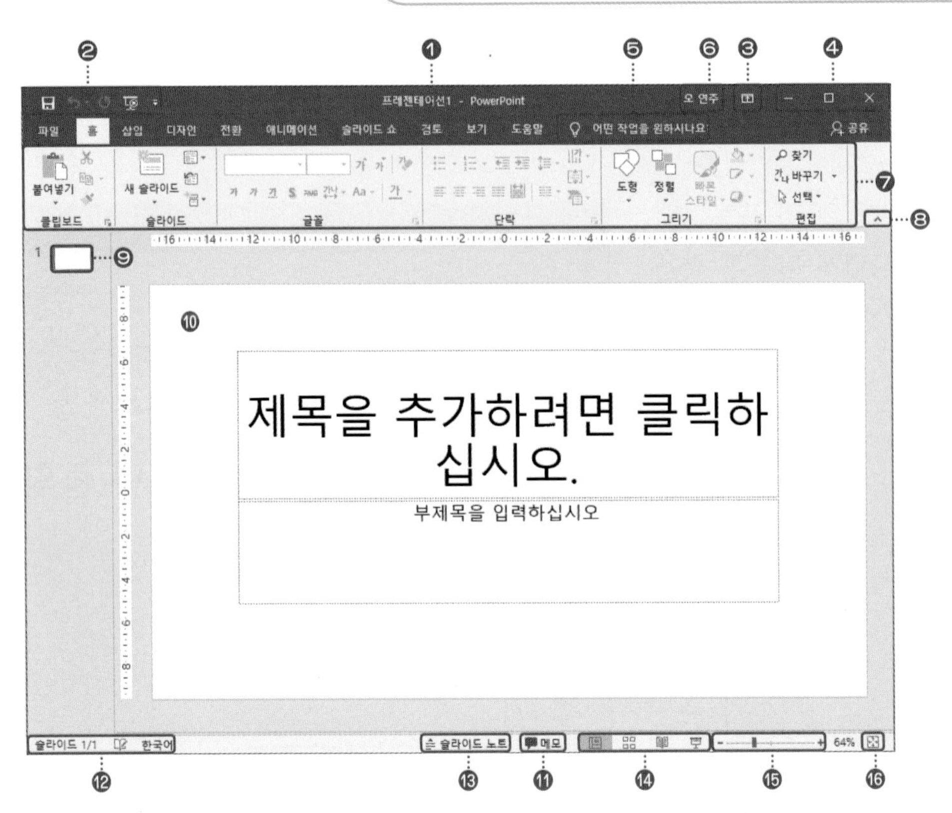

❶ 제목표시줄 : 프로그램 이름과 현재 편집 중인 문서의 이름이 나타납니다.

❷ 빠른 실행 도구 모음 : 자주 사용하는 명령을 모아 놓은 도구함입니다. 필요에 따라 명령을 추가 또는 삭제할 수 있고 [저장], [다시 실행], [처음부터 시작] 명령이 구성되어 있습니다.

❸ 리본 메뉴 표시 옵션 : 리본 메뉴 자동 숨기기, 탭 표시, 탭 및 명령 표시가 가능합니다.

❹ 프로그램 창 조절단추 : 파워포인트 창을 최소화/최대화하거나 닫을 때 사용합니다.

❺ 텔미(Tell me) : 찾으려는 기능이나 툴을 검색창에 입력하면 바로 찾아줍니다.

❻ 사용자 이름 : 마이크로소프트 계정으로 로그인하여 사용자 이름을 클릭하면 메뉴가 나타납니다. [계정 설정]을 클릭하고 사용자 정보에서 원하는 정보를 변경합니다.

❼ 리본 메뉴 : 슬라이드를 작성할 때 필요한 각종 명령을 기능별로 구분해서 탭 형태로 모아 놓았습니다. 기본적으로 파일, 홈, 삽입, 디자인, 전환, 애니메이션, 슬라이드 쇼, 검토, 보기로 구성되어 있습니다. 슬라이드의 개체를 선택하거나 그림이나 표 등의 요소를 삽입하면 상황별 탭이 자동으로 나타납니다.

❽ 리본 메뉴 축소단추 : 화면이 좁아서 보기 불편할 경우 리본 메뉴를 축소하고 탭만 표시할 수 있습니다.

❾ 슬라이드 축소판 창 : 열려있는 파워포인트 파일의 각 슬라이드가 작은 그림으로 나타납니다.

❿ 슬라이드 창 : 슬라이드를 편집하는 작업 영역으로 도형, 텍스트, 차트, 표 등의 개체를 삽입하고 편집합니다.

⓫ 메모단추 : 메모단추를 클릭하면 화면 오른쪽에 메모 작업 창이 나타나며, [새로 만들기] 단추를 클릭하여 원하는 메모를 추가합니다.

⓬ 상태표시줄 : 현재 편집 중인 슬라이드 번호 및 입력 언어를 표시합니다.

⓭ 슬라이드 노트단추 : 슬라이드 노트단추를 클릭하면 슬라이드 창 아래에 슬라이드 노트 창이 열립니다. 감추려면 다시 슬라이드 노트단추를 클릭하면 됩니다.

⓮ 화면 보기단추 : 기본, 여러 슬라이드, 읽기용 보기, 슬라이드 쇼 보기 등 원하는 대로 화면 보기를 변경하여 작업할 수 있습니다.

⓯ 확대/축소 : −단추를 클릭하면 화면이 축소되고 +단추를 클릭하면 화면이 확대됩니다. 조절바를 드래그하여 조정할 수도 있습니다.

⓰ 현재 창 크기에 맞춤 : 슬라이드 크기를 현재 창 크기에 최대한 맞춥니다.

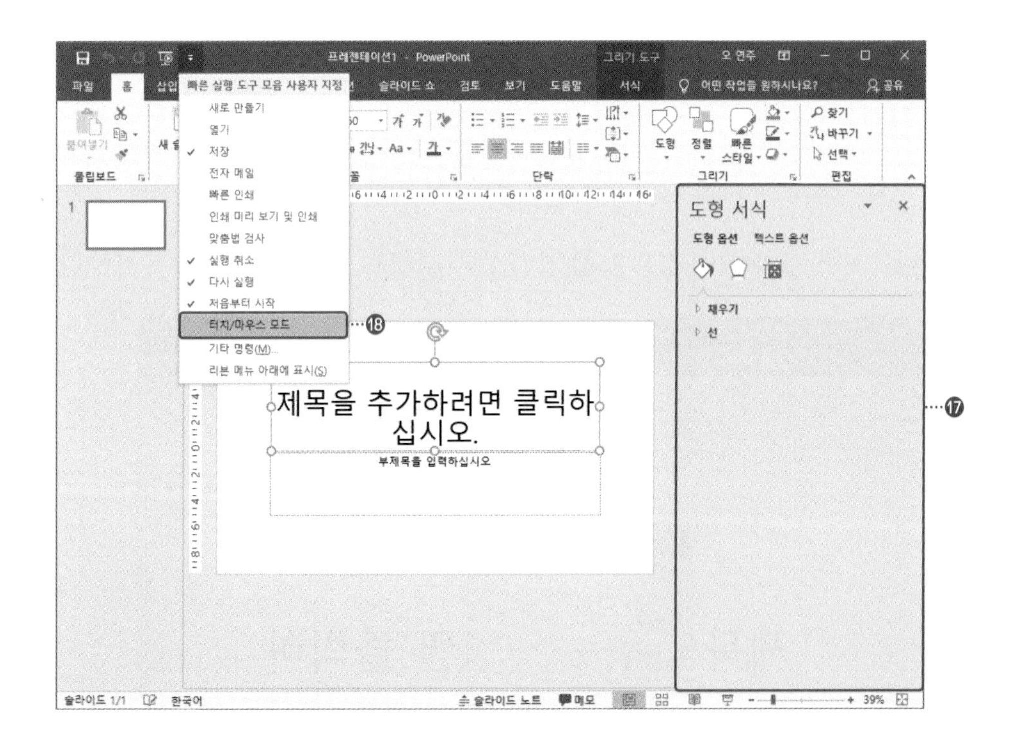

⓱ 작업 창 : 오른쪽에 있는 작업 창에서 명령이나 옵션을 적용합니다.

⓲ 터치/마우스 모드 : 터치 제스처를 통해 슬라이드를 살짝 밀고, 누르고, 스크롤하고, 확대/축소하며 프레젠테이션을 실감나게 진행할 수 있습니다. 터치 사용에 최적화하도록 명령 사이의 간격이 넓어집니다.

화면 확대/축소하기

01 [보기] 탭의 [확대/축소] 그룹에서 '확대/축소' 단추를 클릭합니다.

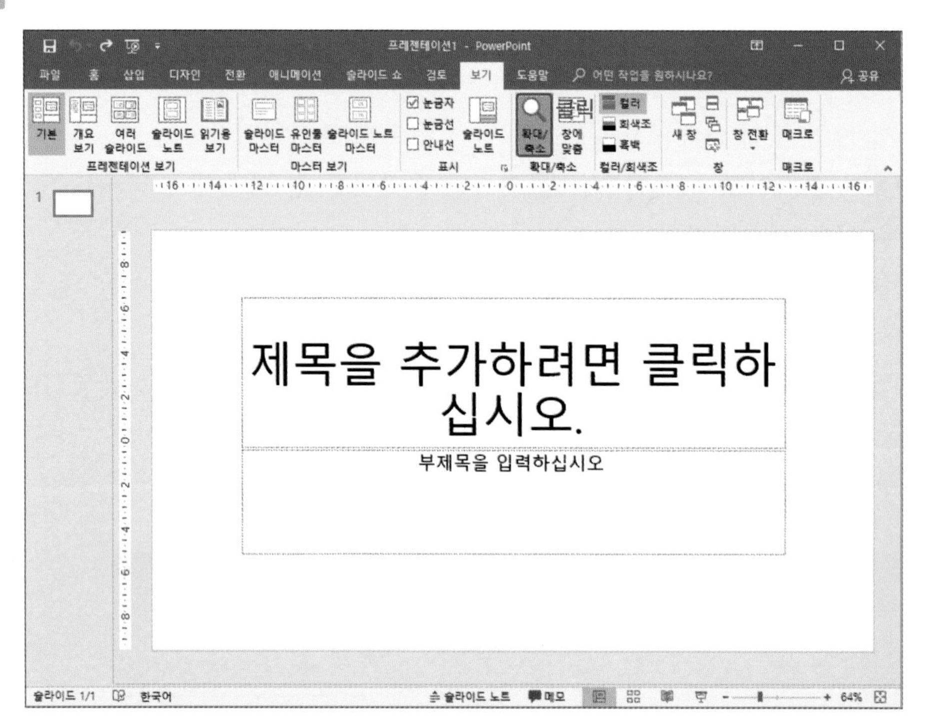

02 [확대/축소] 대화상자에서 배율을 ❶'100%'로 선택하고, ❷[확인]을 클릭합니다.

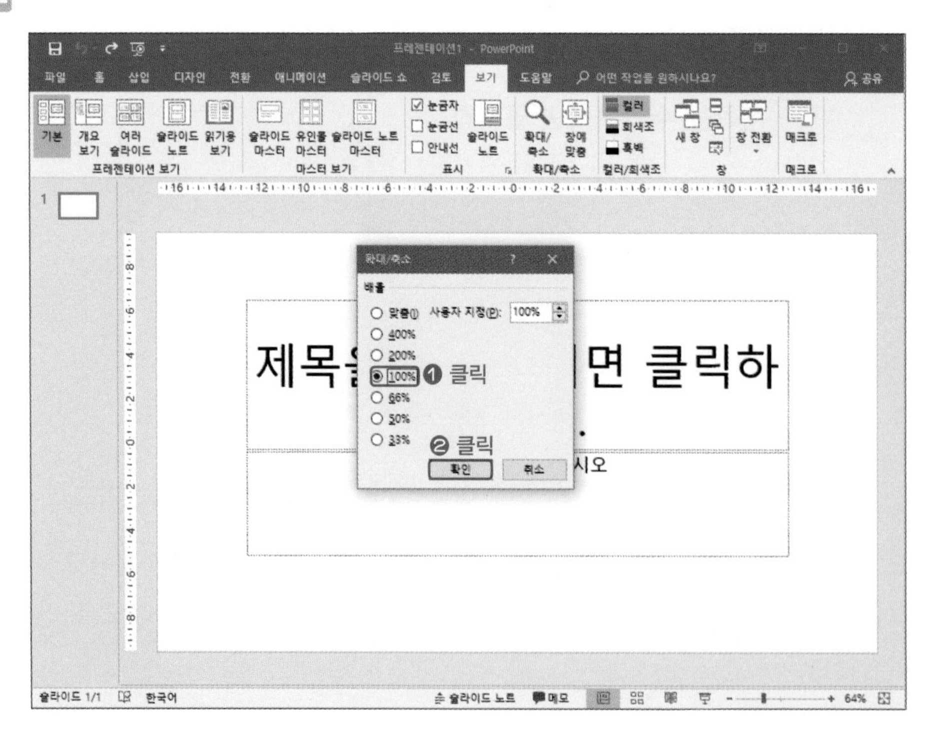

03 슬라이드 화면이 확대된 것을 확인할 수 있습니다. [보기] 탭의 [확대/축소] 그룹에서 '창에 맞춤' 단추를 클릭합니다.

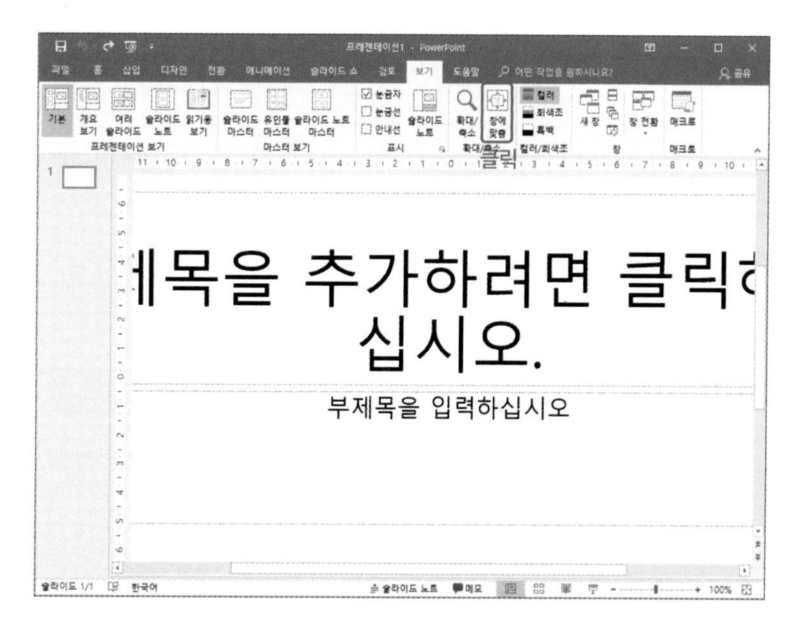

04 슬라이드 화면이 다시 창에 맞춰 축소되었습니다.

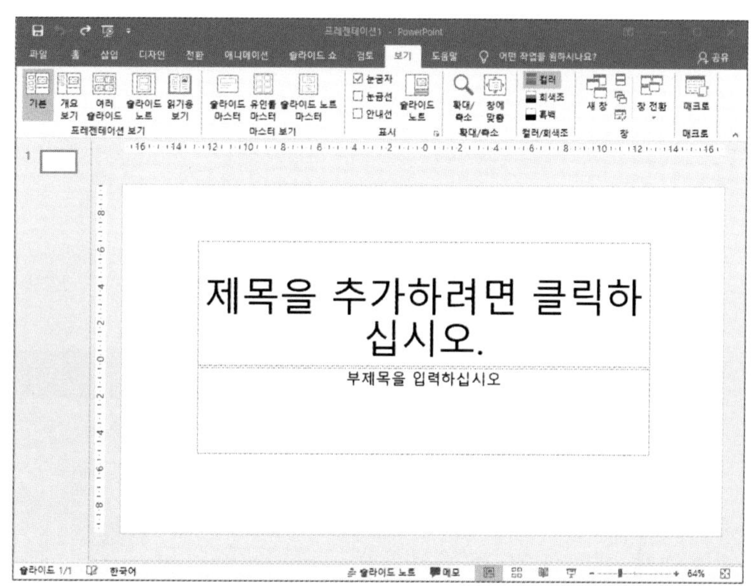

참고 확대/축소

상태표시줄에 있는 '확대/축소' 슬라이더를 이용하여 슬라이드 화면의 크기를 쉽게 조절할 수 있습니다. 또한 '크기에 맞게' 단추를 클릭하면 슬라이드 화면을 원래의 창 크기에 맞게 조절할 수 있습니다.

실습 03 | 슬라이드 작성과 저장하기

●● 완성파일: 파워포인트 2016 새로운 기능_완성.pptx

슬라이드 작성하기

01 파워포인트 2016을 실행한 후, 제목 슬라이드의 제목 텍스트 상자와 부제목 텍스트 상자에 다음과 같은 내용을 입력합니다.

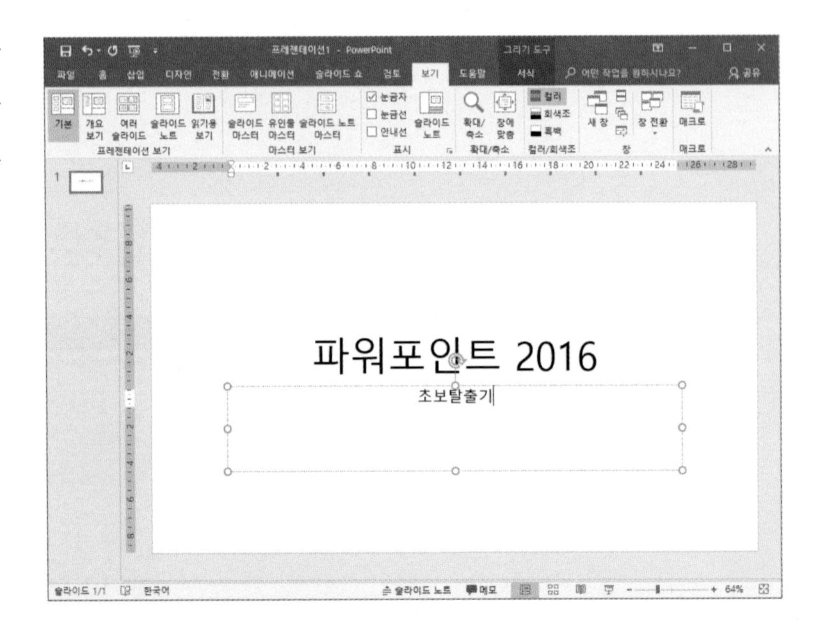

02 새로운 슬라이드를 추가하기 위하여 [홈] 탭의 [슬라이드] 그룹에서 ❶'새 슬라이드' 단추를 클릭하고, ❷'제목 및 내용' 레이아웃을 선택합니다.

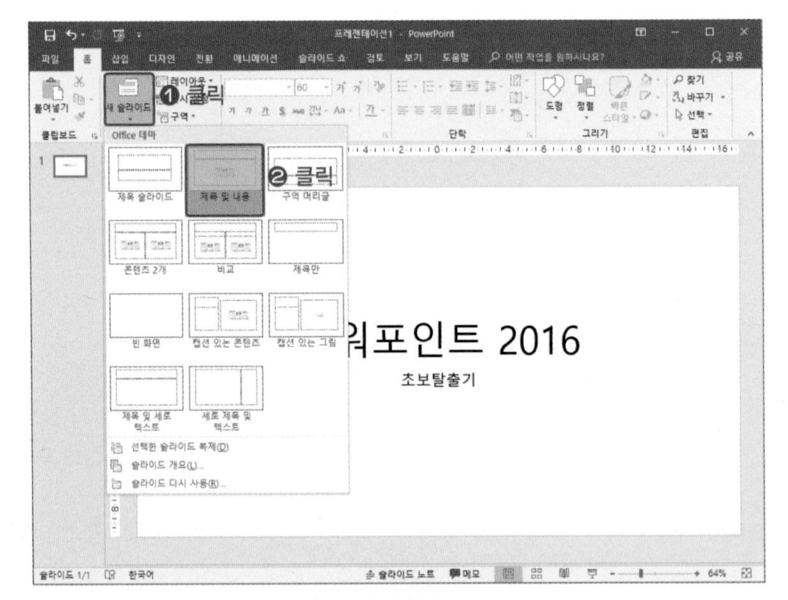

참고

새 슬라이드를 만드는 단축키는 Ctrl + M 입니다.

03 제목과 내용 영역에 각각 다음과 같이 입력합니다.

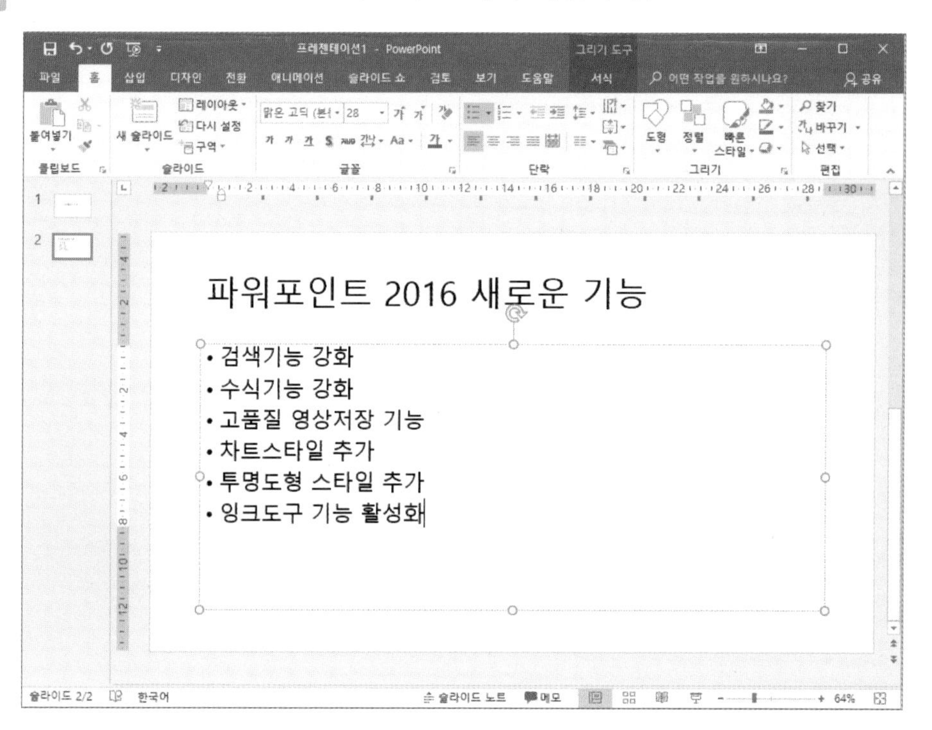

슬라이드 저장하기

01 입력한 슬라이드 내용을 저장하기 위하여 [파일] 탭을 클릭하고, [저장]을 선택합니다.

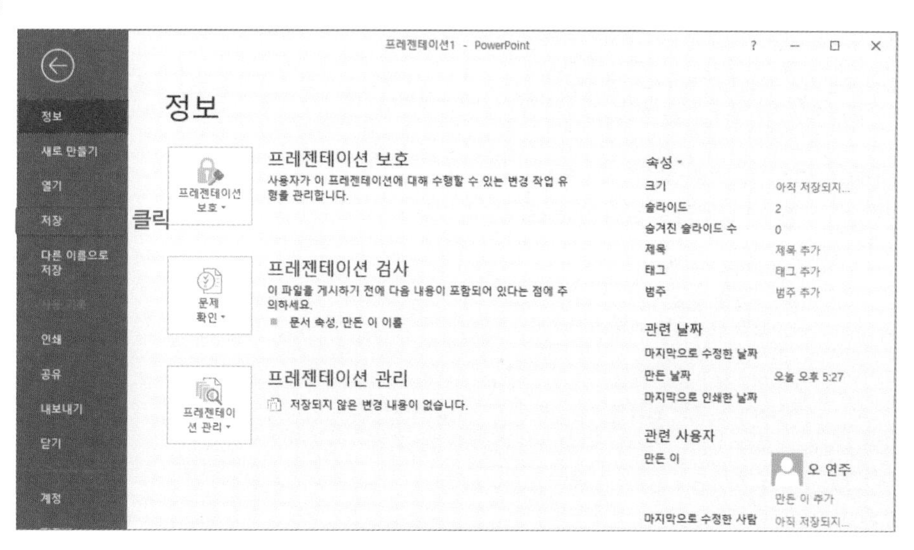

참고

슬라이드 저장 단축키는 Ctrl + S 입니다.

02 [다른 이름으로 저장] 대화상자에서 저장 위치를 정하고, ❶파일 이름을 "파워포인트 2016 새로운 기능"이라고 입력한 후, ❷[저장]을 클릭합니다.

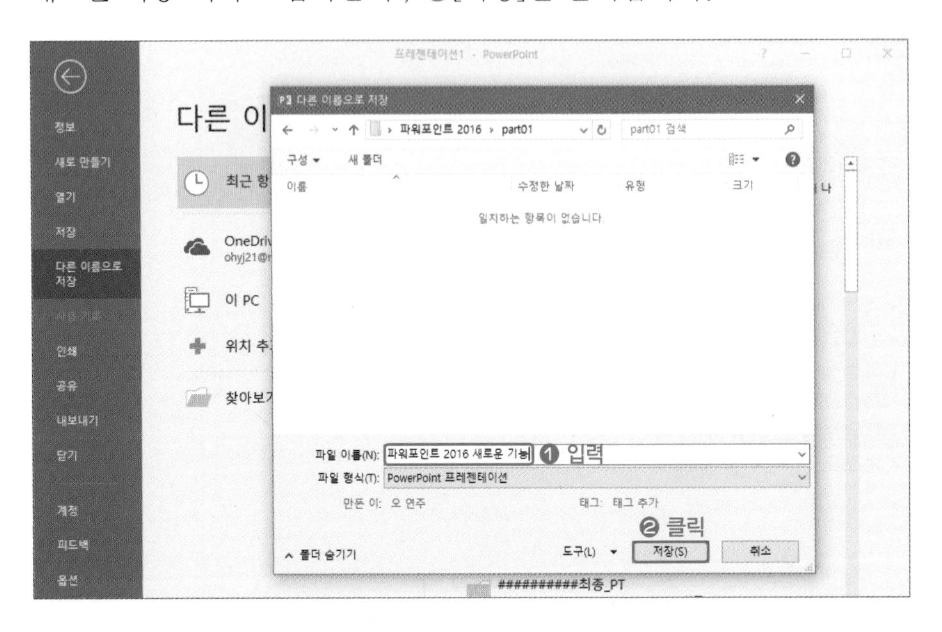

03 제목 표시줄에서 ❶파일 이름이 바뀐 것을 확인한 후, 화면 오른쪽 상단에서 ❷'닫기'를 클릭하면 파워포인트가 종료됩니다.

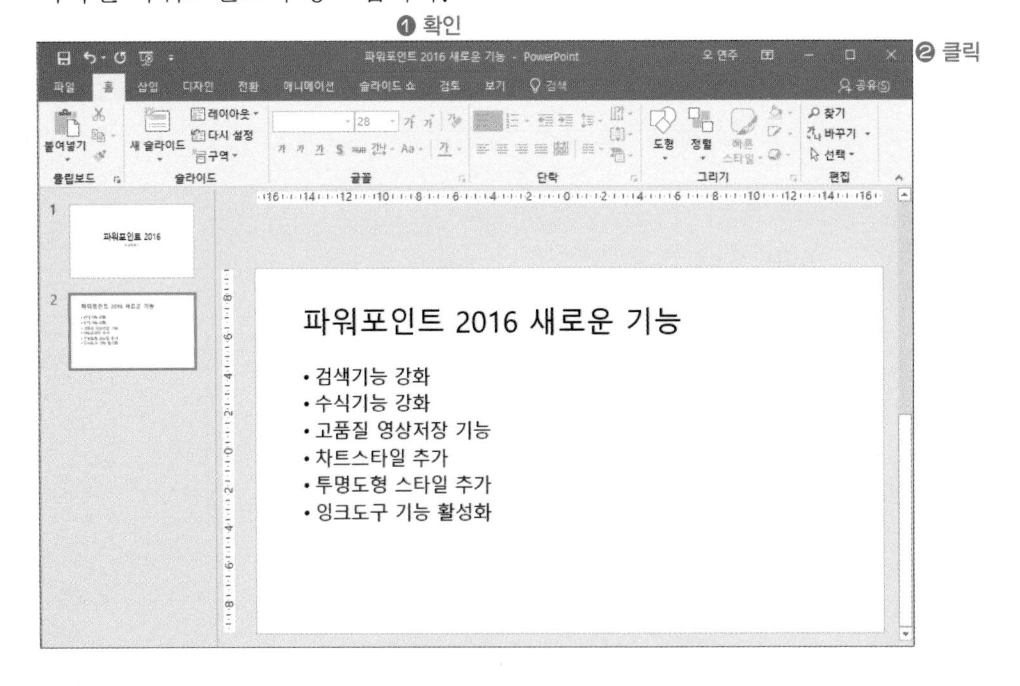

참고

파워포인트 프로그램을 종료하는 단축키는 Ctrl + W 입니다.

혼자 풀어보기

01 새 프레젠테이션을 연 후, 다음과 같은 내용을 입력하고, 원하는 위치에 '보이스피싱.pptx'로 저장해 보세요.

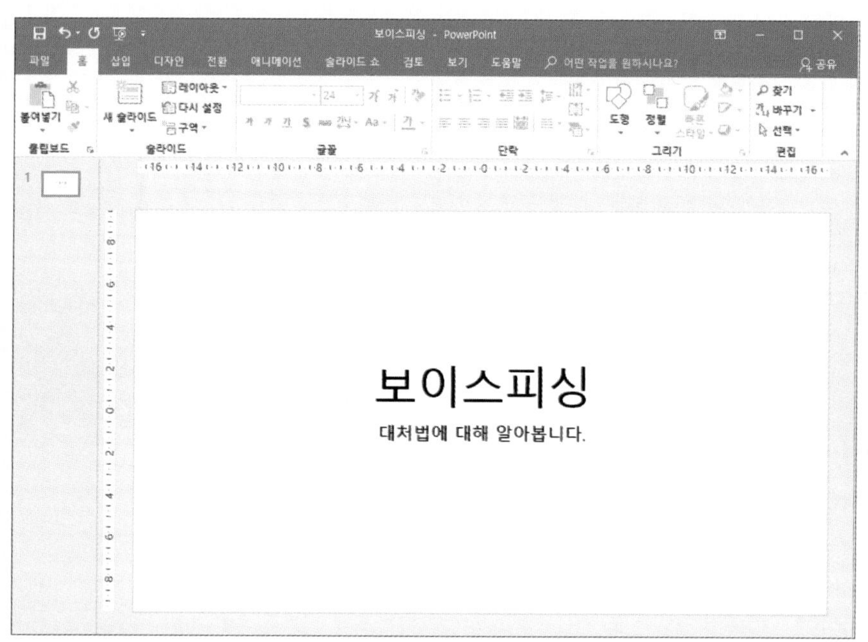

●● 완성파일: 보이스피싱.pptx

02 '제목 및 내용' 슬라이드를 추가하고, 다음과 같은 내용을 입력해 보세요.

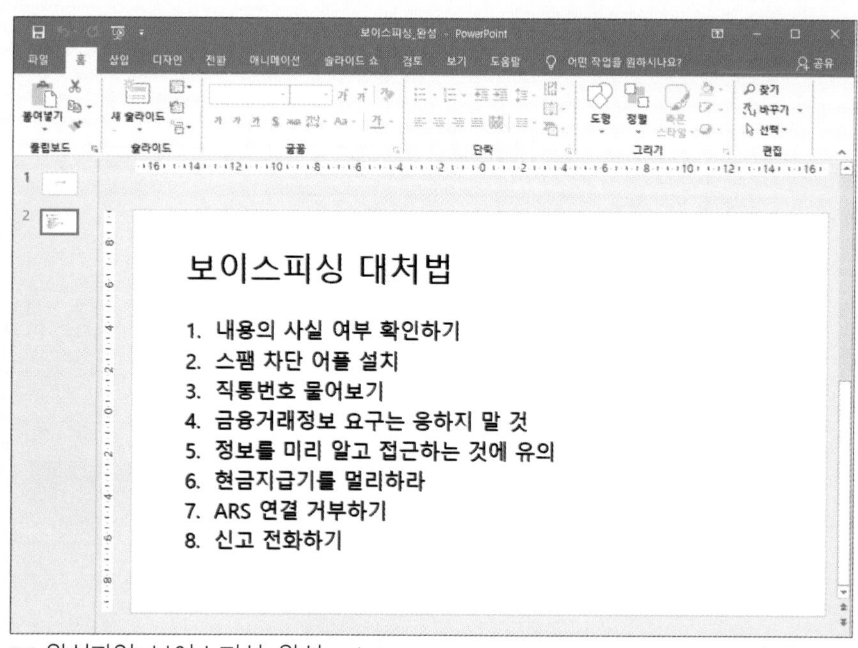

●● 완성파일: 보이스피싱_완성.pptx

프레젠테이션 기본기

디자인 테마를 적용하여 슬라이드를 꾸며봅니다. 또한, 파워포인트의 기본이면서 자주 사용하는 기능인 슬라이드 크기/추가/레이아웃 변경 및 이동/복사/삭제 실행 방법에 대해 알아봅니다.

학습 목표

- 슬라이드 배경에 디자인 테마를 적용하는 방법에 대하여 알아봅니다.
- 원하는 크기 및 레이아웃의 슬라이드를 추가하는 방법에 대하여 알아봅니다.
- 슬라이드 순서를 바꾸기 위해 슬라이드의 이동/복사/삭제 방법에 대하여 알아봅니다.

배울 내용 미리 보기

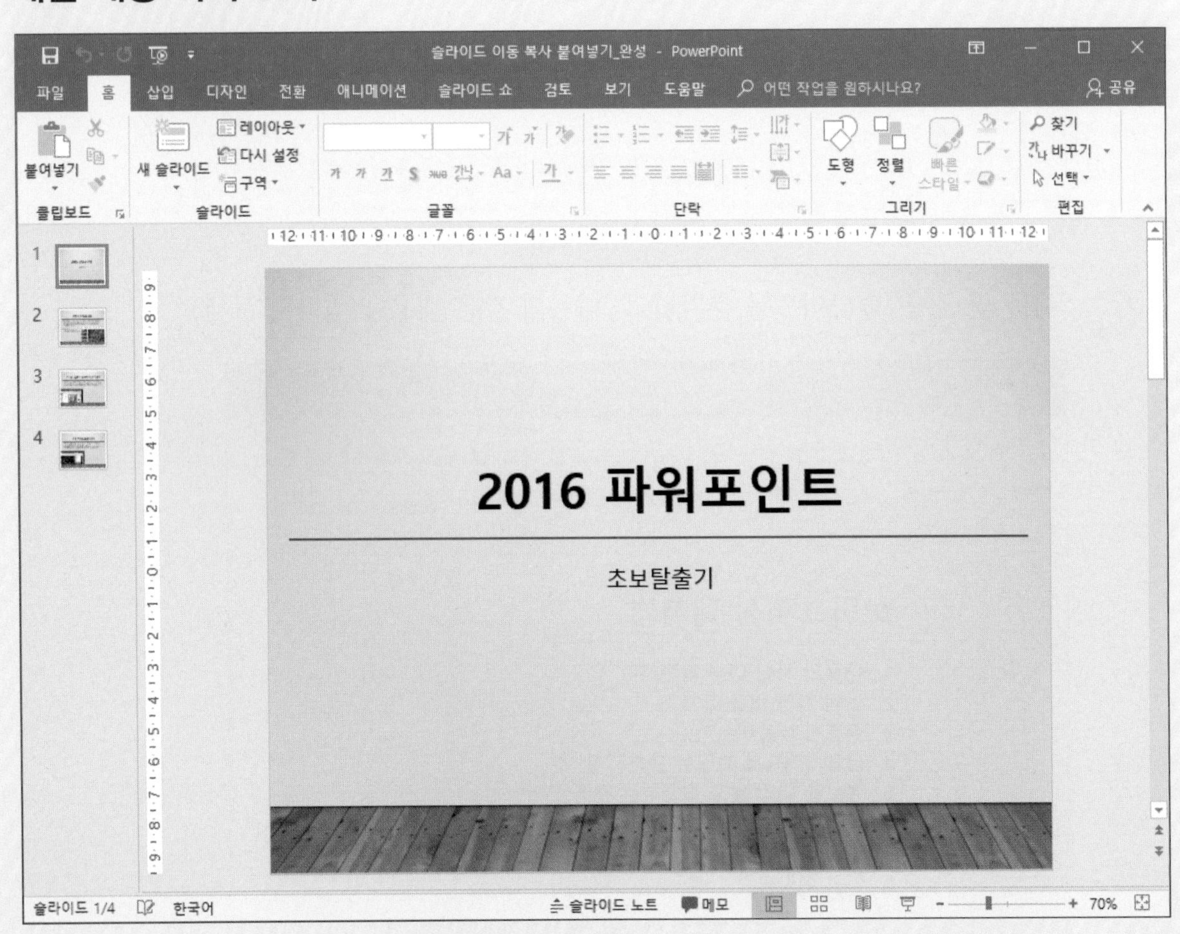

실습 01 | 디자인 테마 적용하기

●● 완성파일: 갤러리테마_완성.pptx

01 파워포인트 2016을 실행한 후, [디자인] 탭을 클릭합니다.

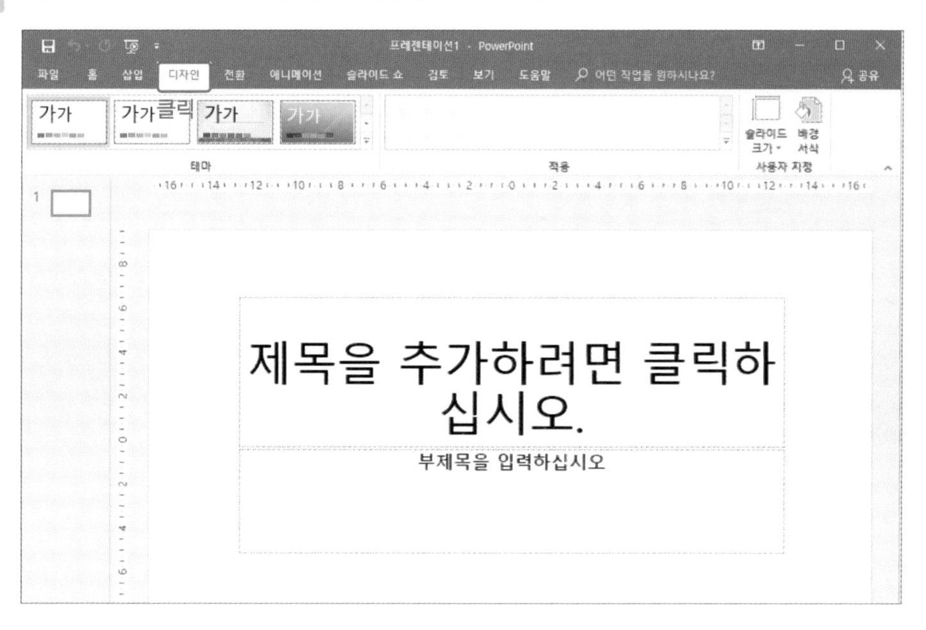

02 '자세히 ' 단추를 클릭하여 '갤러리' 테마를 선택합니다.

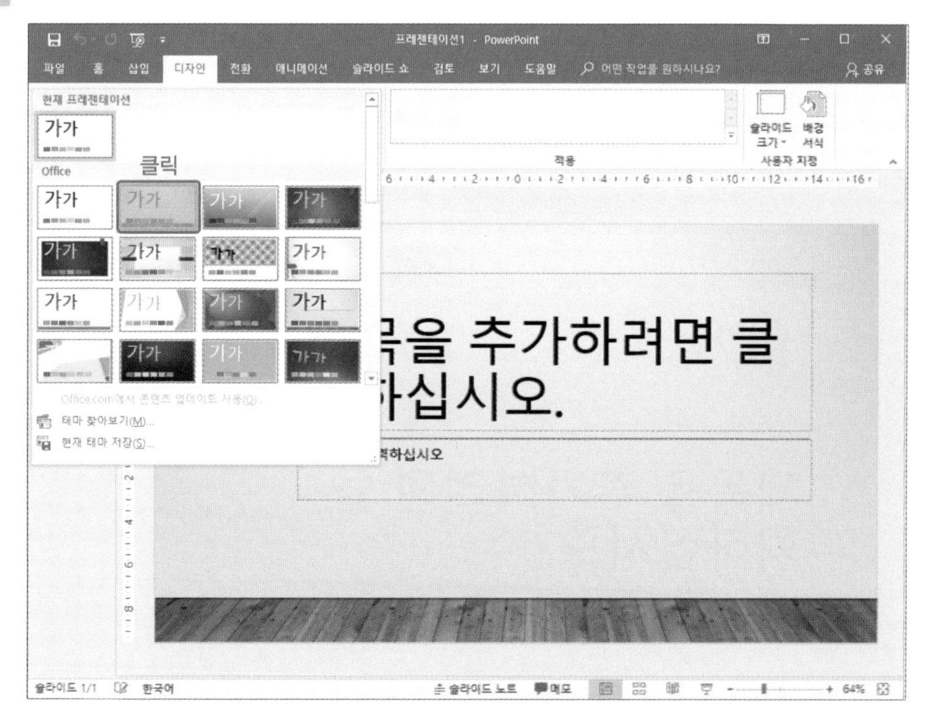

03 선택된 테마가 적용된 프레젠테이션을 확인할 수 있습니다.

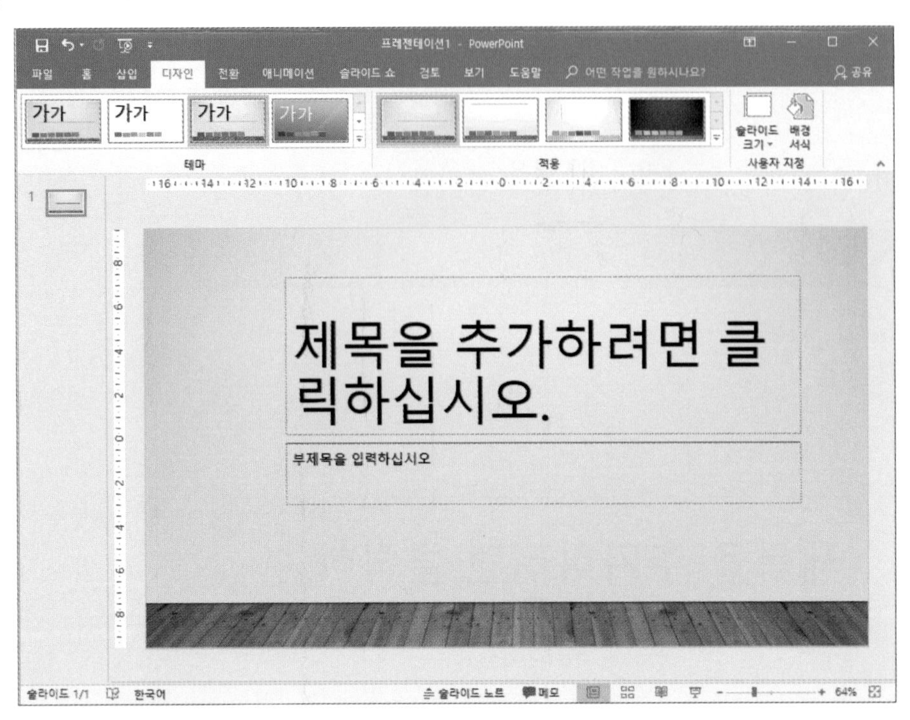

실습 02 | 슬라이드 크기/추가/레이아웃 변경하기

●● 완성파일: 슬라이드 크기 추가 레이아웃 변경하기_완성.pptx

01 슬라이드의 크기를 변경하기 위해서 [디자인] 탭의 [사용자 지정] 그룹에서 ❶'슬라이드 크기' 단추를 클릭한 후, ❷'표준(4:3)'을 선택합니다.

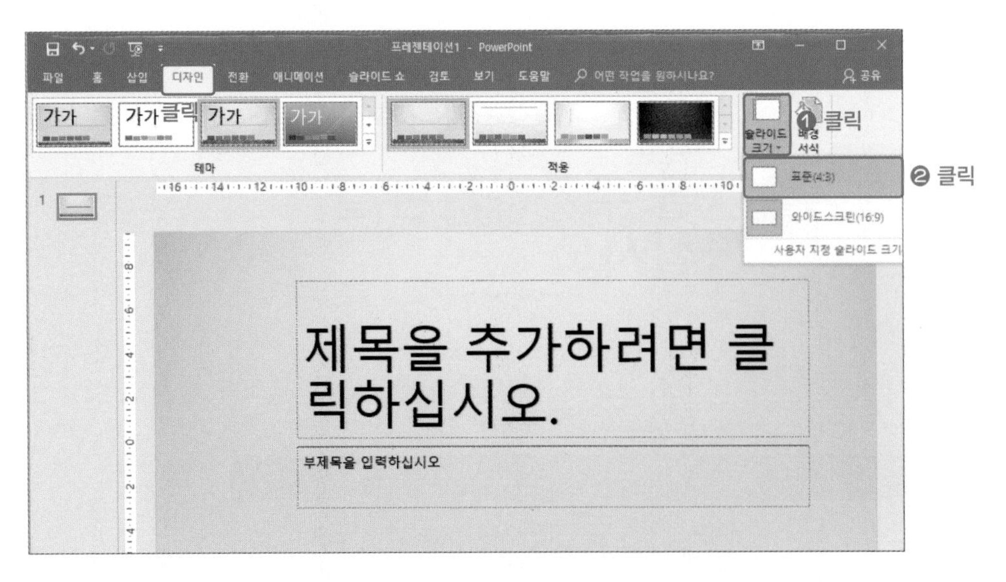

02 대화상자에서 '맞춤 확인' 단추를 클릭합니다.

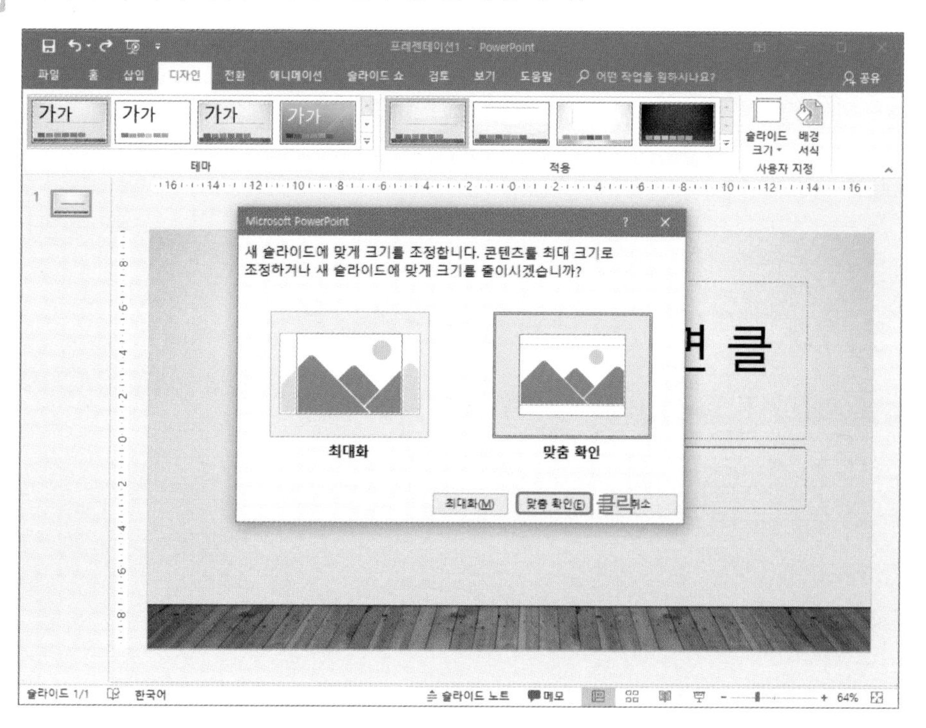

03 다음과 같이 슬라이드의 크기가 변경된 것을 확인할 수 있습니다.

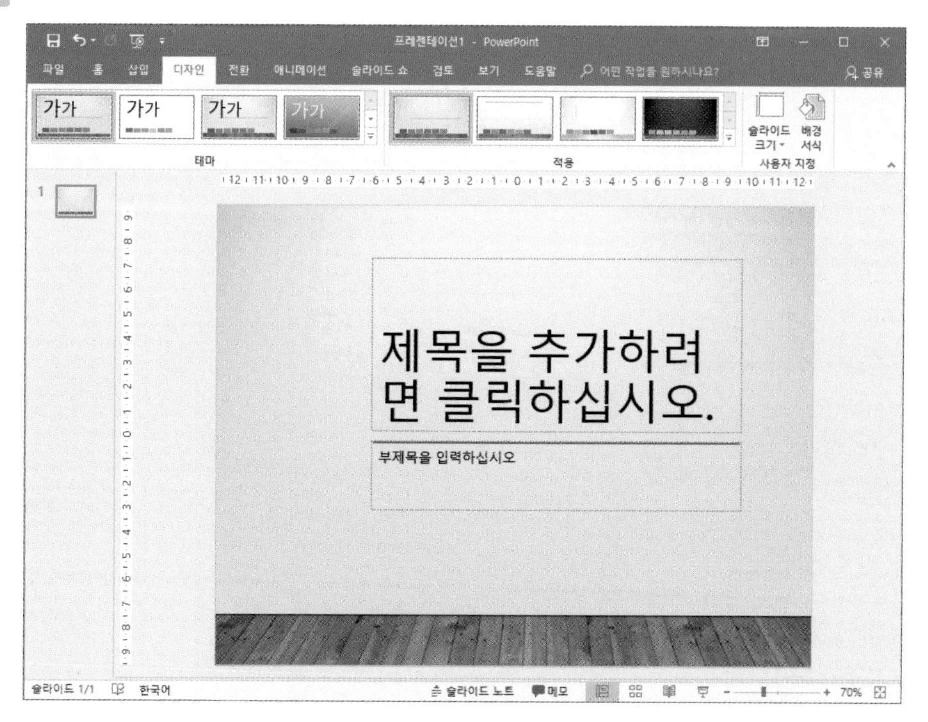

04 이번에는 [홈] 탭의 [슬라이드] 그룹에서 ❶'새 슬라이드' 단추를 클릭합니다. ❷'제목 및 내용' 레이아웃을 선택합니다.

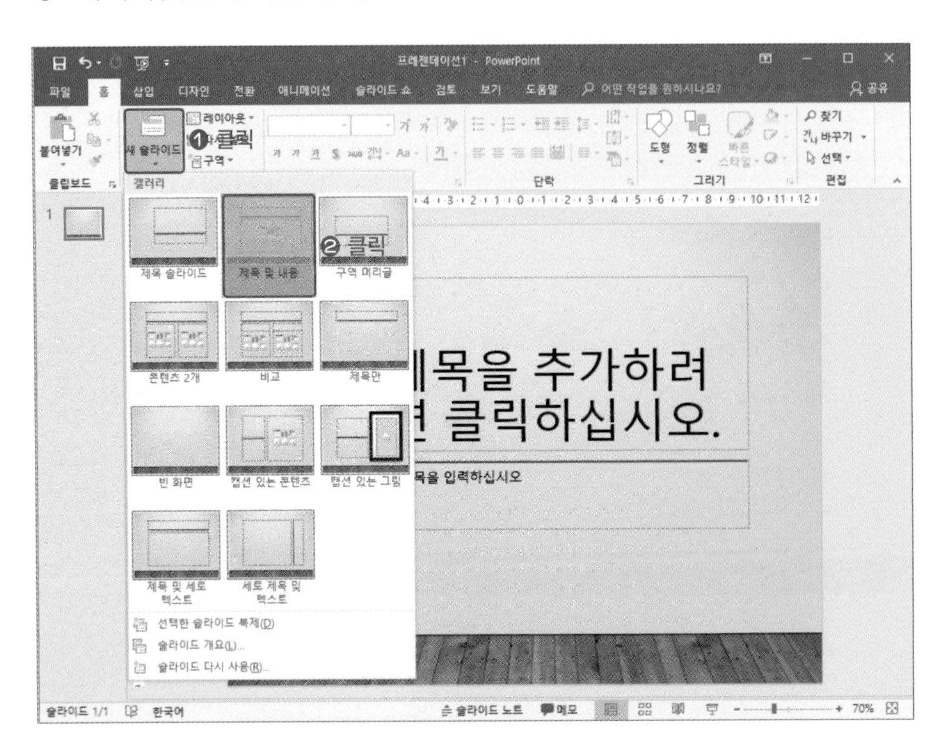

05 슬라이드의 레이아웃을 변경하기 위해 [홈] 탭의 [슬라이드] 그룹에서 '빈 화면' 레이아웃을 선택합니다.

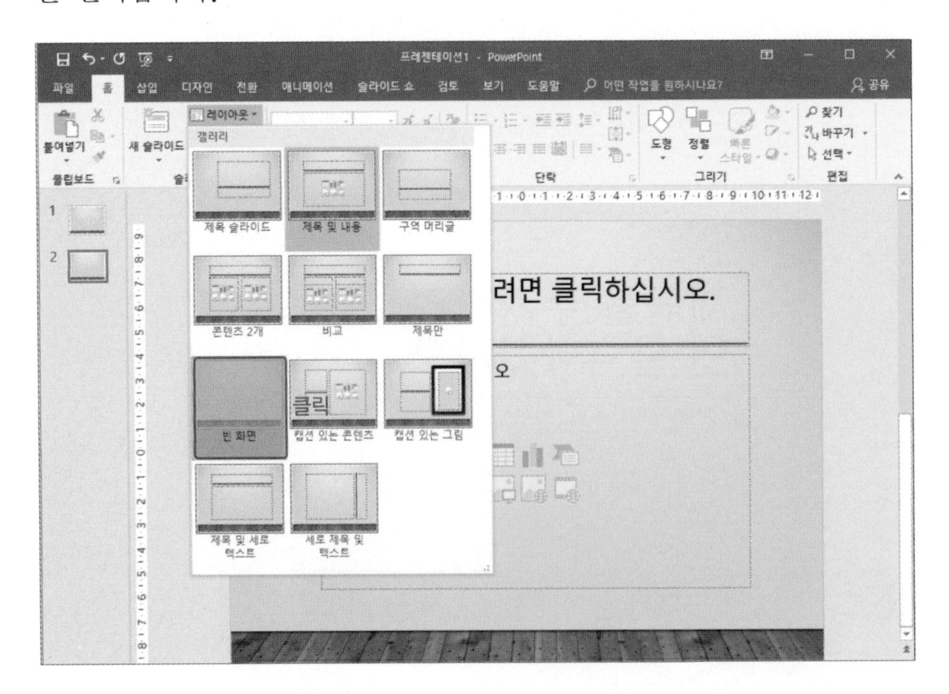

06 선택한 레이아웃으로 변경된 것을 확인할 수 있습니다.

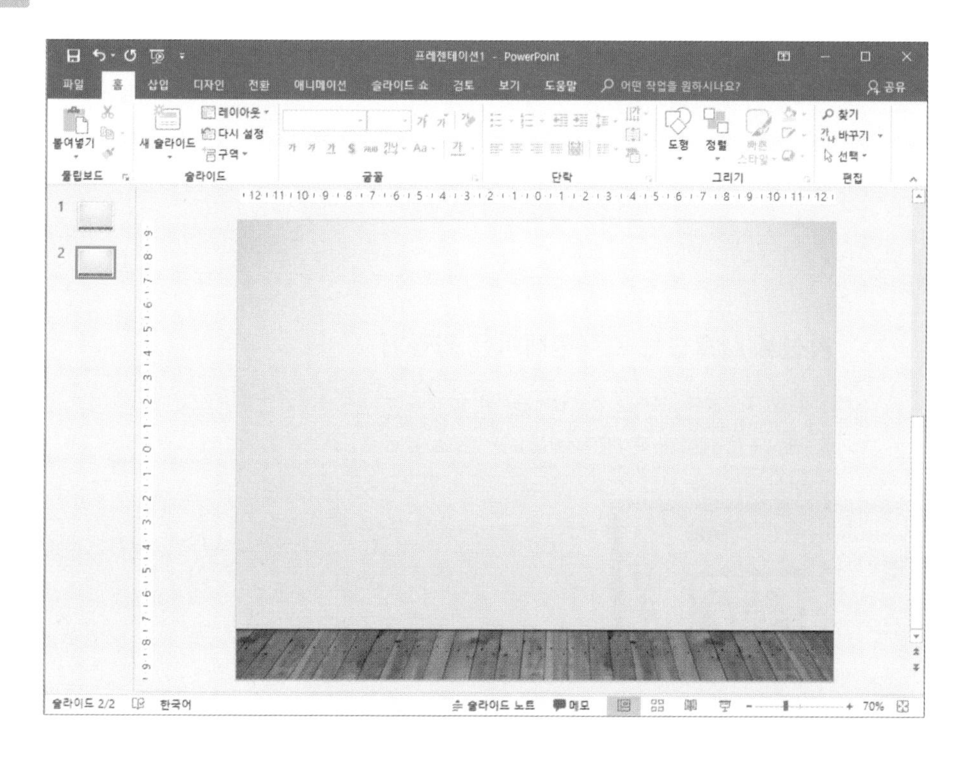

실습 03 | 슬라이드 이동/복사/삭제하기

●● 준비파일: 슬라이드 이동 복사 붙여넣기_준비.pptx
●● 완성파일: 슬라이드 이동 복사 붙여넣기_완성.pptx

01 준비파일을 연 후, 슬라이드를 이동해 봅시다. 화면 왼쪽의 슬라이드 축소판 그림에서 3번 슬라이드를 선택하고 1번과 2번 슬라이드 사이로 이동시킵니다.

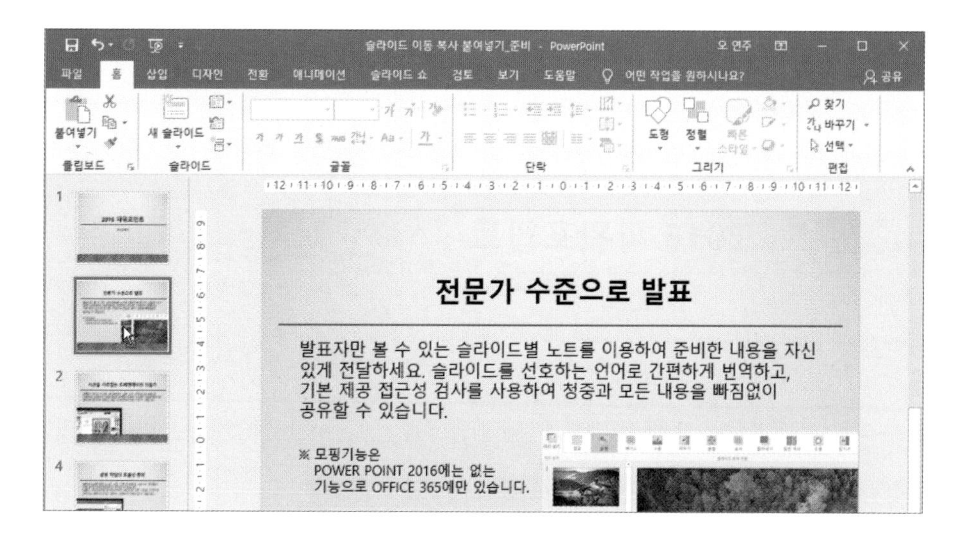

02 이번에는 슬라이드를 복사해 봅시다. 슬라이드 축소판 그림에서 복사하고자 하는 ❶3번 슬라이드를 선택한 후, [홈] 탭의 [클립보드] 그룹에서 ❷'복사' 단추를 클릭합니다.

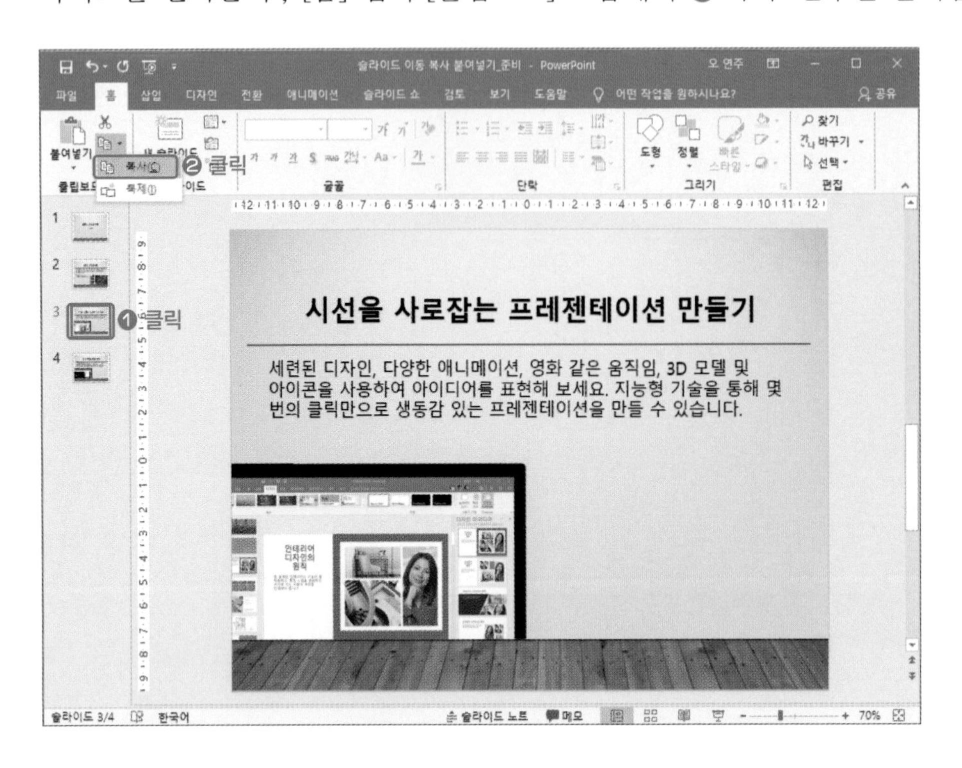

03 1번과 2번 슬라이드 사이에 슬라이드를 붙여넣기 위해 ❶1번과 2번 슬라이드 사이에 커서를 둔 후, [홈] 탭의 [클립보드] 그룹에서 ❷'붙여넣기' 단추를 클릭합니다.

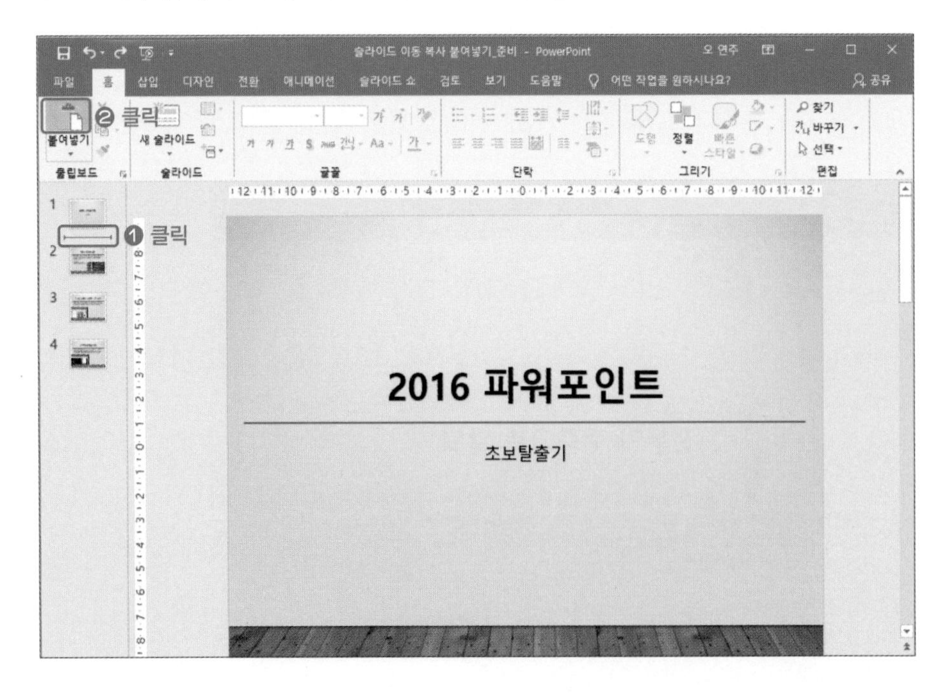

04 슬라이드를 삭제해 봅시다. 삭제하려는 4번 슬라이드를 선택하고 마우스 오른쪽 단추를 눌러 '슬라이드 삭제'를 선택합니다.

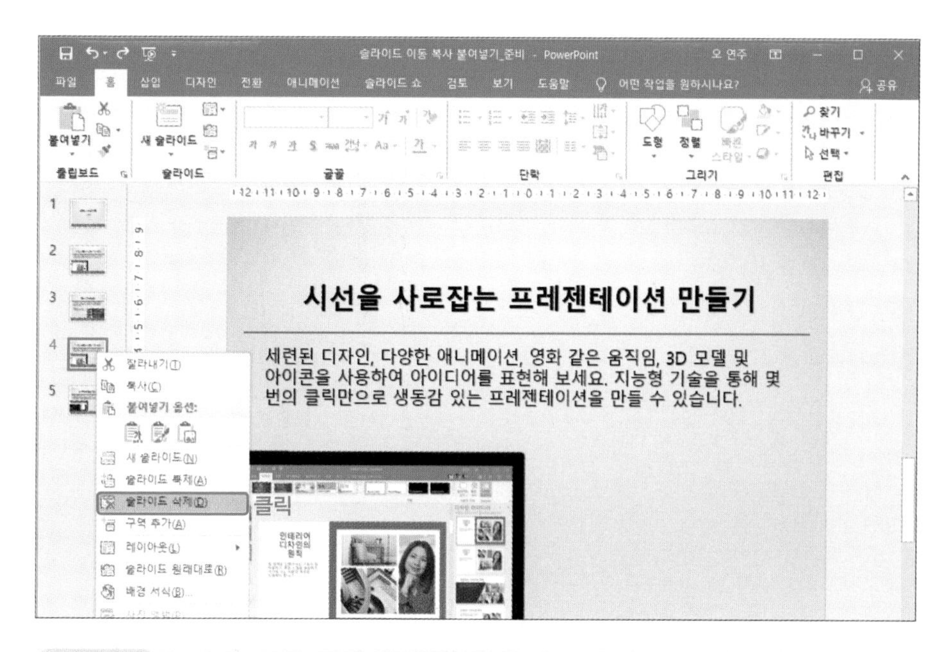

참고

슬라이드를 삭제하는 단축키는 Delete 입니다.

05 4번 슬라이드가 삭제되고 5번 슬라이드가 4번 슬라이드 자리에 위치한 것을 확인할 수 있습니다.

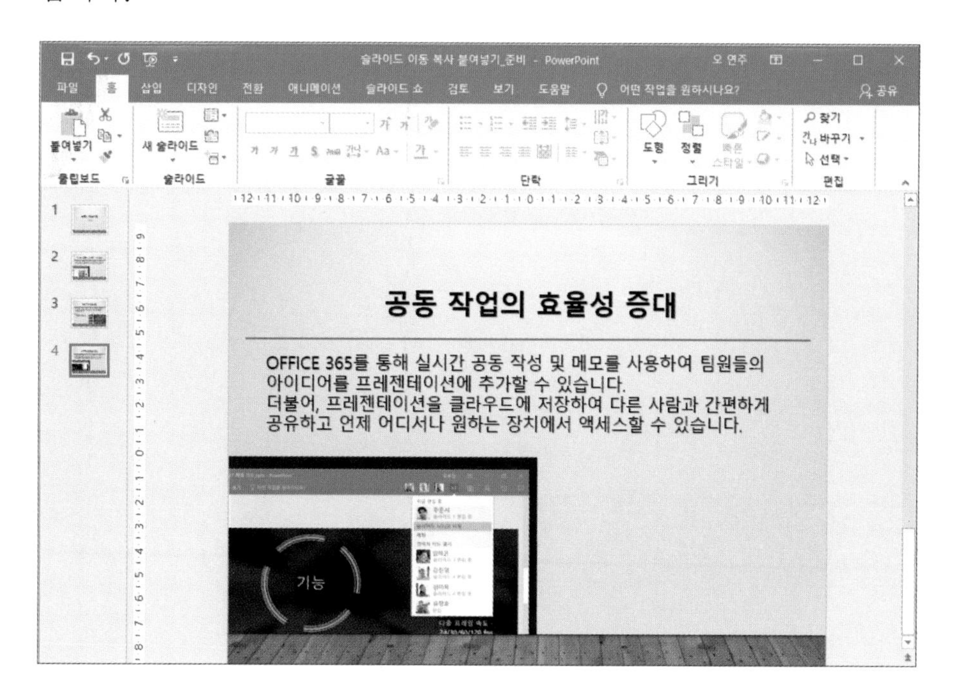

혼자 풀어보기

01 새 프레젠테이션을 연 후, 디자인 테마 '슬라이드'를 적용해 보세요.

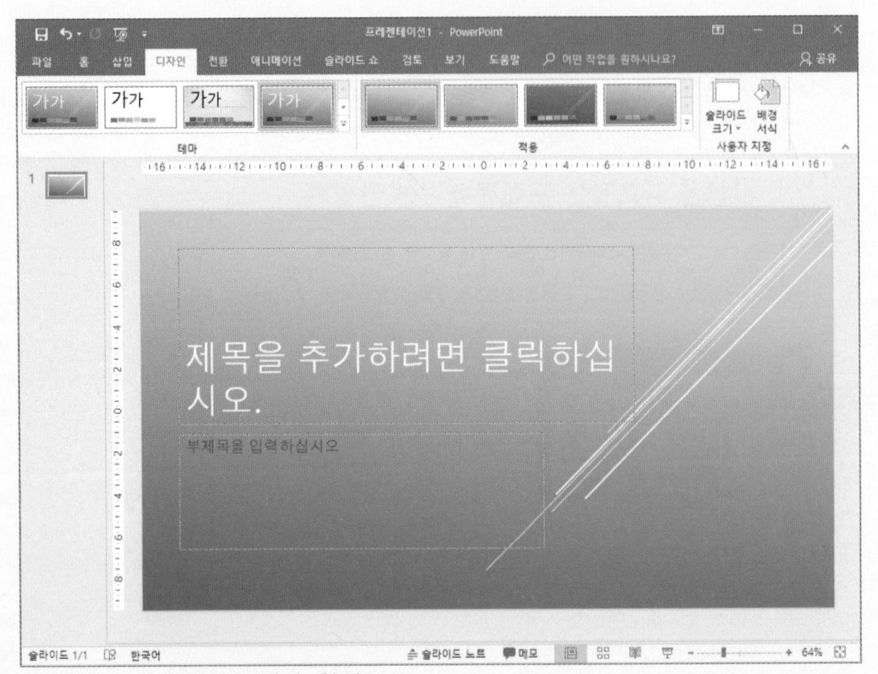

●● 완성파일: 슬라이드 테마_완성.pptx

02 준비파일을 연 후, 2번 슬라이드를 추가하고 다음과 같이 입력해 보세요.

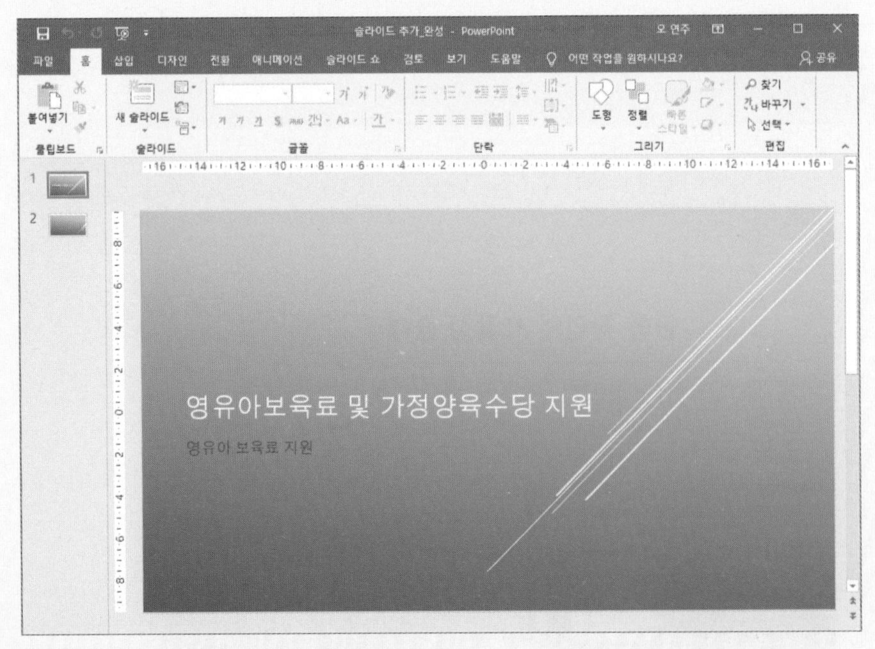

●● 준비파일: 슬라이드 추가_준비.pptx
●● 완성파일: 슬라이드 추가_완성.pptx

03 준비파일을 연 후, 3번 슬라이드를 삭제해 보세요.

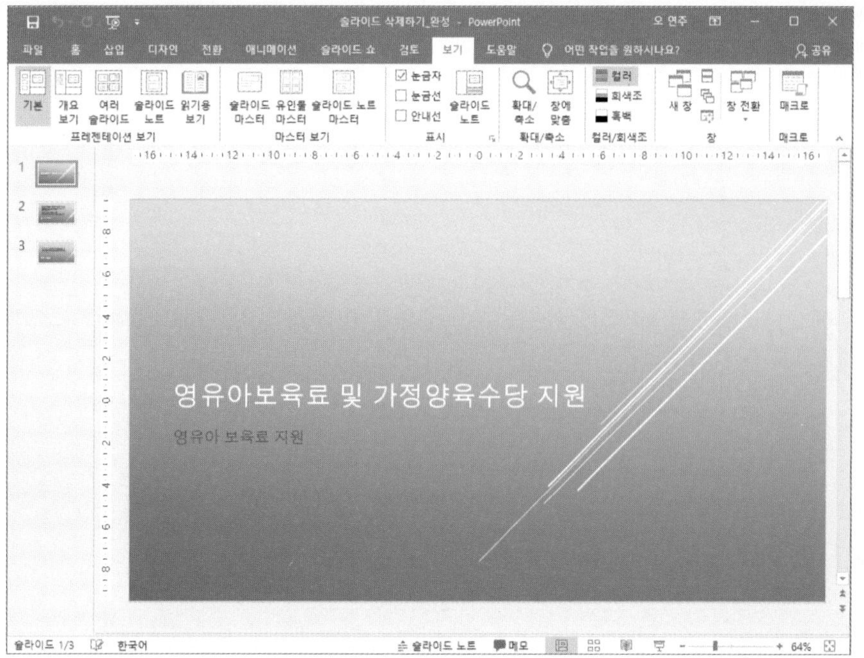

- 준비파일: 슬라이드 삭제하기_준비.pptx
- 완성파일: 슬라이드 삭제하기_완성.pptx

04 준비파일을 연 후, 3번 슬라이드를 2번 슬라이드 앞으로 이동 후, 슬라이드를 크기를 변환해 보세요.

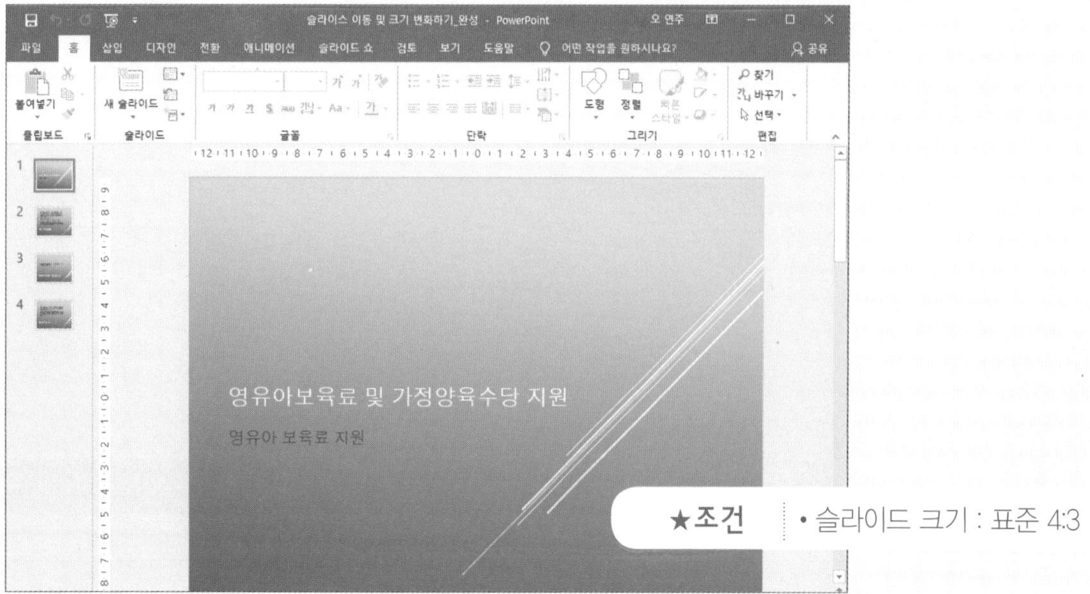

★조건 • 슬라이드 크기 : 표준 4:3

- 준비파일: 슬라이드 이동 및 크기 변화하기_준비.pptx
- 완성파일: 슬라이드 이동 및 크기 변화하기_완성.pptx

프레젠테이션 작성하기

프레젠테이션에서 가장 중요한 것은 메시지 전달입니다. 이 장에서는 메시지 전달의 기본 요소인 텍스트를 삽입하고 서식을 변경하는 방법에 대해 알아봅니다.

학습 목표

- 슬라이드에 가로 텍스트 상자를 삽입하고, 내용을 입력하는 방법에 대하여 알아봅니다.
- 텍스트 상자의 위치와 방향을 조절하는 방법에 대하여 알아봅니다.
- 텍스트를 잘 보이도록 글꼴 효과를 적용하는 방법에 대하여 알아봅니다.

배울 내용 미리 보기

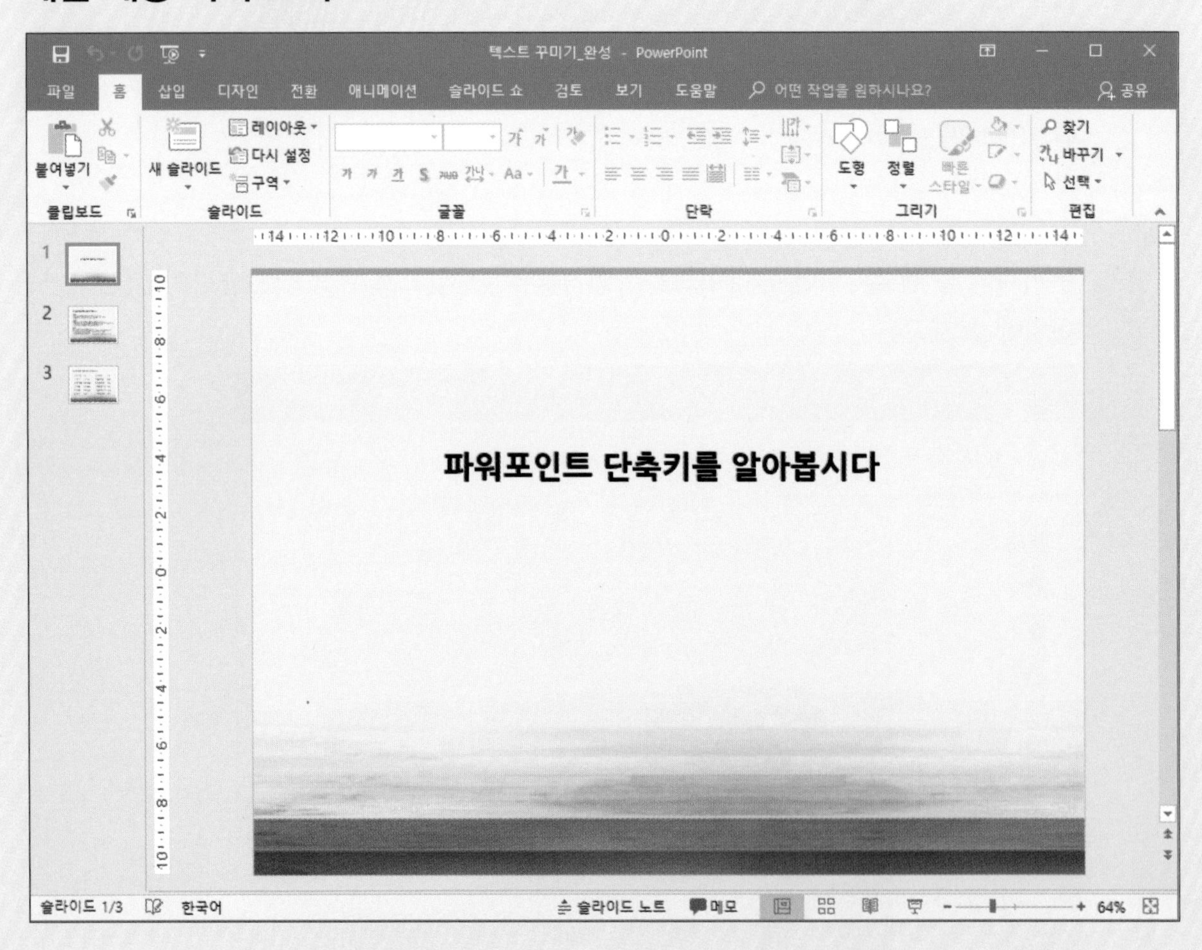

실습 01 | 텍스트 상자 삽입하기

●● 준비파일: 텍스트상자 삽입하기_준비.pptx
●● 완성파일: 텍스트상자 삽입하기_완성.pptx

01 준비파일을 연 후, 텍스트를 입력하기 위해 [삽입] 탭의 [텍스트] 그룹에서 ❶'텍스트 상자' 단추를 클릭하고, ❷'가로 텍스트 상자 그리기'를 선택합니다.

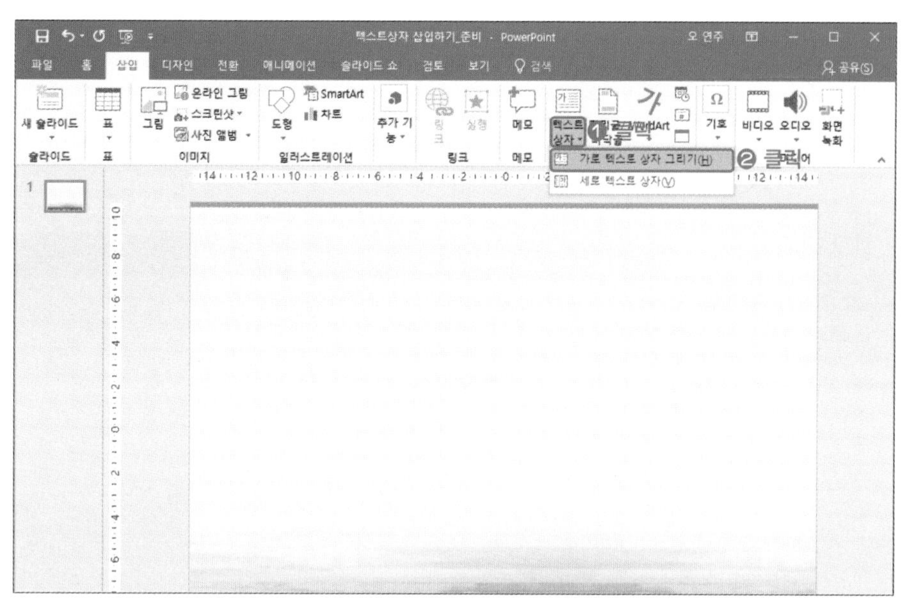

02 마우스 포인터가 '↓' 모양으로 변경되면 텍스트를 넣고 싶은 위치에 원하는 크기만큼 드래그하여 텍스트 상자를 삽입합니다.

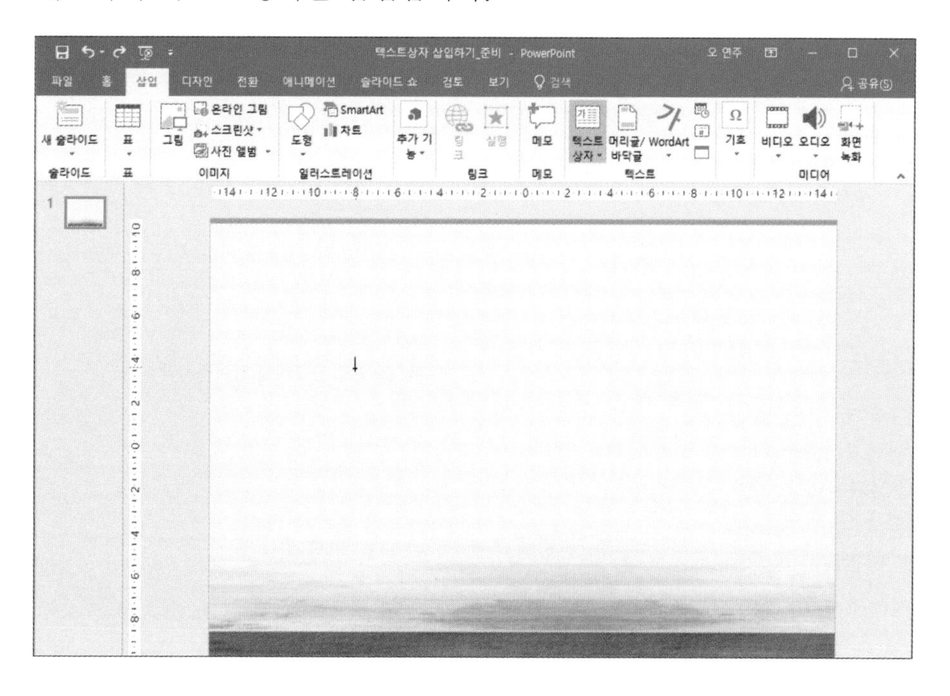

03 삽입된 텍스트 상자에 다음과 같은 내용을 입력합니다.

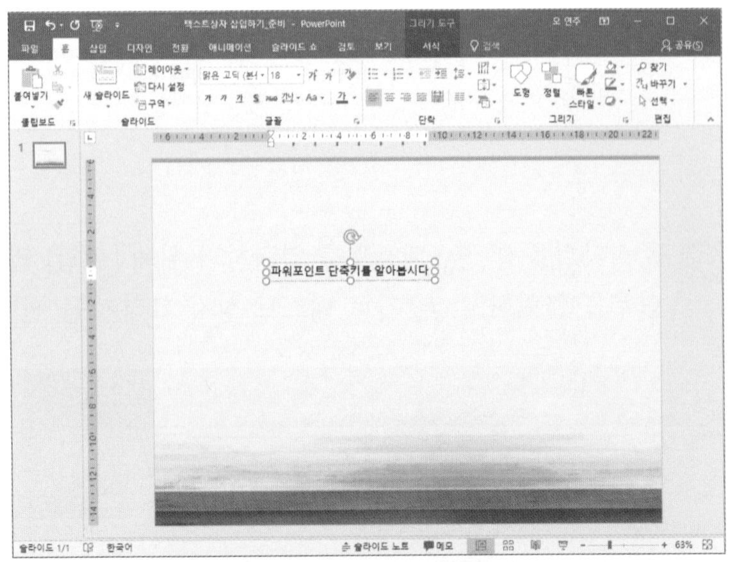

04 텍스트 상자를 선택하고 [홈] 탭의 [글꼴] 그룹에서 글꼴 크기를 '32'로 입력합니다.

05 [홈] 탭의 [글꼴] 그룹에서 글꼴을 '나눔고딕 ExtraBold'로 지정합니다.

참고 나눔 글꼴

나눔 글꼴은 윈도우에 기본으로 설치되어 있는 서체가 아닙니다. 나눔 글꼴은 '네이버' 사이트에서 검색하여 다운로드하여 설치한 후 사용하시기 바랍니다. 혹은 임의의 글꼴을 사용해도 됩니다.

실습 02 | 텍스트 상자 편집하기

●● 준비파일: 텍스트상자 편집하기_준비.pptx
●● 완성파일: 텍스트상자 편집하기_완성.pptx

01 다음과 같이 준비파일을 불러옵니다.

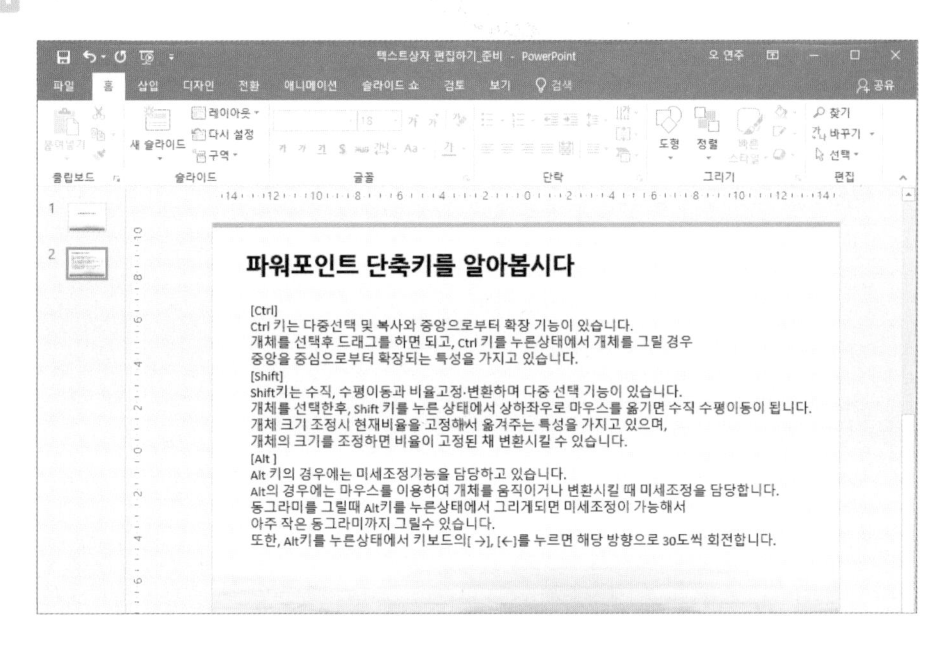

02 2번 슬라이드의 '[ctrl]'을 드래그하여 선택한 후, [홈] 탭의 [글꼴] 그룹에서 ❶글꼴 스타일은 '굵게', ❷글꼴 색은 '빨강'으로 선택합니다.

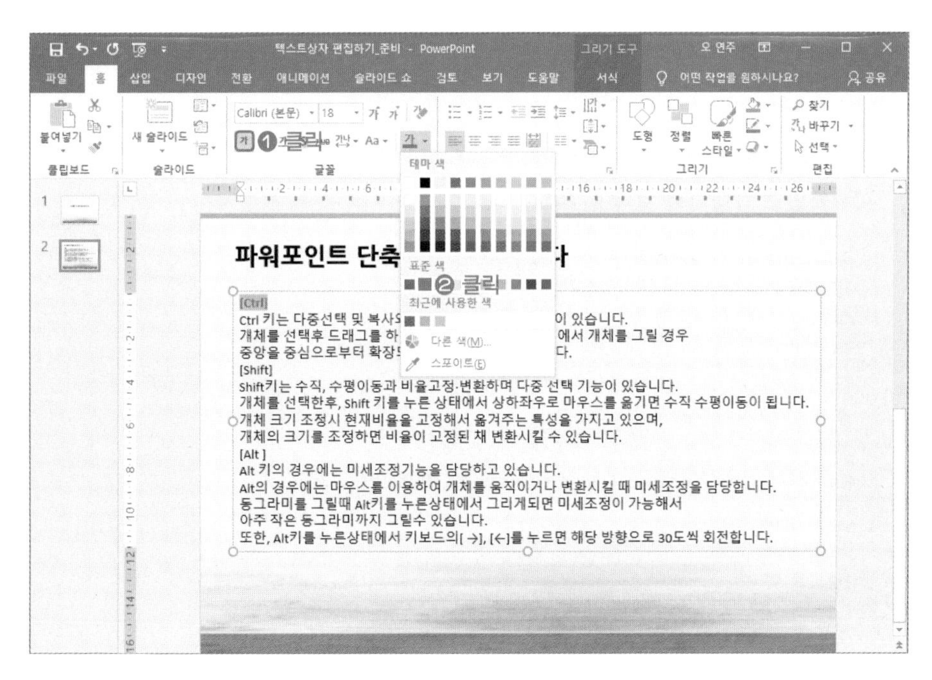

03 다시 ❶'[Ctrl]'을 드래그한 후, [홈] 탭의 [클립보드] 그룹에서 ❷'서식 복사'를 선택합니다.

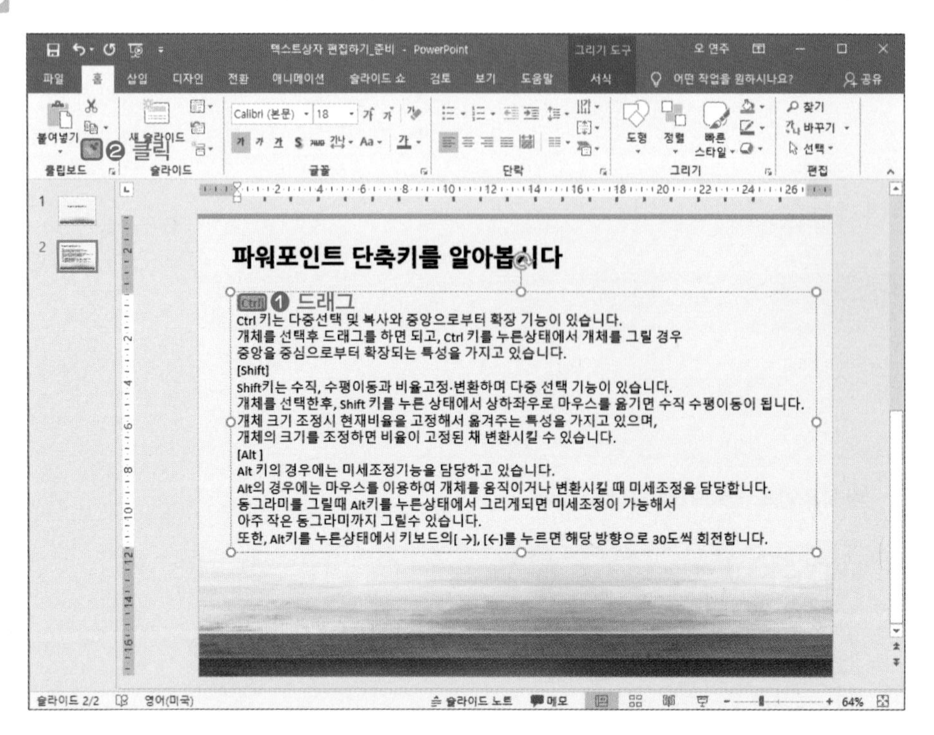

04 이번에는 [Alt]를 누른 상태에서 본문의 '[Shift]'를 드래그한 후 복사한 서식을 적용합니다.

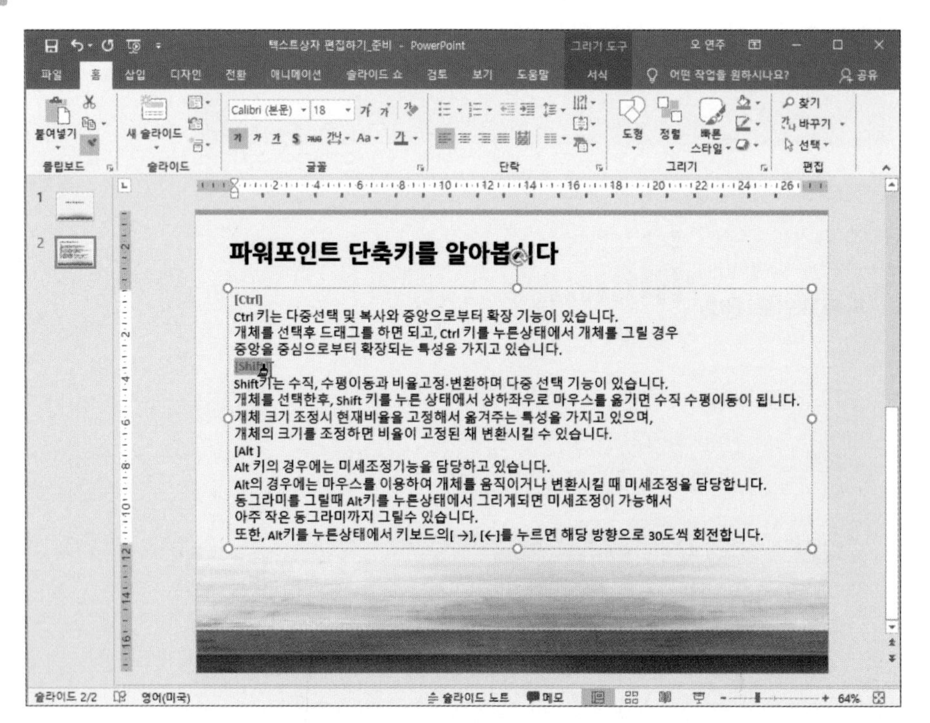

05 '[Alt]'을 드래그한 후, 단축키 Alt + Shift + V를 이용해 복사한 서식을 적용합니다.

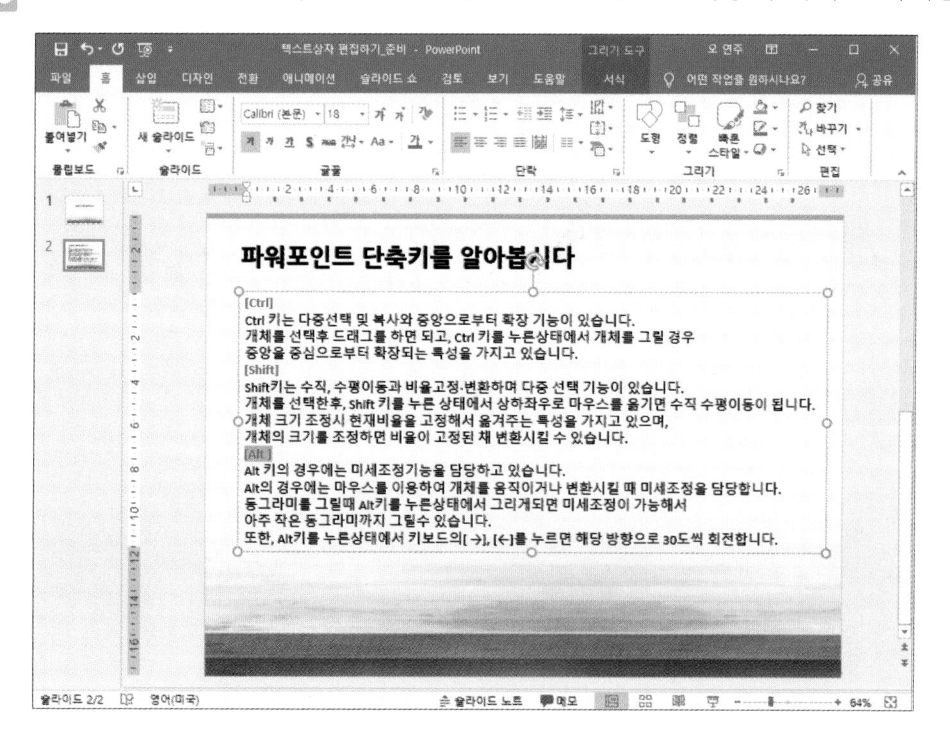

06 다음과 같이 ❶본문을 선택한 후, [홈] 탭의 [단락] 그룹에서 ❷'줄 간격' 단추의 ❸'줄 간격 옵션'을 선택합니다.

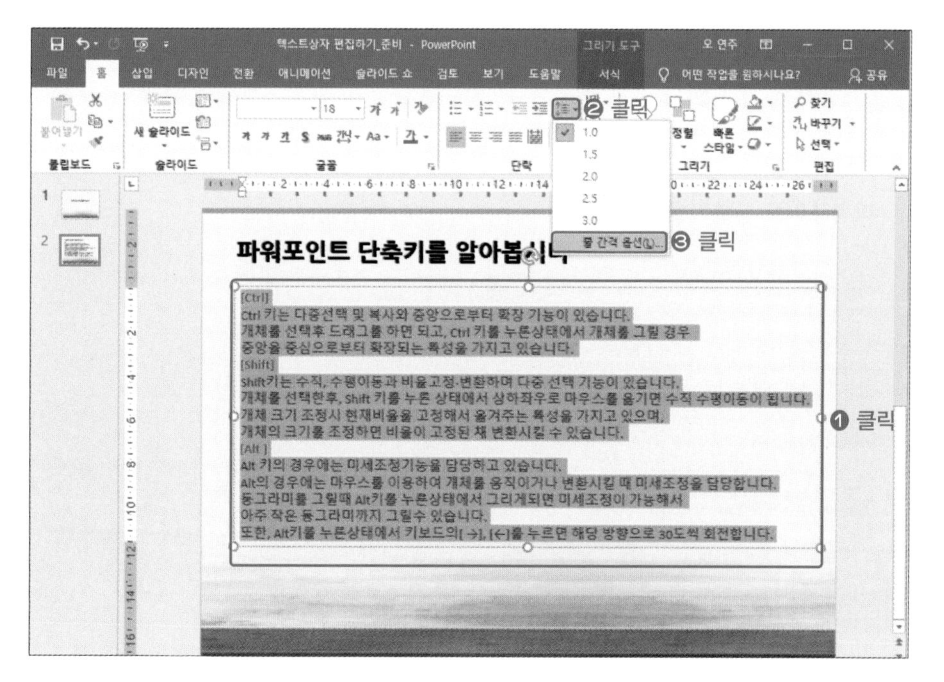

07 [단락] 대화상자의 간격에서 ❶'단락 뒤'를 '10pt'으로 설정한 후, ❷[확인]을 선택합니다.

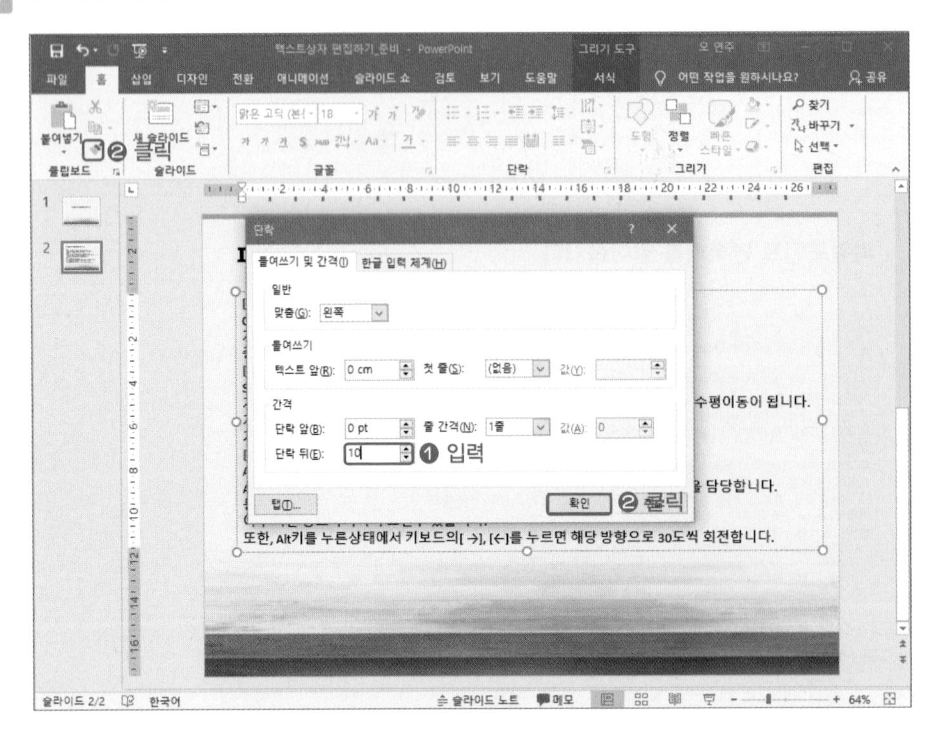

08 다음과 같이 줄 간격이 조정된 것을 확인할 수 있습니다.

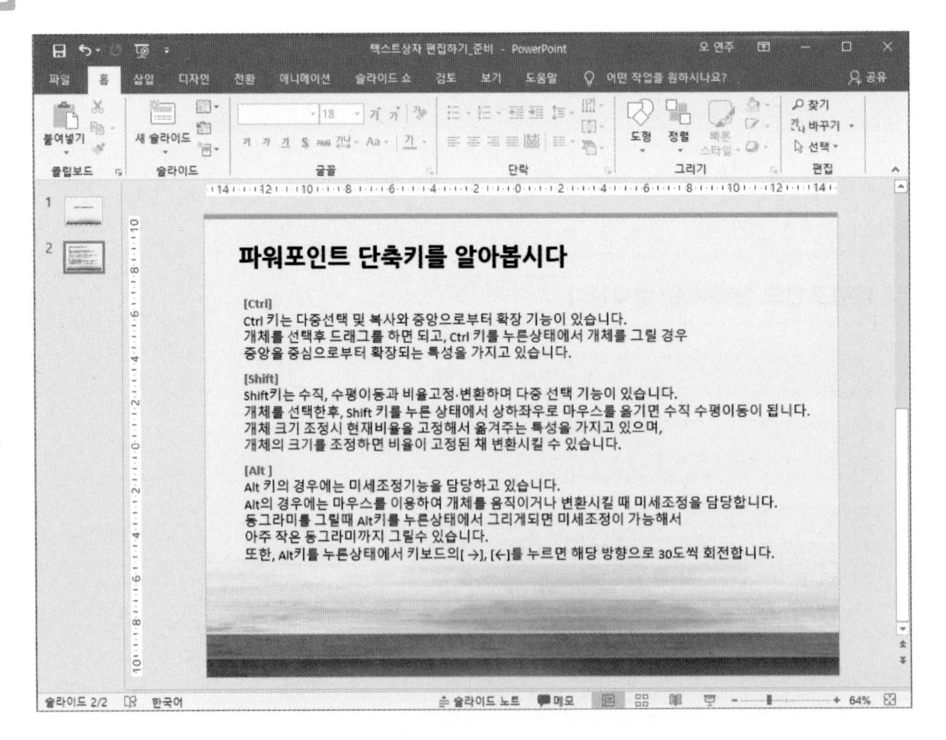

실습 03 | 텍스트 꾸미기

●● 준비파일: 텍스트 꾸미기_준비.pptx
●● 완성파일: 텍스트 꾸미기_완성.pptx

01 준비파일을 연 후, 3번 슬라이드를 선택합니다.

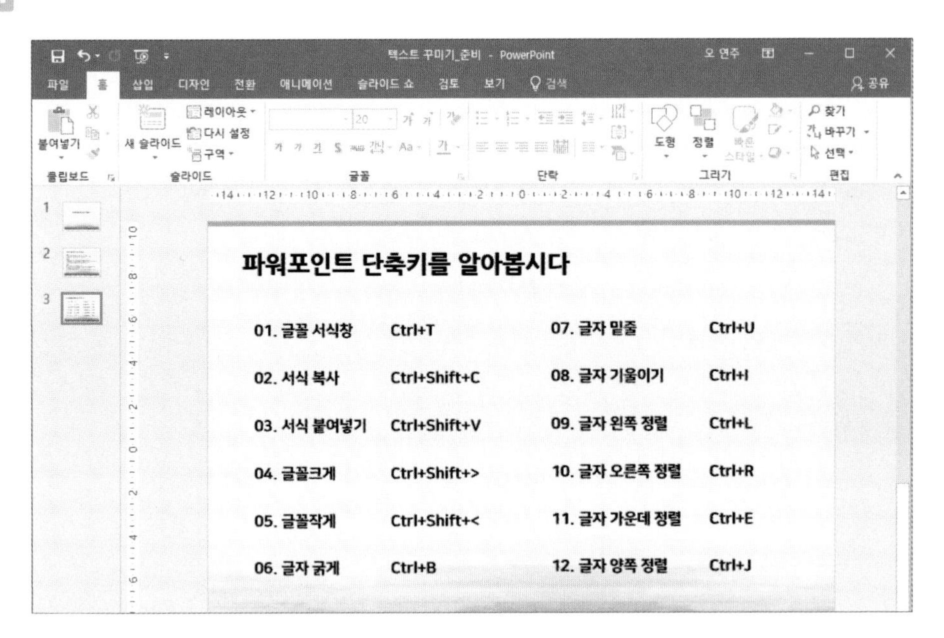

02 제목 텍스트를 선택한 후, [그리기 도구]-[서식] 탭의 [WordArt 스타일] 그룹에서 ❶'빠른 스타일' 단추를 클릭하고 ❷'채우기-파랑, 강조 1, 그림자'를 적용합니다.

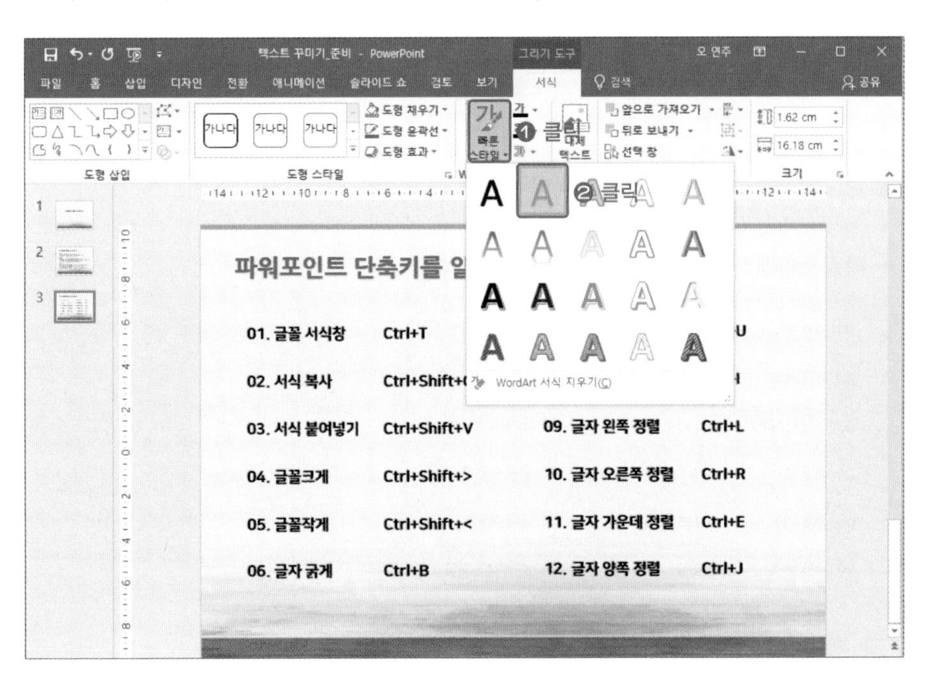

03 Shift 키를 누른 상태에서 다음과 같이 텍스트를 선택합니다.

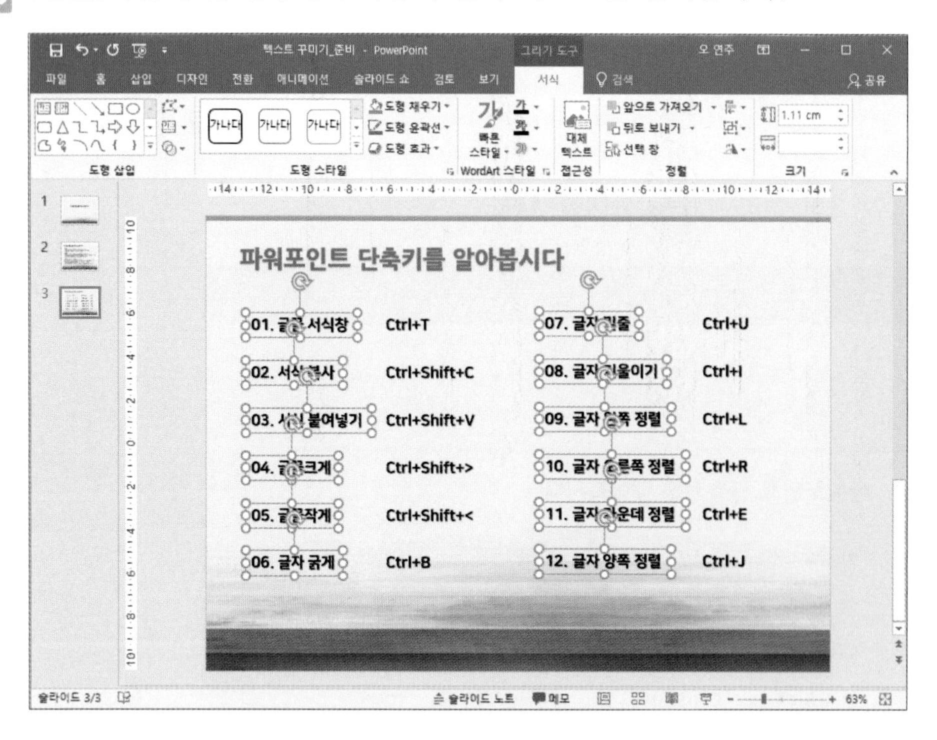

04 ❶[그리기 도구]-[서식] 탭의 [WordArt 스타일] 그룹에서 ❷'텍스트 효과' 단추의 '네온'을 클릭하여 ❸'황금색, 8pt 네온, 강조색 4'를 선택합니다.

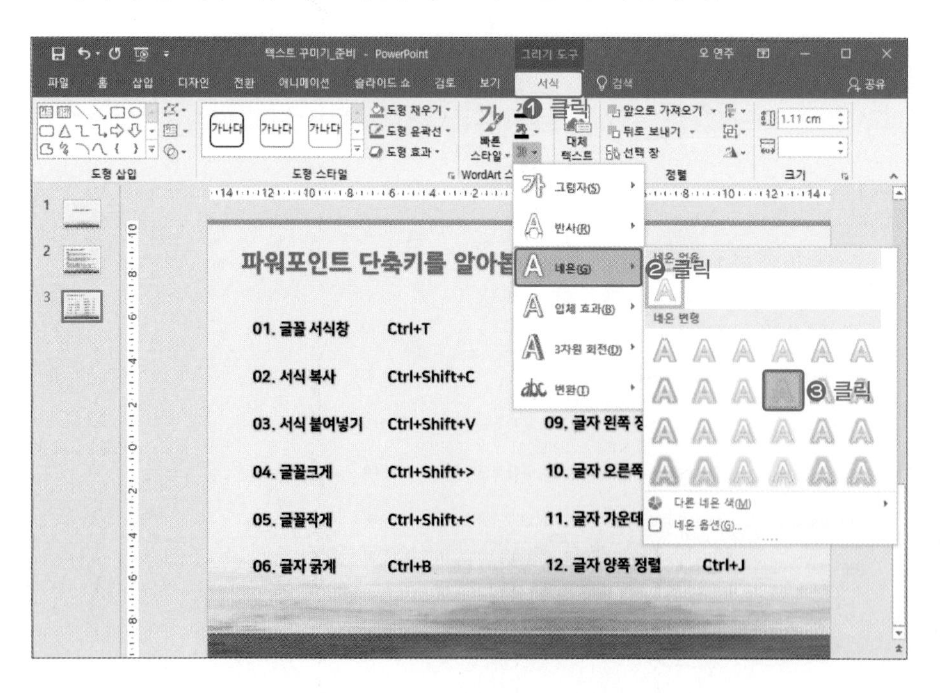

05 네온 효과가 적용된 것을 확인합니다. 다음과 같이 텍스트가 선택되어 있는 상태에서 마우스 오른쪽 단추를 클릭하여 '개체 서식'을 선택합니다.

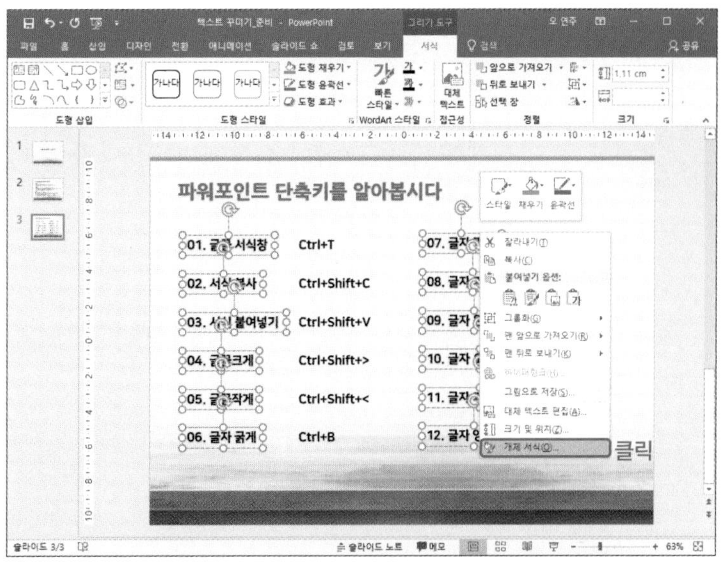

06 오른쪽에 나타난 [도형 서식]에서 ❶[텍스트 옵션]을 클릭한 후, ❷텍스트 효과의 ❸'네온'에서 크기 '15pt', 투명도 '0'을 입력합니다.

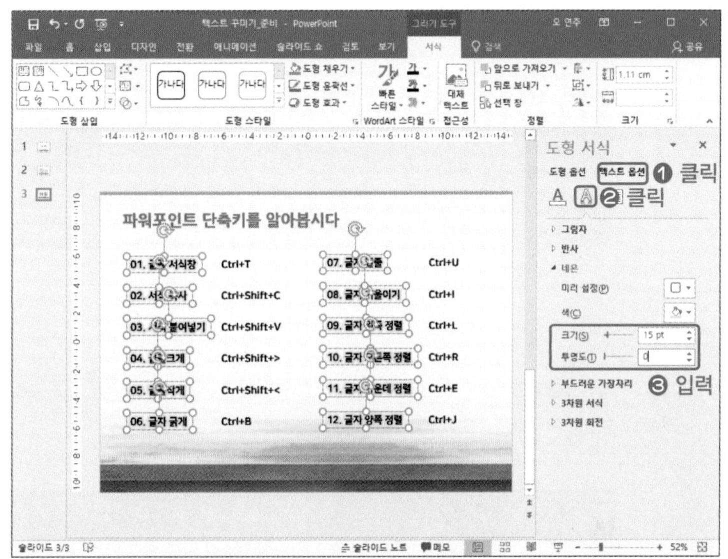

07 형광펜을 칠한 것처럼 텍스트에 네온 효과가 진해지고 선명해진 것을 확인할 수 있습니다.

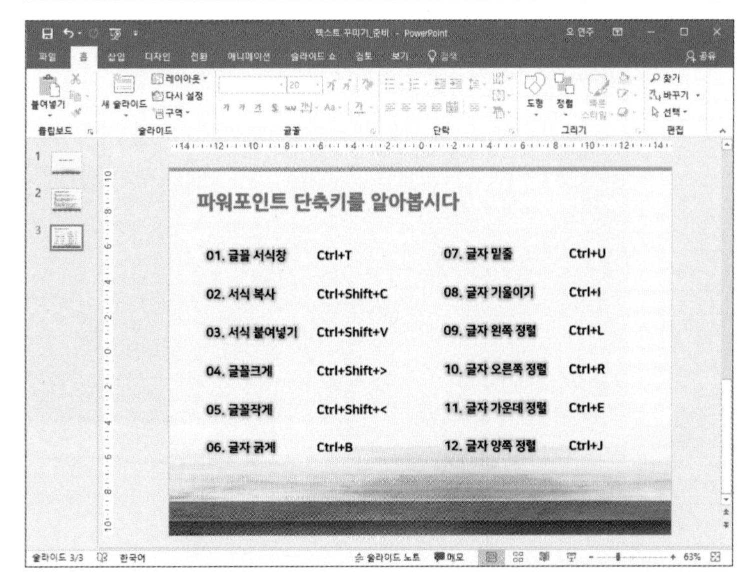

혼자 풀어보기

01 새 프레젠테이션을 연 후, 조건에 따라 디자인 테마와 레이아웃을 적용해 보세요.

★조건
- 디자인 테마 : 그물
- 레이아웃 : 제목 슬라이드

●● 완성파일: 급성 심근경색증_완성.pptx

02 준비파일을 연 후, 모든 슬라이드의 텍스트 글꼴을 '나눔고딕 ExtraBold'로 변경해 보세요.

급성 심근경색증이란

심장은 우리가 어머니 배속에 있을때 부터 뛰기 시작하여 평생 동안 단 한 순간도 쉬지않고 일을 합니다.

성인심장은 250~300G의 근육주머니로, 분당 약 70회 박동으로 약 5리터, 1년이면 약 3천만 리터, 60년 동안이면 약 15억 리터의 신선한 피를 온몸으로 내보내는 엄청난 일을 합니다. 이렇게 쉬지않고 많은 일을 하는 심장 근육은 충분한 에너지와 산소를 공급받아야만 하며, 관상동맥이 그 역할을 합니다.

급성 심근경색증은 심장의 근육에 혈액을 공급하는 관상동맥이 여러가지 원인에 의해 갑자기 막혀서 심근에 괴사가 일어나는 질환입니다.

●● 준비파일: 급성 심근경색증 편집_준비.pptx
●● 완성파일: 급성 심근경색증 편집_완성.pptx

03 준비파일을 연 후, 2번 슬라이드 내용 텍스트의 줄 간격을 1.5로 조정해 보세요.

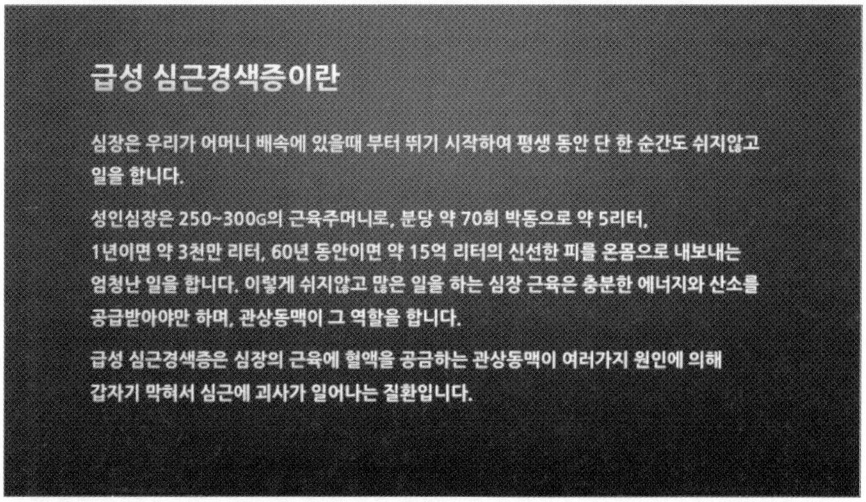

급성 심근경색증이란

심장은 우리가 어머니 배속에 있을때 부터 뛰기 시작하여 평생 동안 단 한 순간도 쉬지않고 일을 합니다.

성인심장은 250~300G의 근육주머니로, 분당 약 70회 박동으로 약 5리터,
1년이면 약 3천만 리터, 60년 동안이면 약 15억 리터의 신선한 피를 온몸으로 내보내는 엄청난 일을 합니다. 이렇게 쉬지않고 많은 일을 하는 심장 근육은 충분한 에너지와 산소를 공급받아야만 하며, 관상동맥이 그 역할을 합니다.

급성 심근경색증은 심장의 근육에 혈액을 공급하는 관상동맥이 여러가지 원인에 의해 갑자기 막혀서 심근에 괴사가 일어나는 질환입니다.

- 준비파일: 급성 심근경색증 줄간격_준비.pptx
- 완성파일: 급성 심근경색증 줄간격_완성.pptx

04 준비파일을 연 후, 조건에 따라 2번 슬라이드의 제목 텍스트의 서식을 변경해 보세요.

★조건
- 텍스트 효과 : 네온
- 색 : 주황
- 크기 : 20pt
- 투명도 : 50%

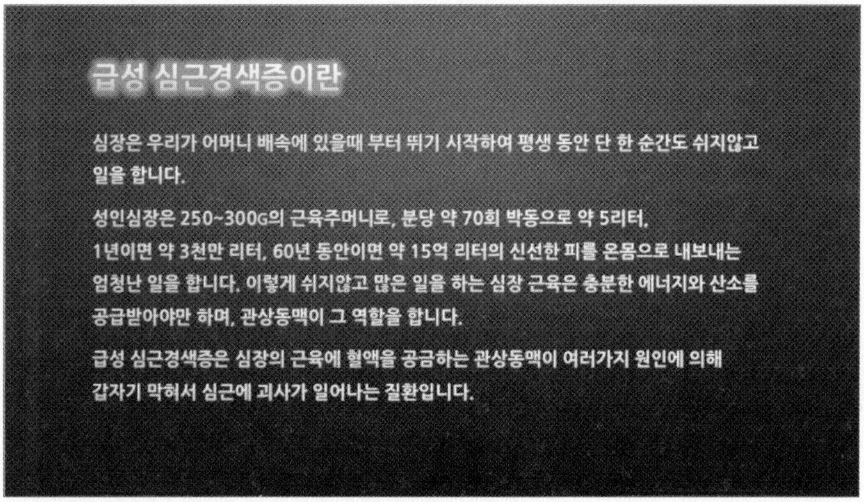

급성 심근경색증이란

심장은 우리가 어머니 배속에 있을때 부터 뛰기 시작하여 평생 동안 단 한 순간도 쉬지않고 일을 합니다.

성인심장은 250~300G의 근육주머니로, 분당 약 70회 박동으로 약 5리터,
1년이면 약 3천만 리터, 60년 동안이면 약 15억 리터의 신선한 피를 온몸으로 내보내는 엄청난 일을 합니다. 이렇게 쉬지않고 많은 일을 하는 심장 근육은 충분한 에너지와 산소를 공급받아야만 하며, 관상동맥이 그 역할을 합니다.

급성 심근경색증은 심장의 근육에 혈액을 공급하는 관상동맥이 여러가지 원인에 의해 갑자기 막혀서 심근에 괴사가 일어나는 질환입니다.

- 준비파일: 급성 심근경색증 네온효과_준비.pptx
- 완성파일: 급성 심근경색증 네온효과_완성.pptx

혼자 풀어보기

05 새 프레젠테이션을 연 후, 다음과 같은 내용을 입력하고, 원하는 위치에 '파워포인트 시작하기.pptx'로 저장해 보세요.

파워포인트 시작하기

파워포인트 2016

●● 완성파일: 파워포인트 시작하기_완성.pptx

06 '제목 및 내용' 슬라이드를 추가하고, 다음과 같은 내용을 입력해 보세요.

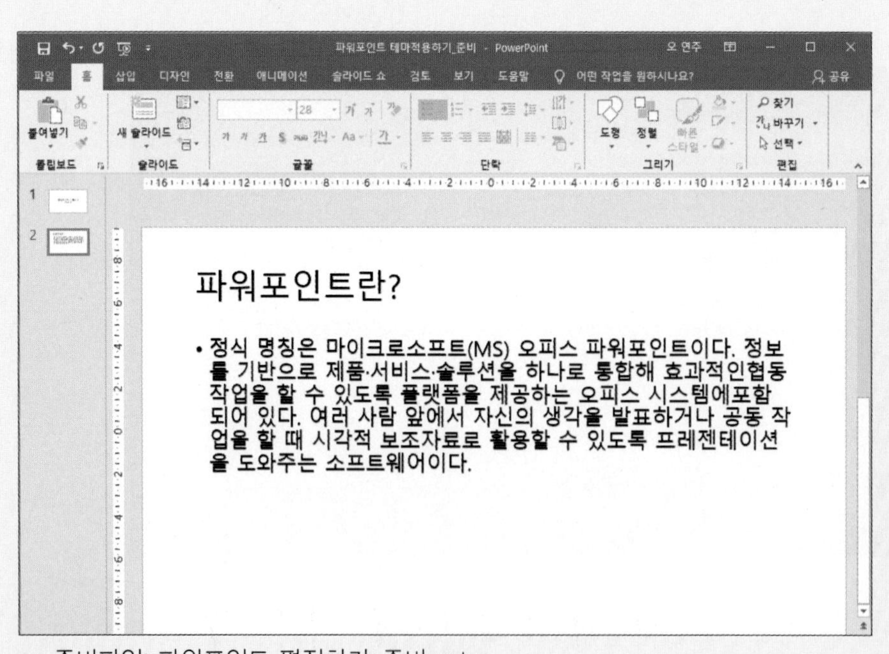

●● 준비파일: 파워포인트 편집하기_준비.pptx

●● 완성파일: 파워포인트 편집하기_완성.pptx

07 준비파일을 연 후,조건에 따라 디자인 테마와 레이아웃을 적용해 보세요.

★조건 • 디자인 테마 : 아틀라스

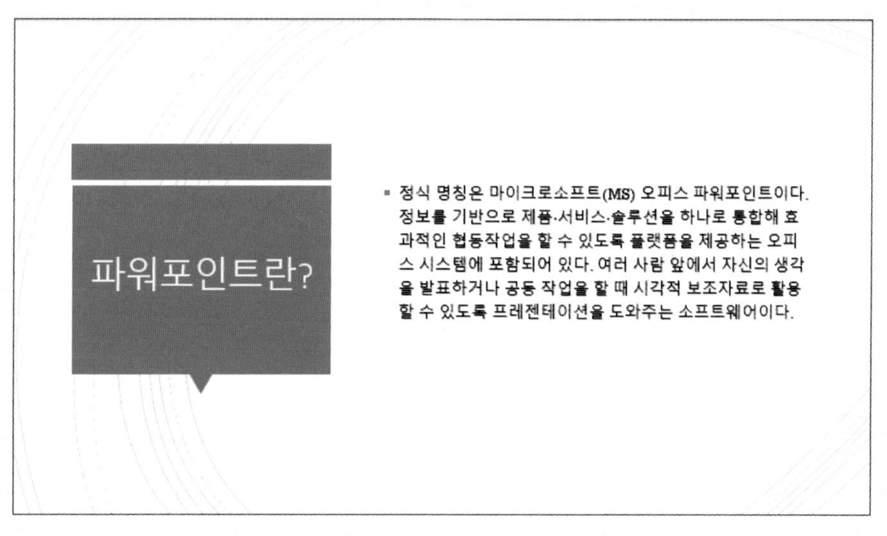

- 준비파일: 파워포인트 테마적용하기_준비.pptx
- 완성파일: 파워포인트 테마적용하기_완료.pptx

08 준비파일을 연 후, 조건에 따라 2번 슬라이드의 제목 텍스트의 서식을 변경해 보세요.

★조건
- 줄간격 : 1.5줄
- 텍스트 효과 : 네온
  색 : 라임, 크기 : 18 pt, 투명도 : 60%

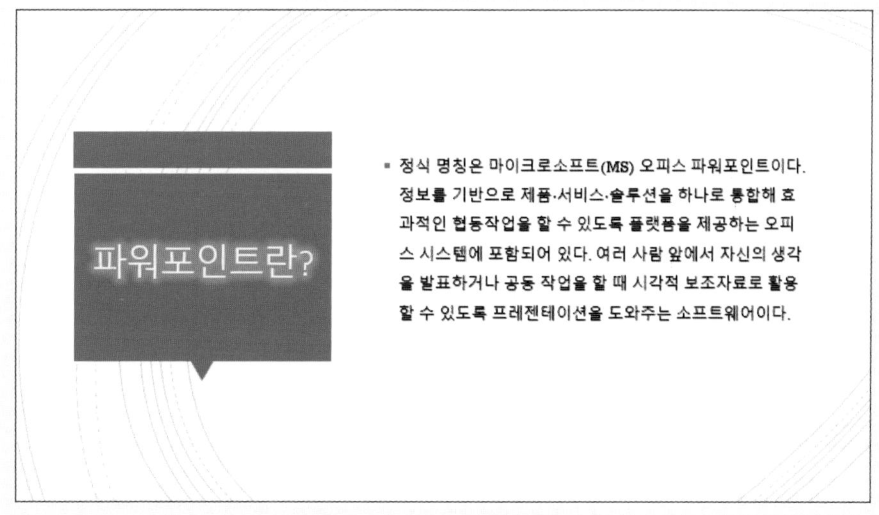

- 준비파일: 파워포인트 스타일 적용하기_준비.pptx
- 완성파일: 파워포인트 스타일 적용하기_완료.pptx

PowerPoint 2016

02 시각적인 프레젠테이션 제작

04 슬라이드에 도형 삽입하기

도형은 전달하고자 하는 내용을 시각적으로 표현할 수 있는 개체로 활용 범위는 무궁무진합니다. 도형을 삽입하여 모양을 변경하거나 도형 스타일에 변화를 주는 방법에 대하여 알아봅니다.

학습 목표

- 슬라이드에 다양한 도형을 삽입하고, 모양을 변경하는 방법에 대하여 알아봅니다.
- 도형을 병합하여 원하는 개체를 만들어 봅니다.
- 삽입한 도형에 도형 스타일을 지정하는 방법에 대하여 알아봅니다.

배울 내용 미리 보기

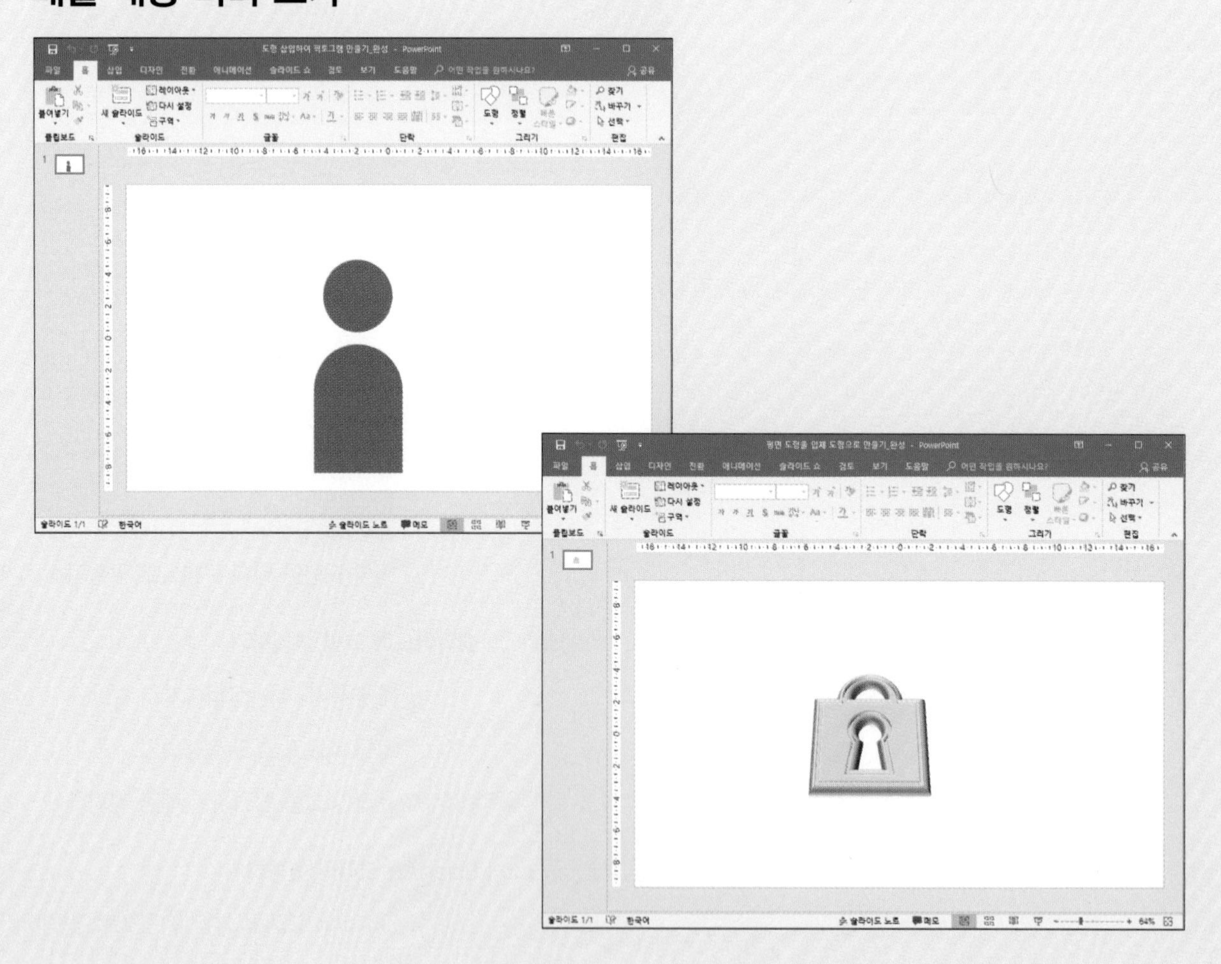

실습 01 | 도형 삽입하여 픽토그램 만들기

●● 완성파일: 픽토그램 만들기_완성.pptx

01 [홈] 탭의 [슬라이드] 그룹에서 ❶'레이아웃' 단추를 클릭하고, ❷'빈 화면'을 선택합니다.

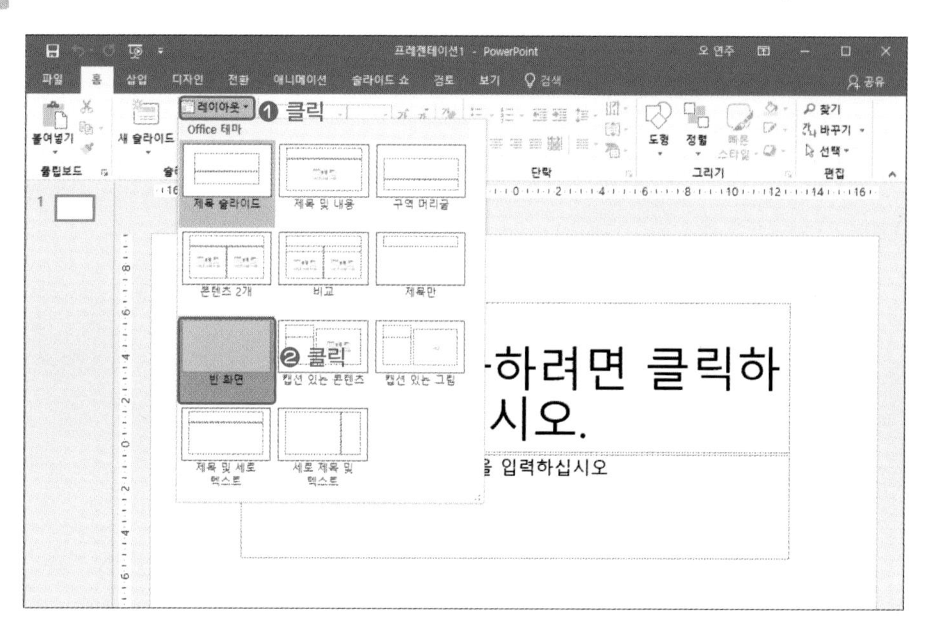

02 [삽입] 탭의 [일러스트레이션] 그룹에서 ❶'도형' 단추를 클릭하고, 기본 도형 그룹에 있는 ❷'타원'을 선택합니다.

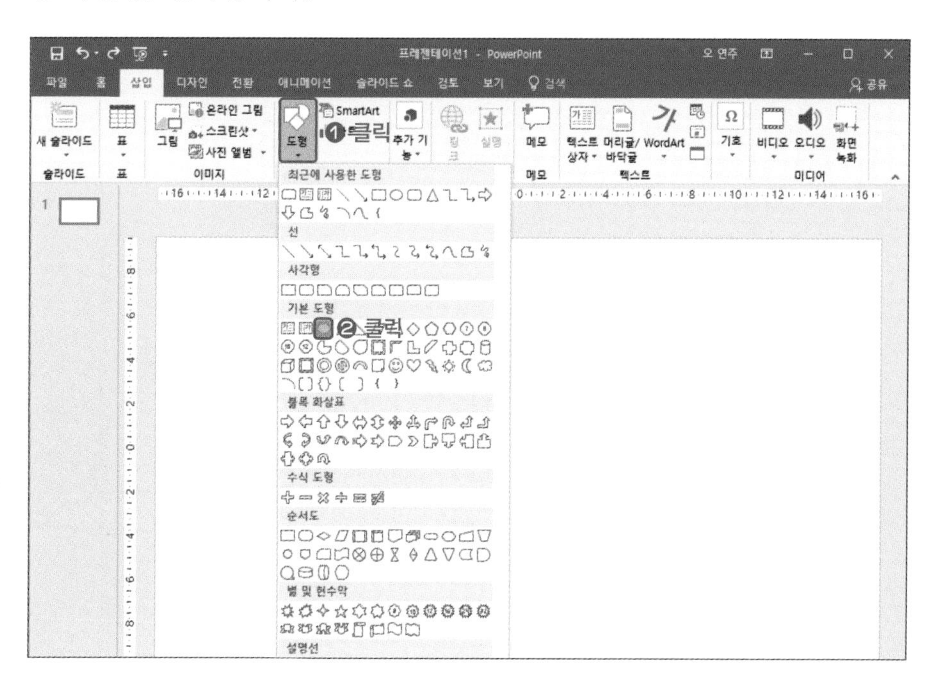

03 마우스 포인터가 '+' 모양으로 변경되면 Shift 키를 누르고 드래그하여 정원을 그립니다.

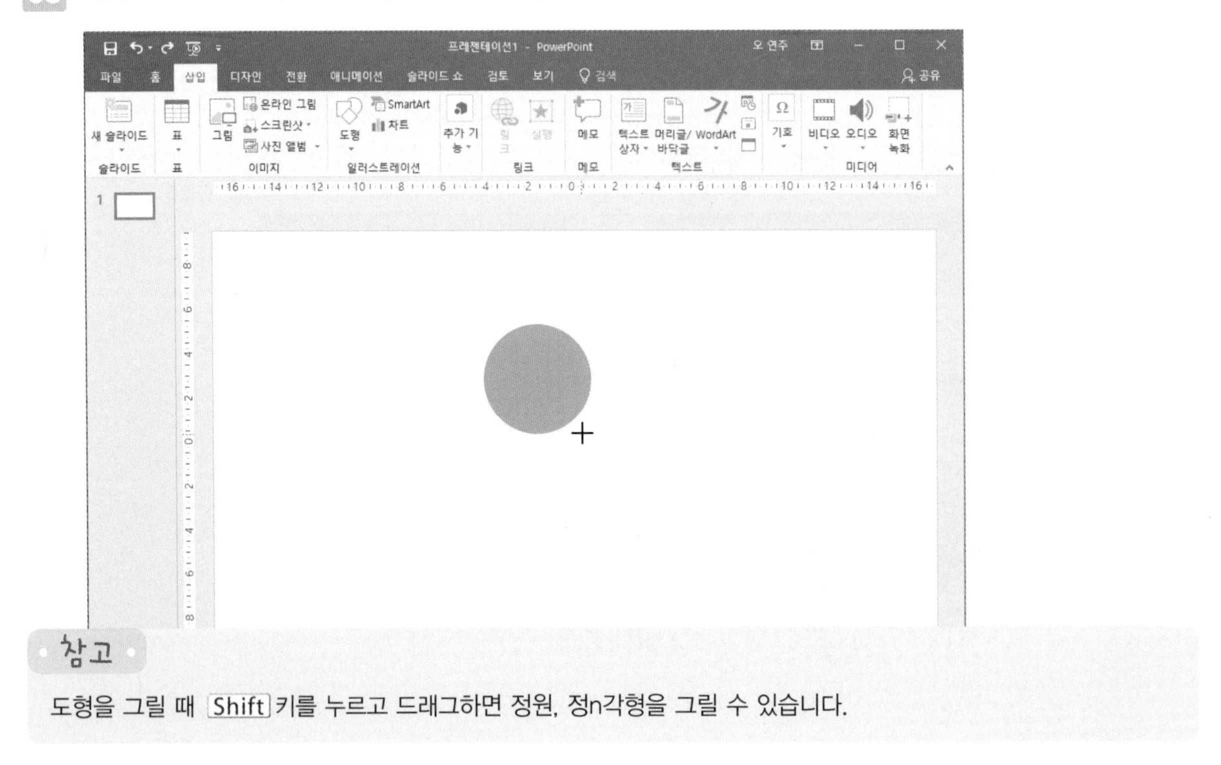

참고

도형을 그릴 때 Shift 키를 누르고 드래그하면 정원, 정n각형을 그릴 수 있습니다.

04 다시 ❶'도형' 단추를 클릭하고, 사각형 그룹에 있는 ❷'양쪽 모서리가 둥근 사각형'을 선택합니다.

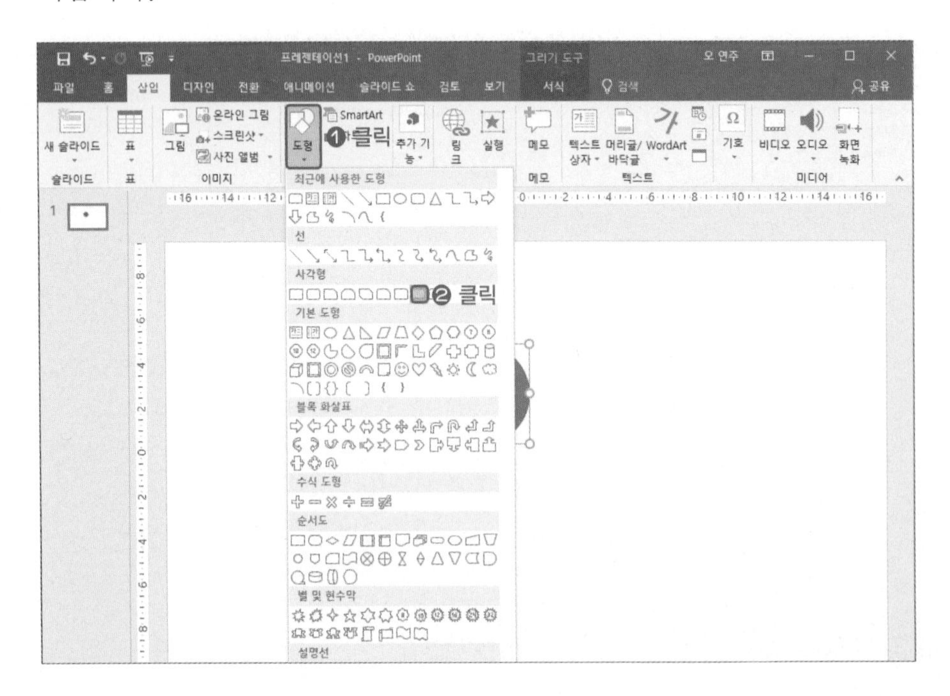

05 마우스 포인터가 '+' 모양으로 변경되면 슬라이드의 드래그하여 다음과 같이 도형을 삽입합니다.

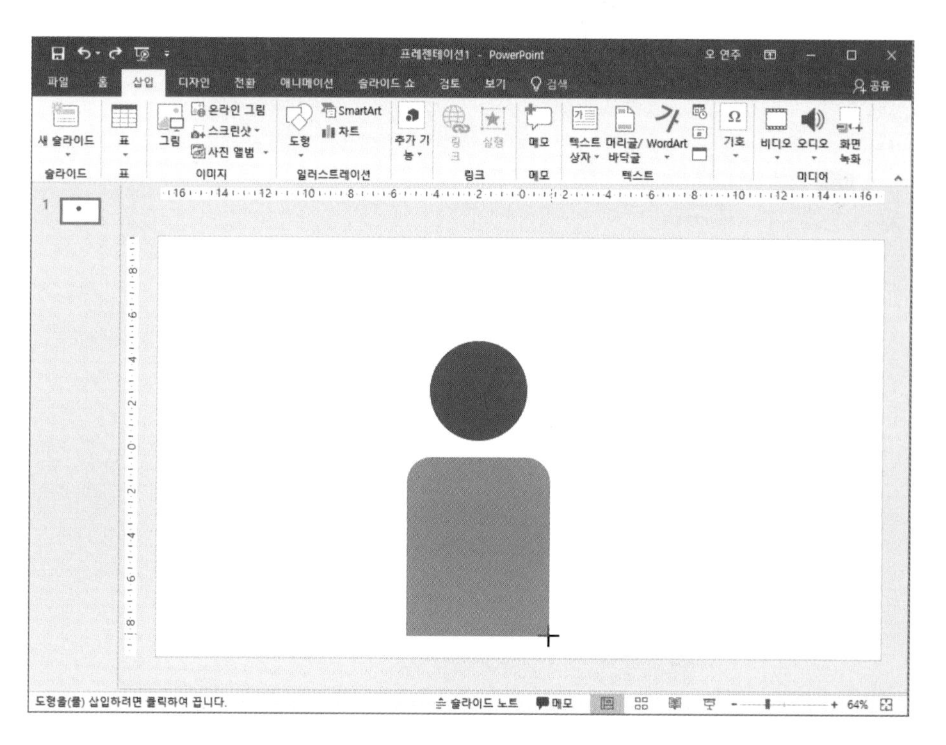

06 모양 조절 핸들을 클릭한 후, 왼쪽으로 드래그하여 상단이 둥근 모양이 되도록 만듭니다.

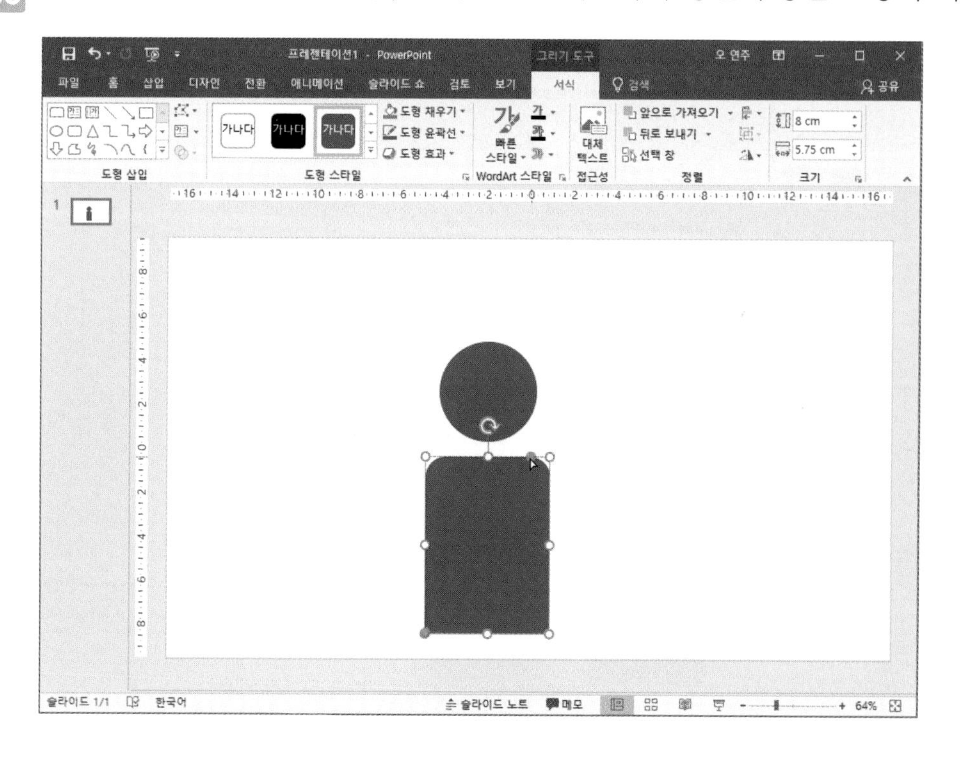

07 도형이 변형된 것을 확인한 후, 앞에서 그린 도형들을 전체 선택합니다. [그리기 도구]-[서식] 탭의 [도형 스타일] 그룹에서 ❶'도형 채우기' 단추를 클릭하고, ❷'검정, 텍스트 1, 50% 밝게'를 선택합니다.

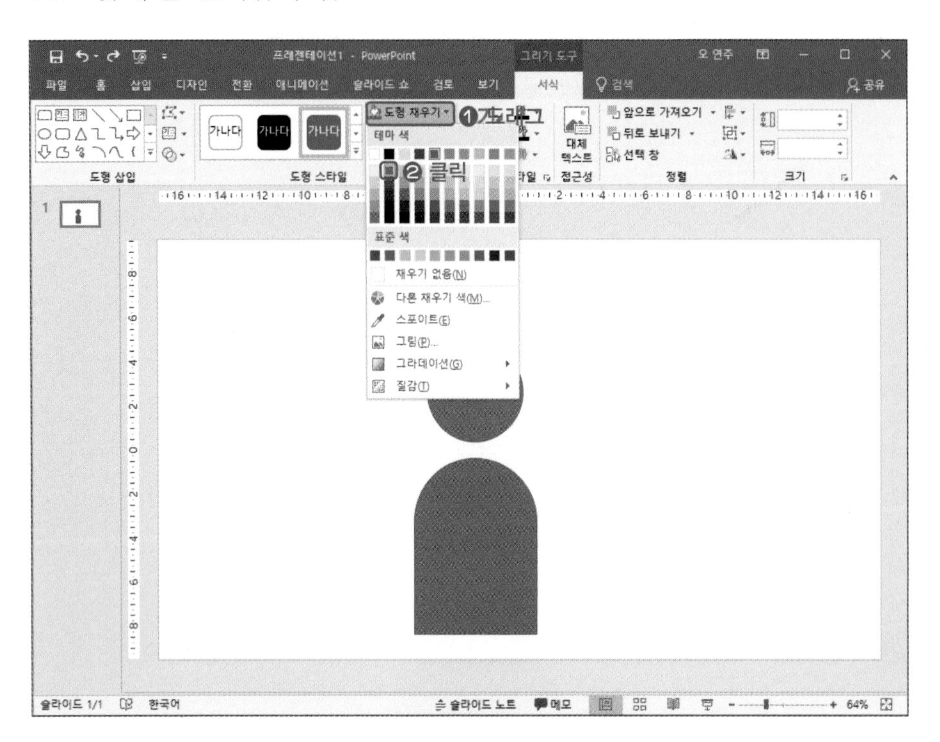

08 [그리기 도구]-[서식] 탭의 [도형 스타일] 그룹에서 ❶'도형 윤곽선' 단추를 클릭하고, ❷'윤곽선 없음'을 선택합니다.

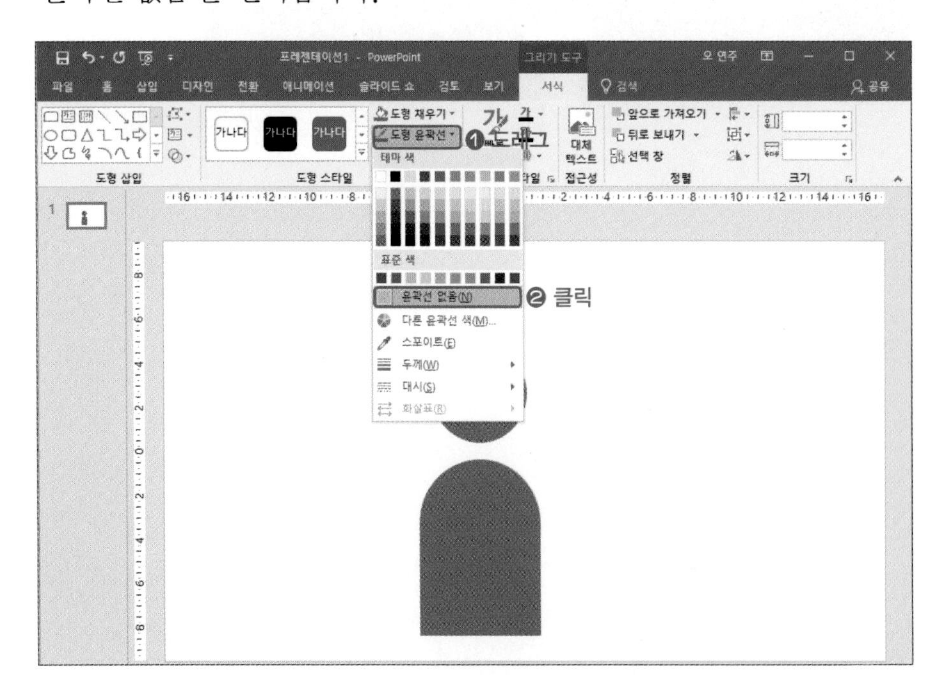

09 도형이 다음과 같이 변경된 것을 확인할 수 있습니다.

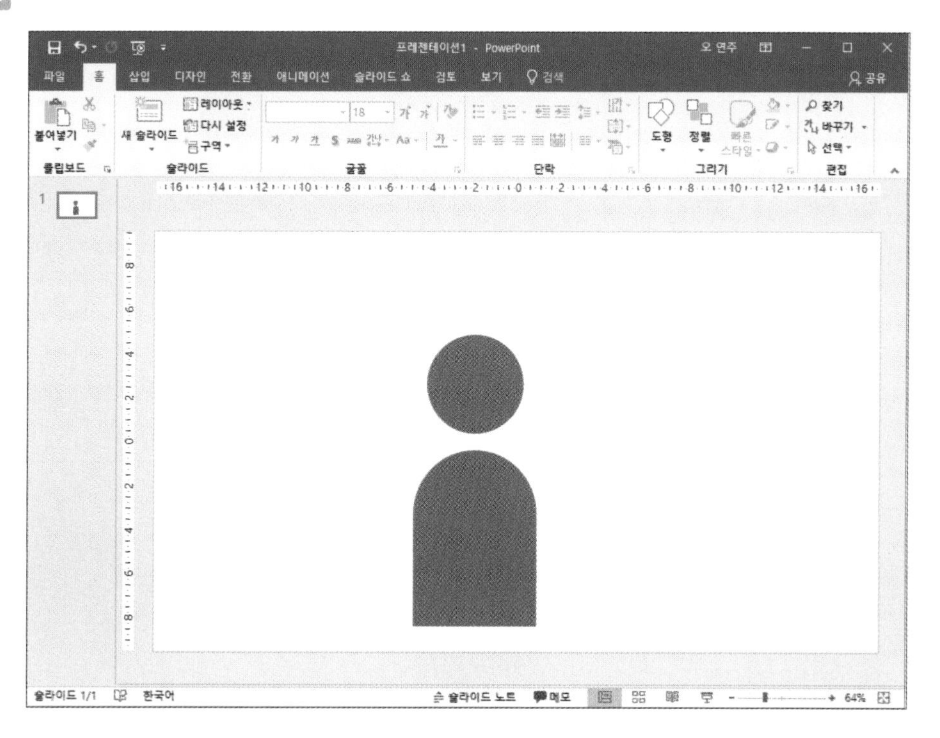

실습 02 | 도형을 병합하여 자물쇠 만들기

●● 완성파일: 자물쇠 만들기_완성.pptx

01 [홈] 탭의 [슬라이드] 그룹에서 ❶'레이아웃' 단추를 클릭하고, ❷'빈 화면'을 선택합니다.

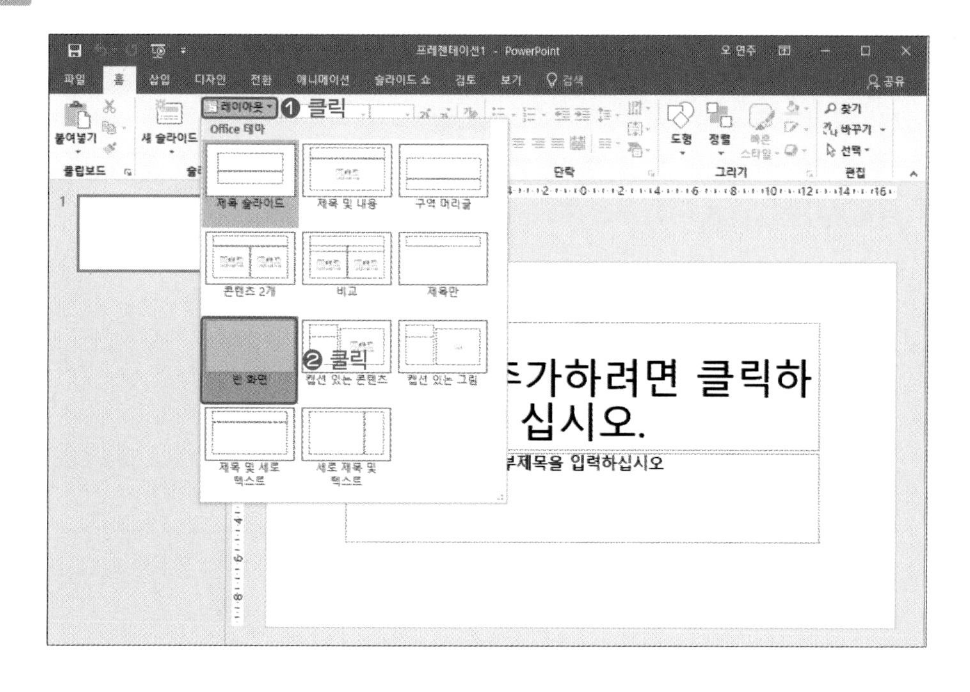

02 [삽입] 탭의 [일러스트레이션] 그룹에서 ❶'도형' 단추를 클릭하고, 기본 도형 그룹에 있는 ❷'막힌 원호'를 선택합니다.

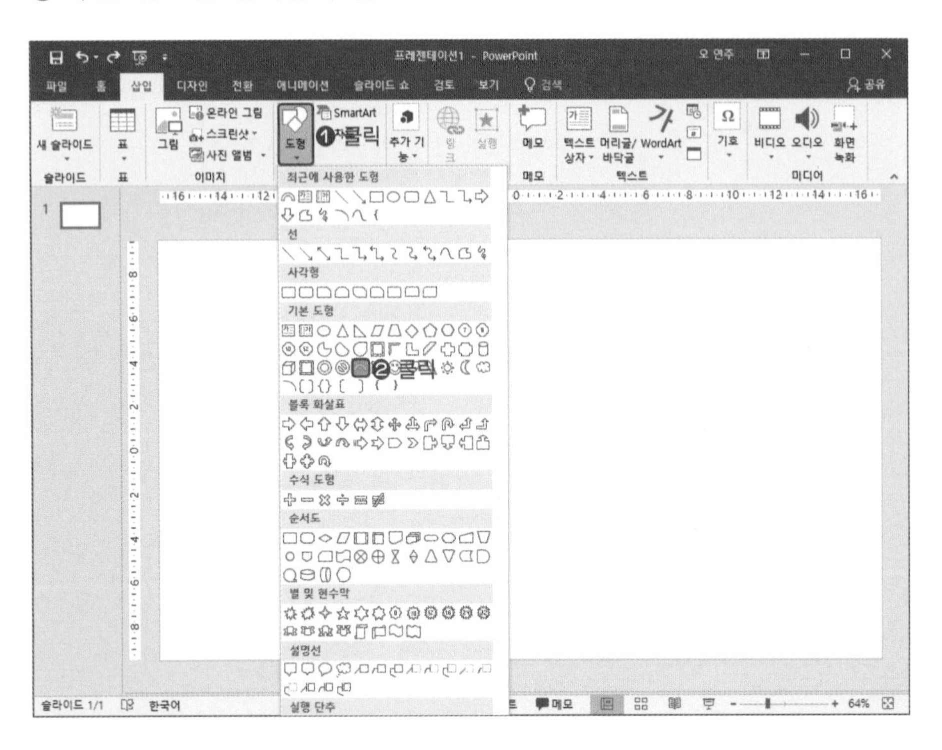

03 마우스 포인터가 '+' 모양으로 변경되면 Shift 키를 누르고 드래그하여 막힌 원호를 그립니다.

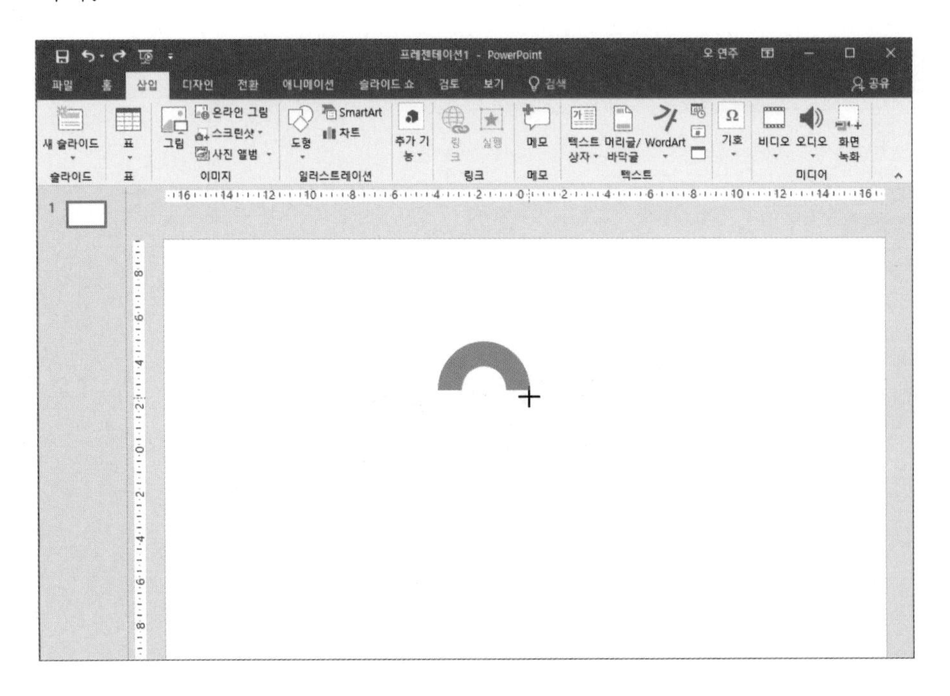

04 다시 '도형' 단추를 클릭하고, 사각형 그룹에 있는 '직사각형'을 선택한 후, 다음과 같이 그려줍니다.

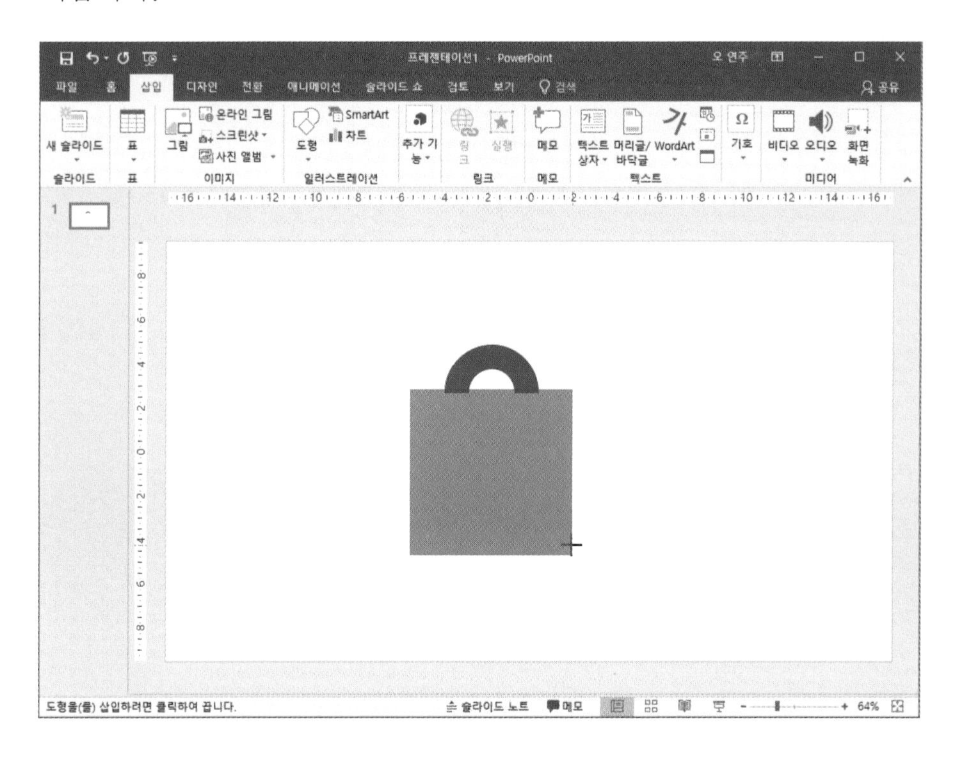

05 이번에는 '도형' 단추를 클릭하고, 기본 도형 그룹에 있는 '타원'을 선택한 후, 마우스 포인터가 '+' 모양으로 변경되면 Shift 키를 누르고 드래그하여 정원을 그립니다.

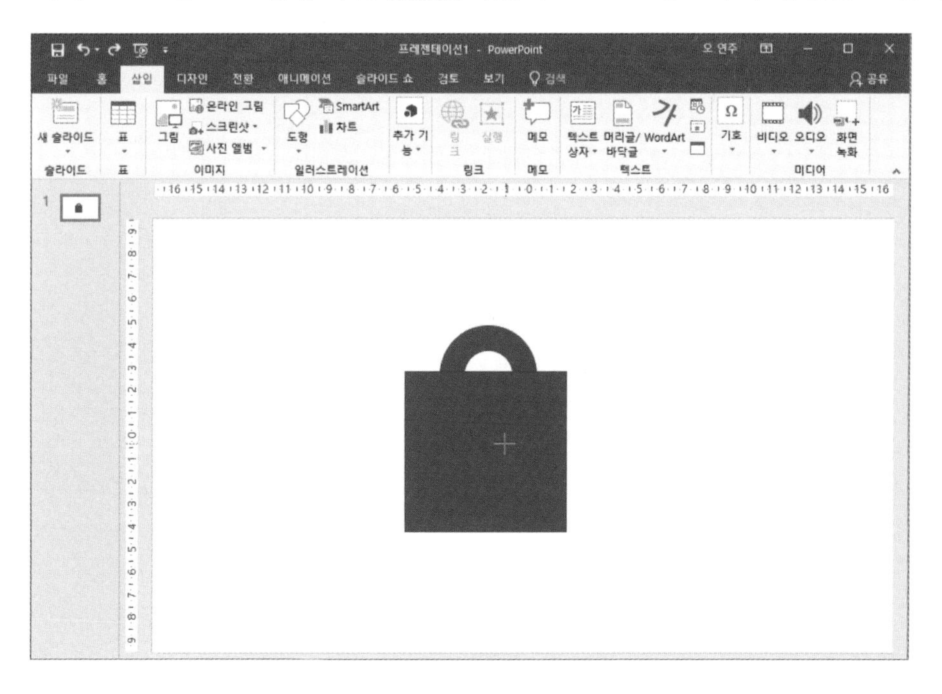

06 이어서 ❶'도형' 단추를 클릭하고, 기본 도형 그룹에 있는 ❷'사다리꼴'을 선택한 후, 마우스 포인터가 '+' 모양으로 변경되면 드래그하여 다음과 같이 도형을 삽입합니다.

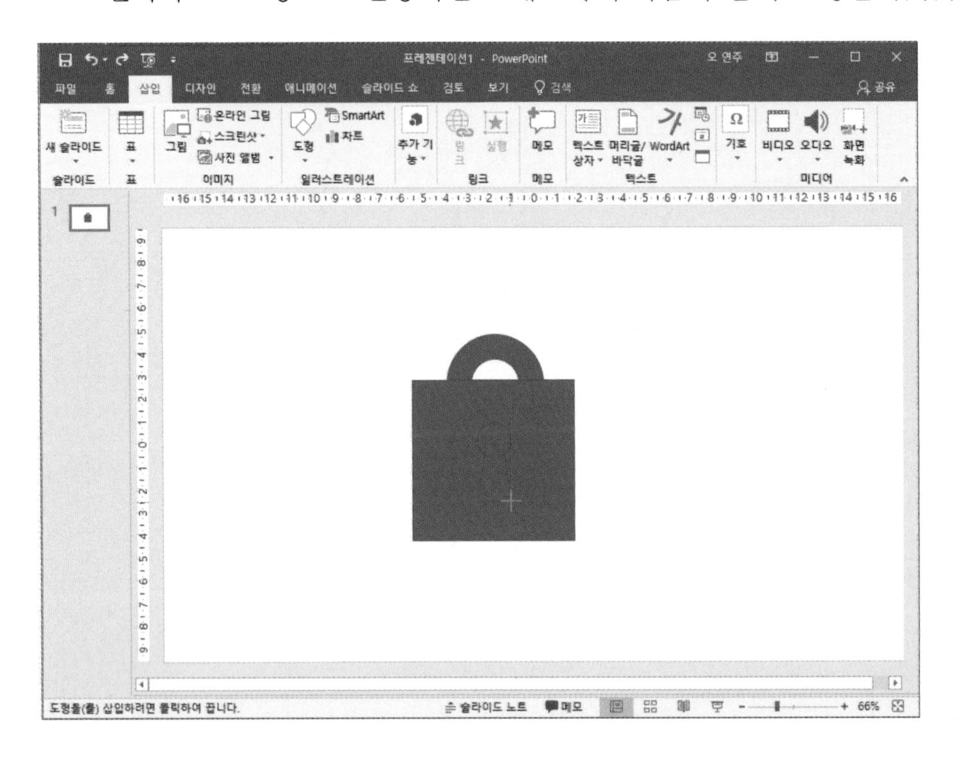

07 다음과 같이 앞에서 그린 도형들을 전체 선택합니다.

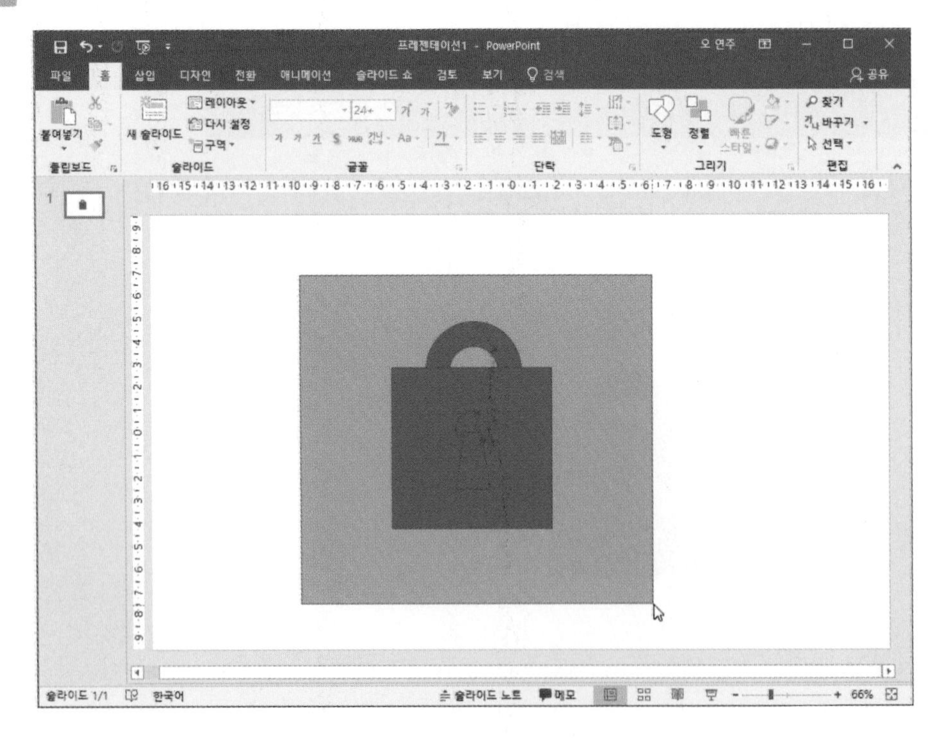

08 [그리기 도구]–[서식] 탭의 [정렬] 그룹에서 ❶'개체 맞춤' 단추를 클릭하여 ❷'가운데 맞춤'을 선택합니다.

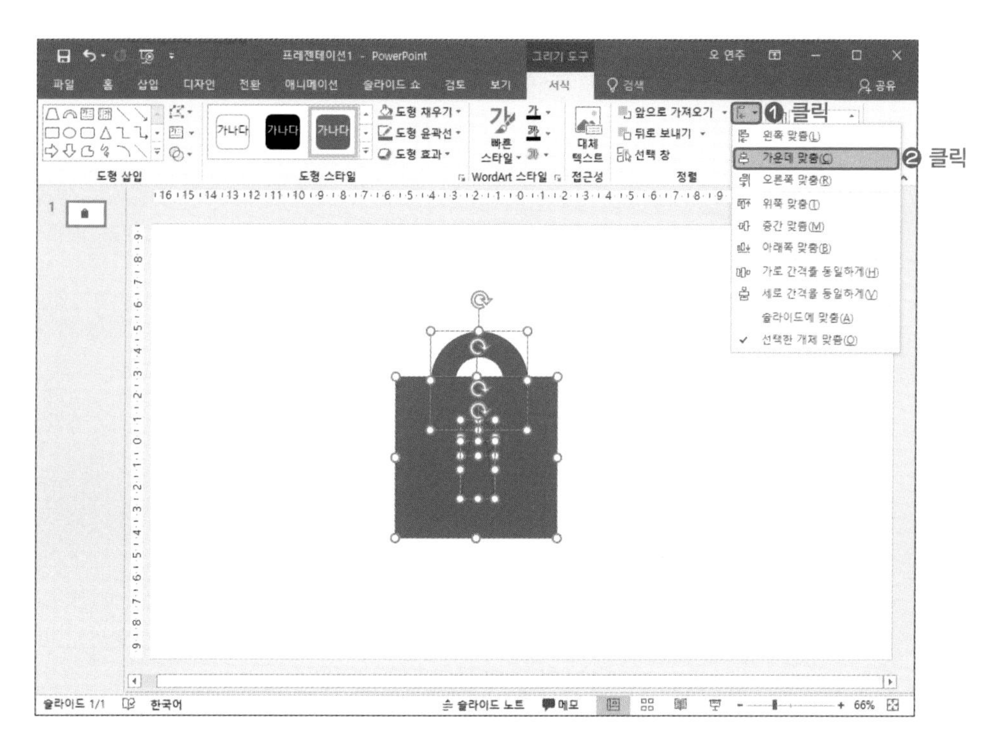

09 직사각형 도형 안에 있는 원 도형과 사다리꼴 도형을 선택한 후, [그리기 도구]–[서식] 탭의 [도형 삽입] 그룹에서 ❶'도형 병합' 단추를 클릭한 후, ❷'병합'을 선택합니다.

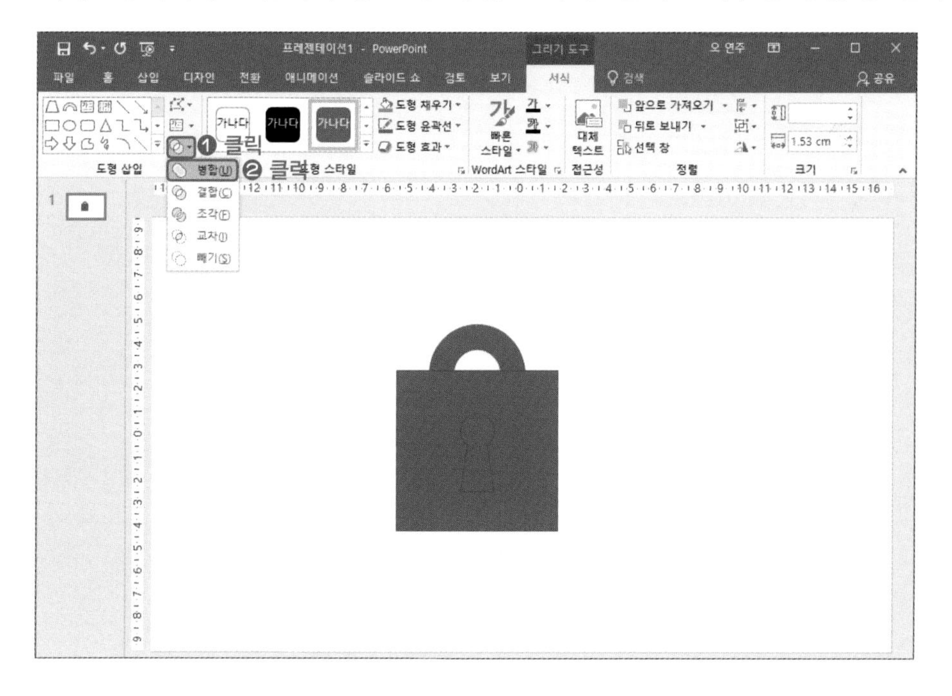

10 이번에는 ❶직사각형 도형을 먼저 선택한 후, ❷Shift 키를 누르고 앞서 병합된 도형을 선택합니다.

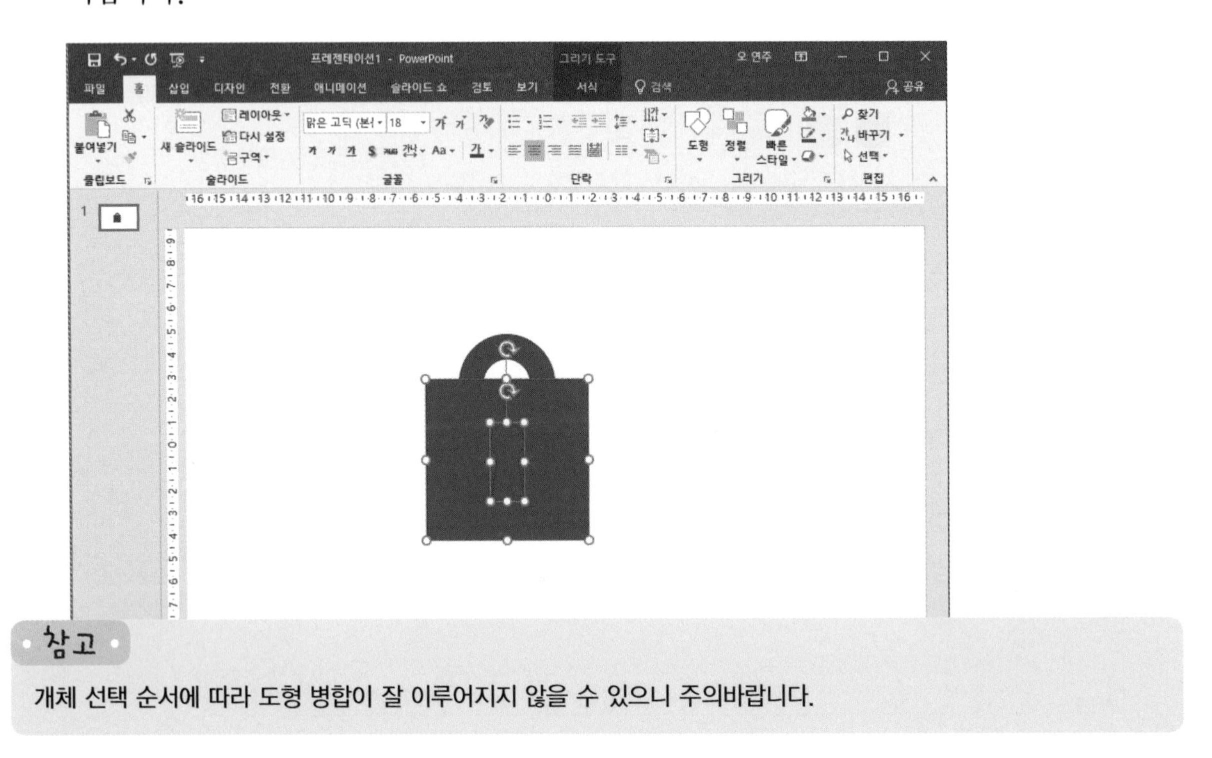

참고

개체 선택 순서에 따라 도형 병합이 잘 이루어지지 않을 수 있으니 주의바랍니다.

11 [그리기]–[서식] 탭의 [도형 삽입] 그룹에서 ❶'도형 병합' 단추를 클릭한 후, ❷'빼기'를 선택합니다.

12 다시 모든 도형들을 전체 선택한 후, [도형 삽입] 그룹에서 ❶'도형 병합' 단추의 ❷'병합'을 클릭합니다.

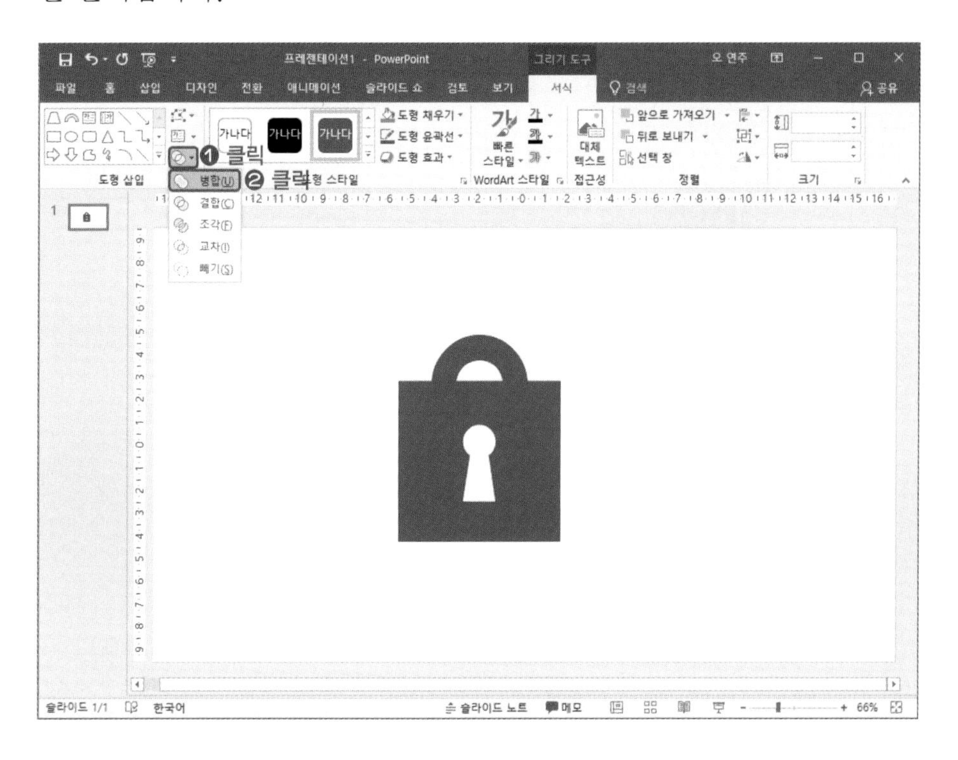

13 병합된 도형을 선택한 후, 이번에는 [그리기 도구]-[서식] 탭의 [도형 스타일] 그룹에서 ❶'도형 채우기' 단추를 클릭하고, ❷'황금색, 강조 4'를 선택합니다.

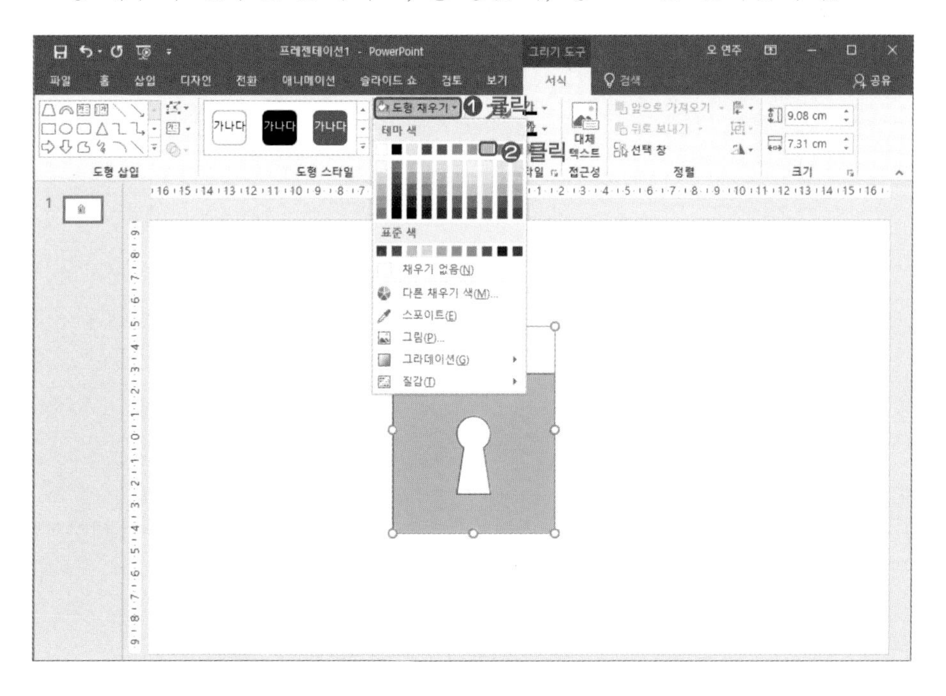

14 이어서 [도형 스타일] 그룹에서 ❶'도형 윤곽선' 단추를 클릭하고, ❷'윤곽선 없음'을 선택합니다.

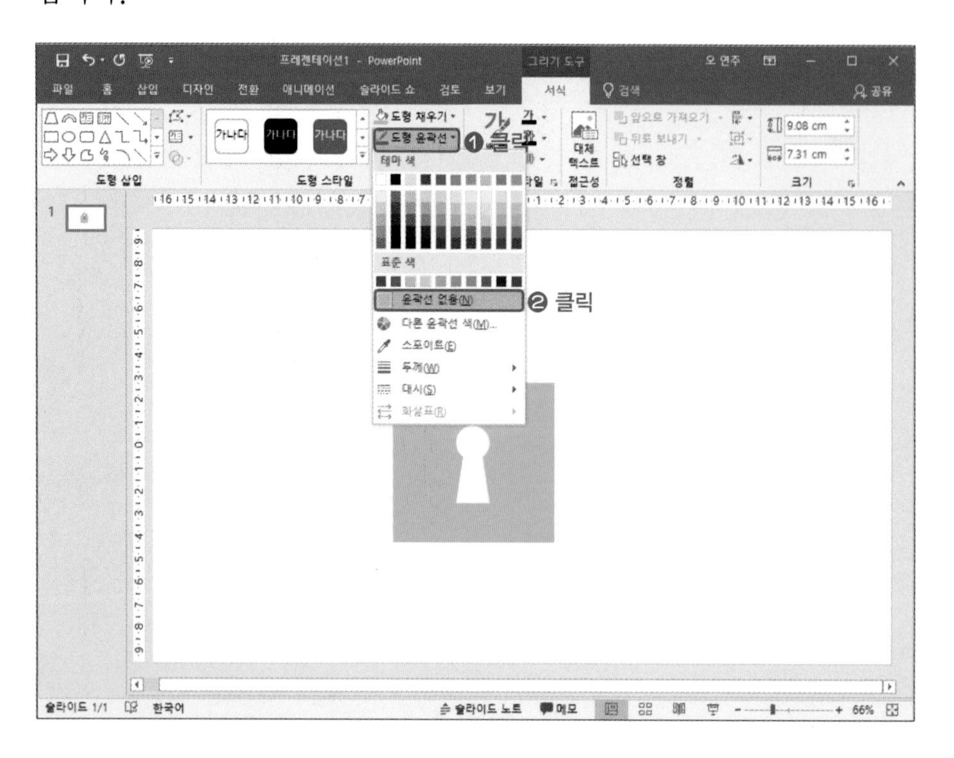

15 다음과 같이 황금색 자물쇠 도형이 완성된 것을 확인할 수 있습니다.

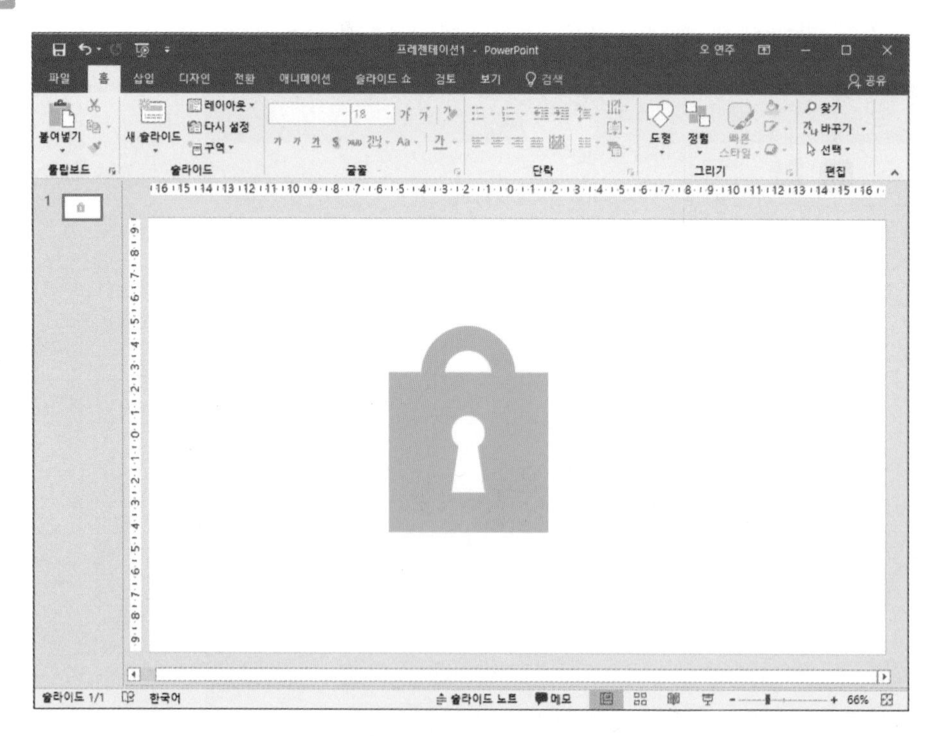

실습 03 | 평면 도형을 입체 도형으로 만들기

●● 준비파일: 입체 도형으로 만들기_준비.pptx
●● 완성파일: 입체 도형으로 만들기_완성.pptx

01 다음과 같이 준비파일을 불러옵니다.

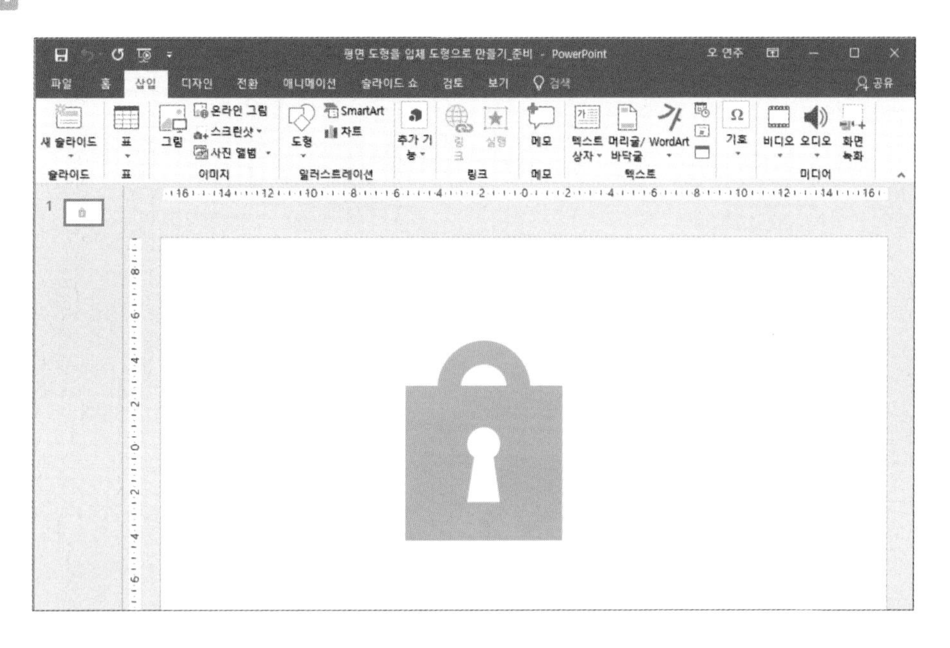

02 슬라이드의 ❶자물쇠 도형을 선택한 후, [그리기 도구]-[서식] 탭의 [도형 스타일] 그룹에서 ❷'도형 효과' 단추를 클릭하고 입체 효과의 '3차원 옵션'을 선택합니다.

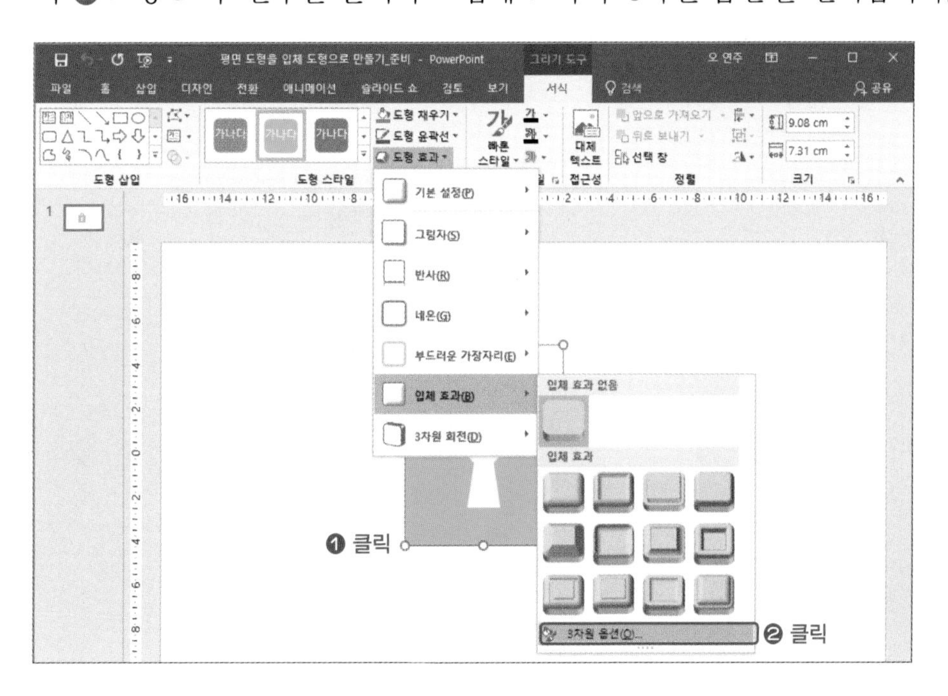

03 오른쪽의 [도형 서식]에서 ❶'3차원 서식'의 위쪽 입체 그룹에서 ❷'디벗' 효과를 선택합니다.

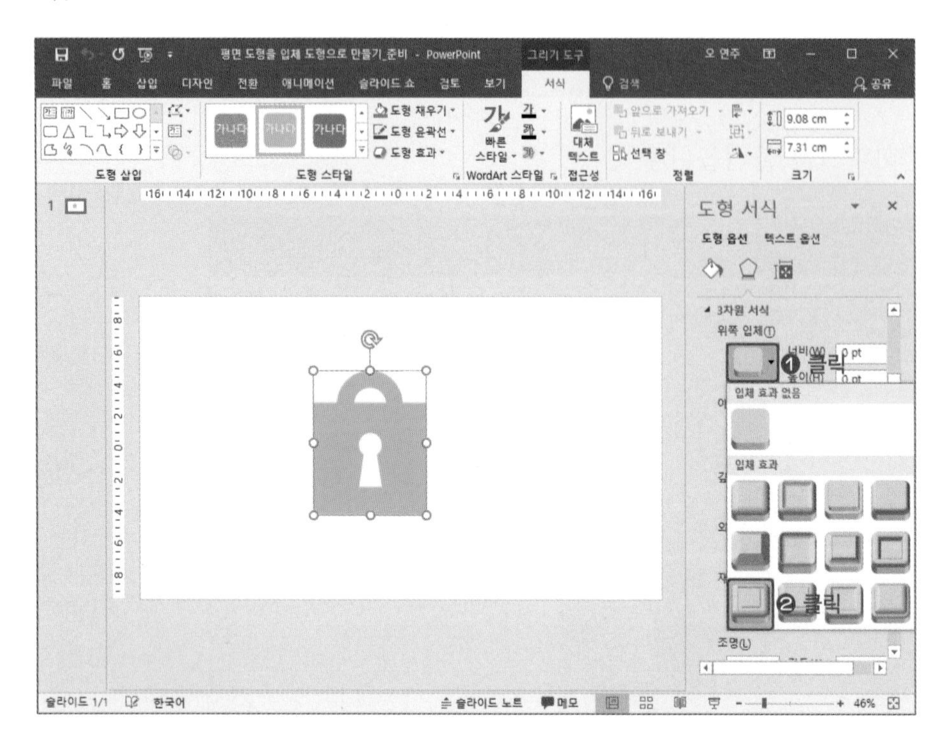

04 입체 효과를 주기 위해 '너비:20pt, 높이:20pt'를 입력합니다.

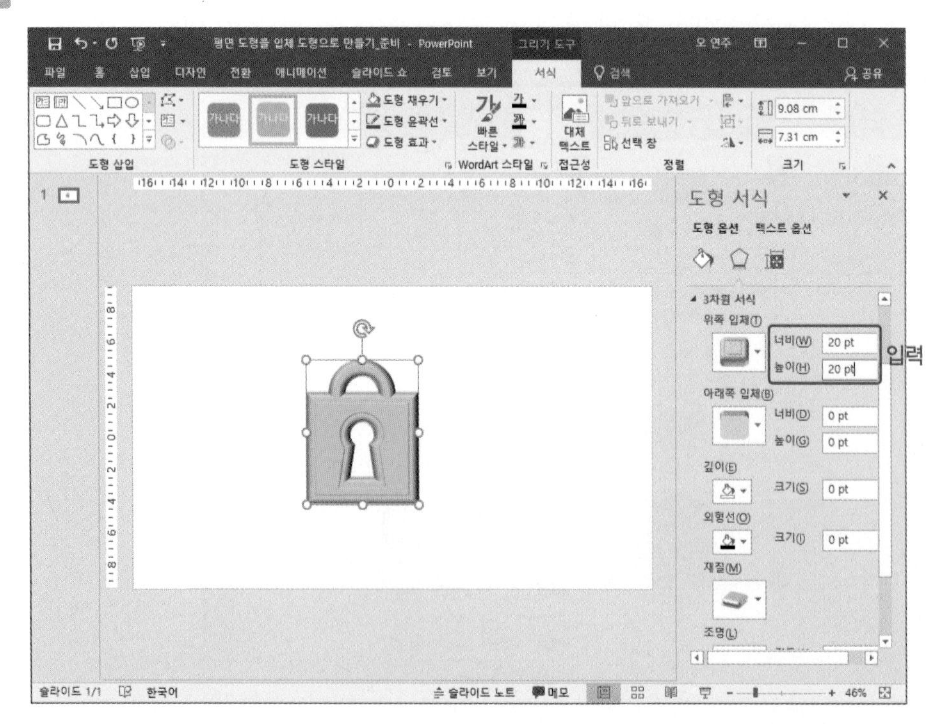

05 입체감을 주기 위해 [도형 서식]에서 ❶'3차원 회전'의 미리 설정에서 ❷'원근감(보통의 경사)'을 선택합니다.

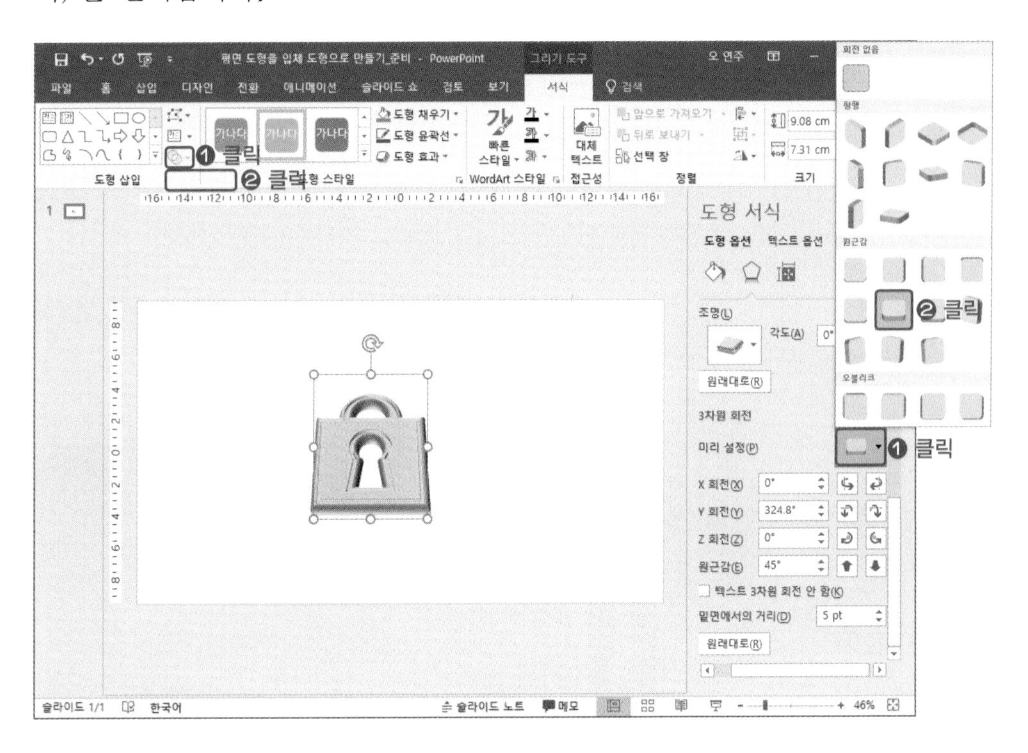

06 다음과 같이 도형 효과가 적용된 입체적인 자물쇠가 완성된 것을 확인할 수 있습니다.

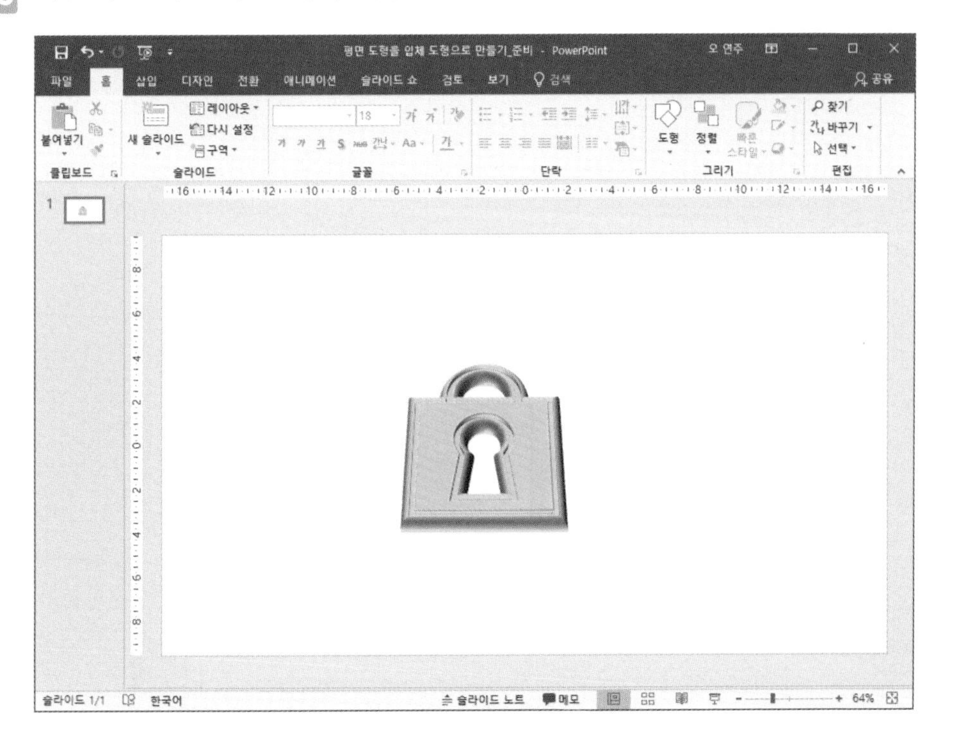

혼자 풀어보기

01 새 프레젠테이션을 연 후, 도형을 삽입하여 다음과 같이 사람 모양의 픽토그램을 만들어 보세요.

★조건	• 원, 둥근 사각형, 사각형 • 도형 삽입 그룹 : 통합

●● 완성파일: 사람 픽토그램 만들기_완성.pptx

02 새 프레젠테이션을 연 후, 여러 도형을 병합하여 다음과 같이 지하철 모양의 픽토그램을 만들어 보세요.

★조건	• 원, 둥근 사각형 • 도형 삽입 그룹 : 통합, 빼기

●● 완성파일: 지하철 픽토그램 만들기_완성.pptx

03 준비파일을 연 후, 지하철 픽토그램에 여러 가지 도형 효과를 주어 입체감 있는 도형으로 변경해 보세요.

★조건
- 3차원 서식 : '위쪽 입체'의 '둥글게 블록'(너비:9pt, 높이:6pt), '깊이'는 500pt
- 3차원 회전 : 원근감:오른쪽

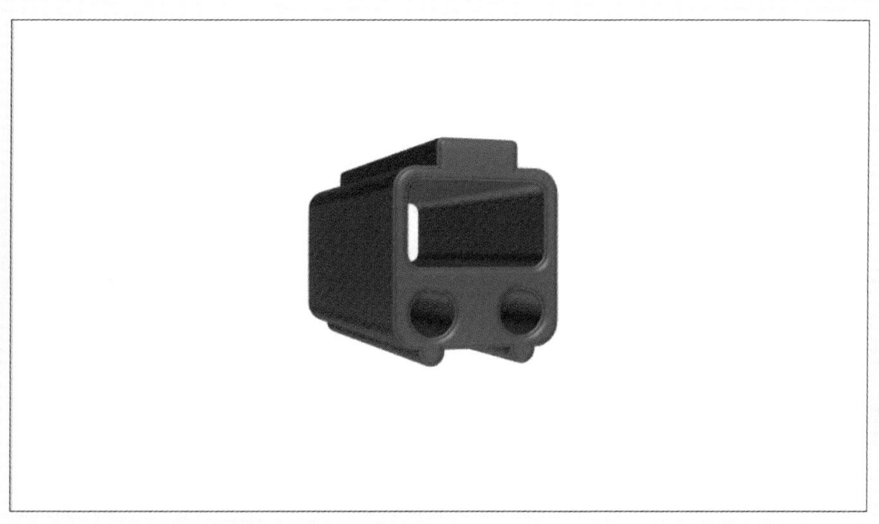

●● 준비파일: 입체 지하철 픽토그램 만들기_준비.pptx
●● 완성파일: 입체 지하철 픽토그램 만들기_완성.pptx

04 준비파일을 연 후, 황금 열쇠 모양의 픽토그램을 입체감 있는 도형으로 변경해 보세요.

★조건
- 3차원 서식 : '각지게'(너비 :1 2pt, 높이 : 7.5pt)
- 3차원 회전 : '원근감'을 대조적으로(왼쪽)

●● 준비파일: 입체 황금 열쇠 만들기_준비.pptx
●● 완성파일: 입체 황금 열쇠 만들기_완성.pptx

슬라이드에 그림 삽입하기

프레젠테이션에서 그림을 적절히 사용하면 청중의 집중도를 높이고 메시지를 효과적으로 전달할 수 있습니다. 파워포인트 2016에서 컴퓨터에 저장되어 있는 이미지를 활용하거나 온라인 이미지를 검색하여 편집하는 방법에 대하여 알아봅니다.

학습 목표

- 내 컴퓨터에 있는 그림을 슬라이드에 삽입하는 방법에 대하여 알아봅니다.
- 도형을 이용한 그림 자르기에 대한 방법을 알아봅니다.
- 온라인에서 필요한 그림을 찾아서 슬라이드에 삽입하는 방법에 대하여 알아봅니다.

배울 내용 미리 보기

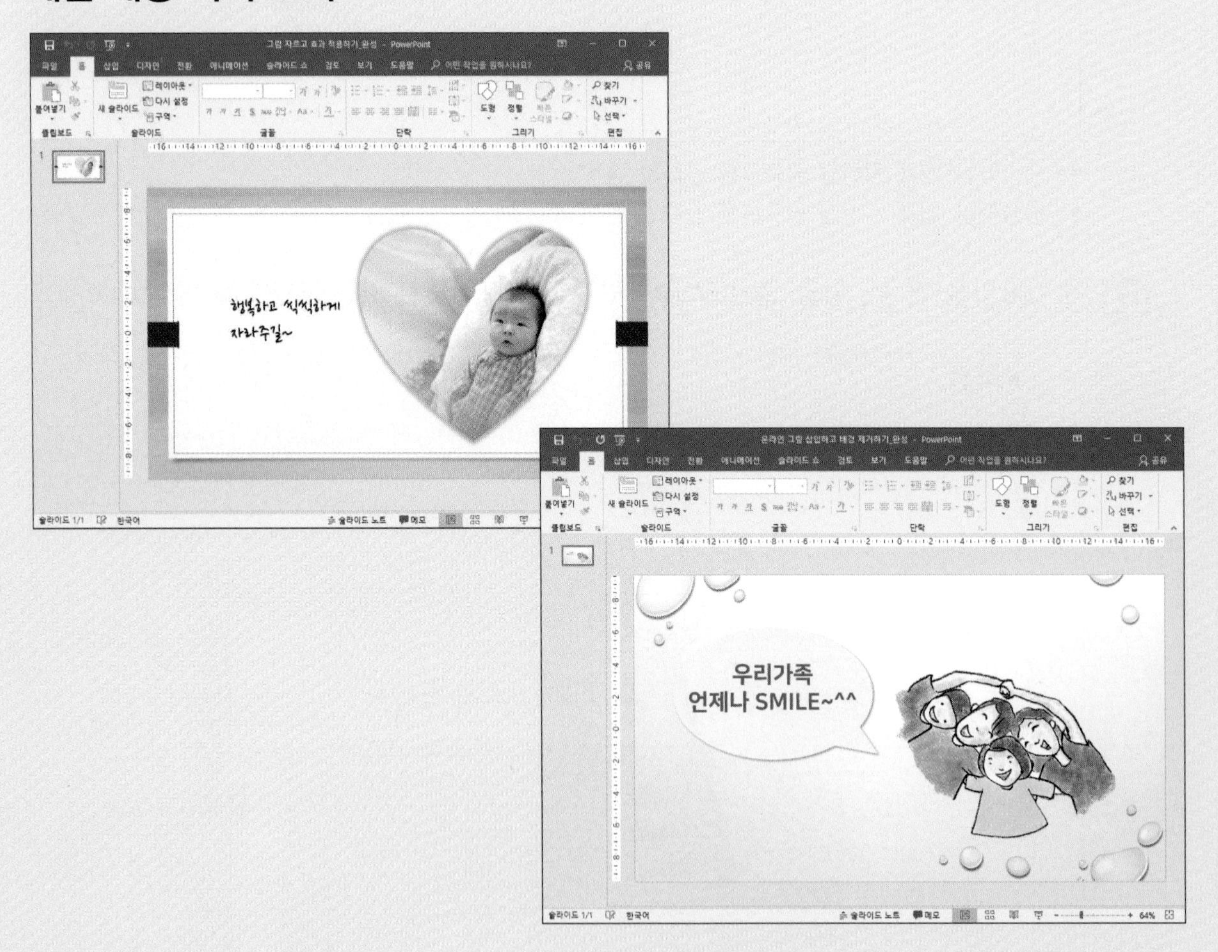

실습 01 | 내 컴퓨터 그림 삽입하기

●● 완성파일: 내 컴퓨터 그림 삽입하기_완성.pptx

01 레이아웃을 '빈 화면'으로 선택한 후. [디자인] 탭의 [테마] 그룹에서 '자세히 ' 단추를 클릭하고, '자연주의' 테마를 선택합니다.

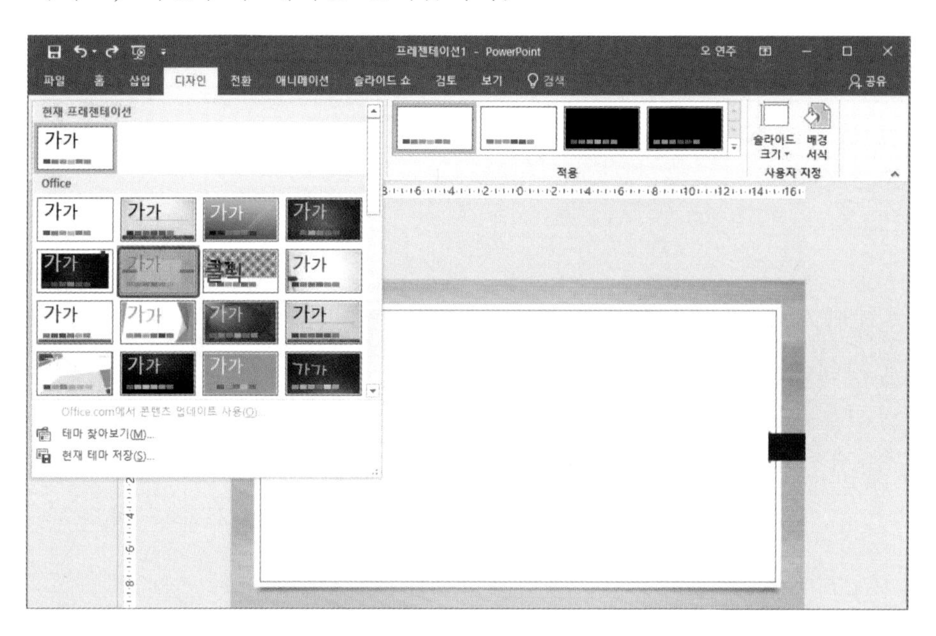

02 [삽입] 탭의 [이미지] 그룹에서 '그림' 단추를 선택합니다.

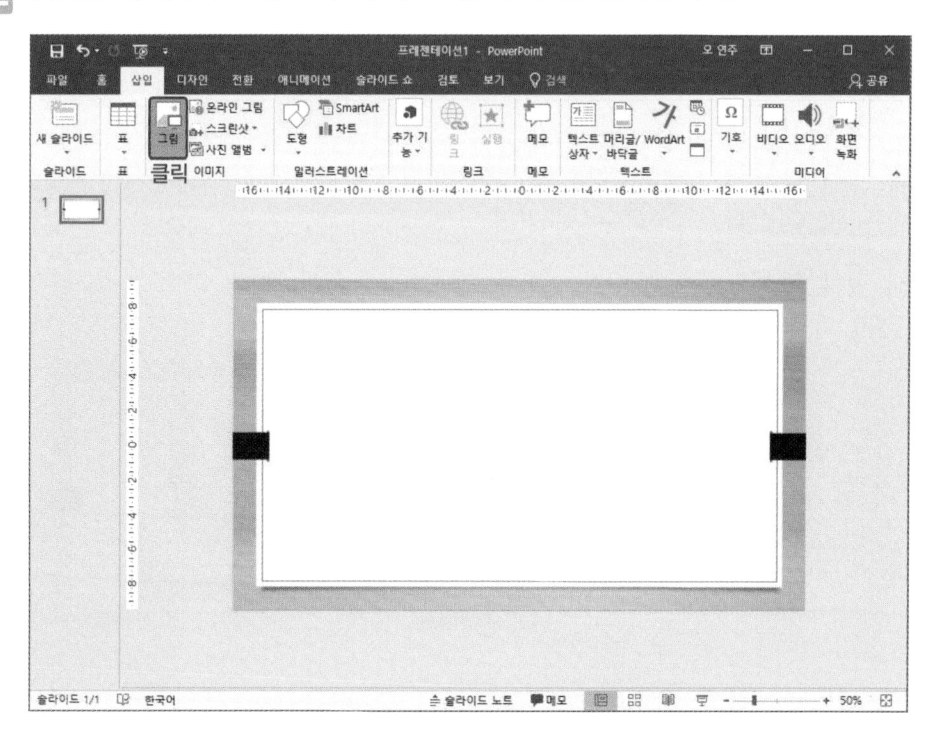

03 [그림 삽입] 대화상자가 나타나면 '예제파일' 폴더에서 ❶'내 컴퓨터 그림 삽입하기'를 선택한 후, ❷[삽입]을 클릭합니다.

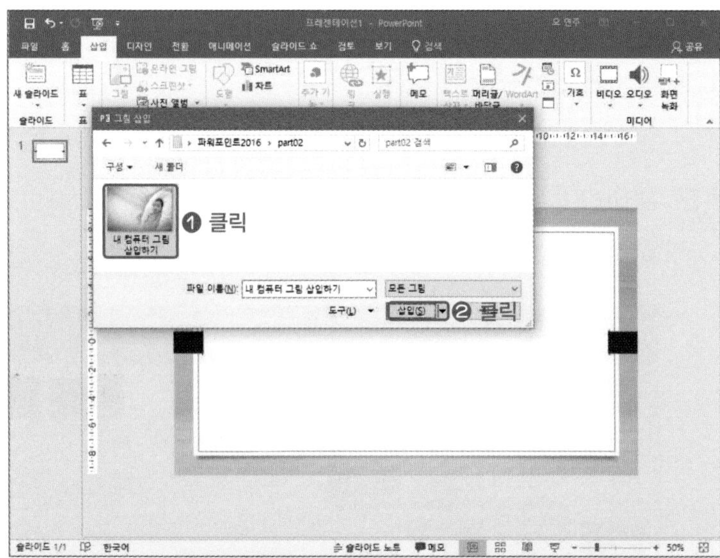

04 그림 크기를 조절하기 위해 Shift 키를 누른 상태에서 크기 조절 핸들을 이용하여 원하는 크기로 조절합니다.

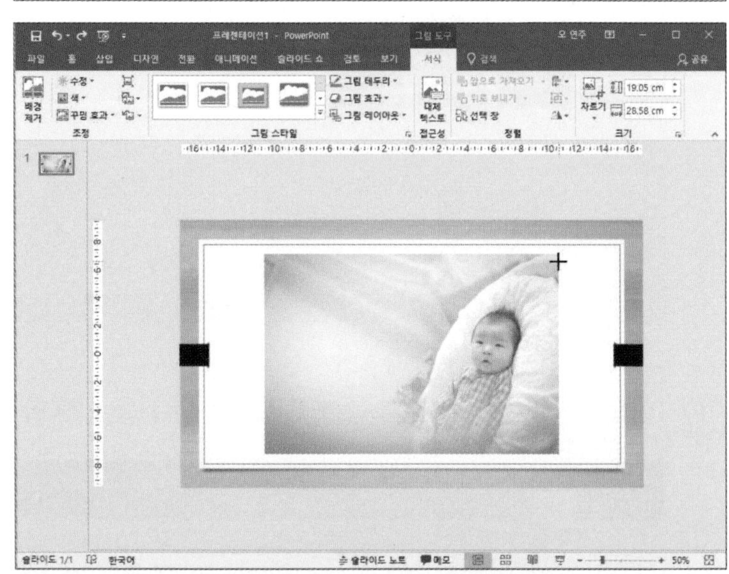

05 [삽입] 탭의 [텍스트] 그룹에서 ❶'텍스트 상자' 단추를 선택한 후, ❷그림 위에 텍스트 상자를 삽입합니다.

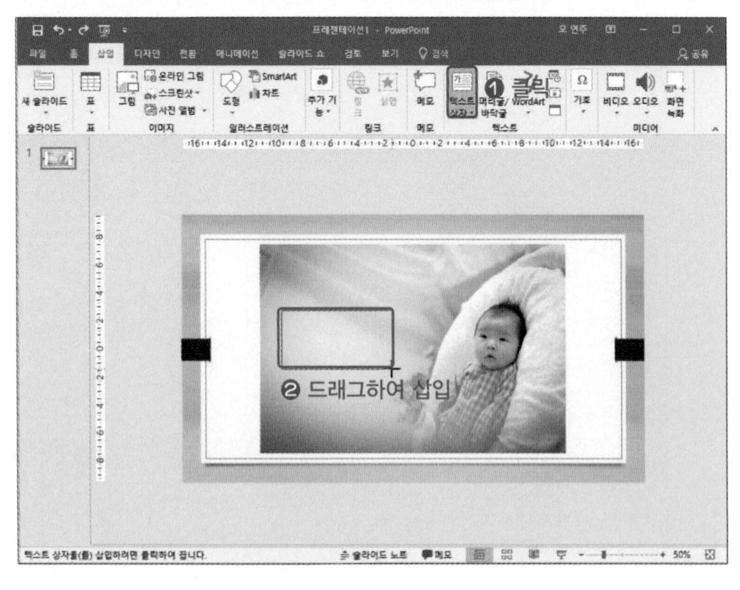

06 텍스트 상자에 다음과 같은 ❶내용을 입력한 후, [홈] 탭의 [글꼴] 그룹에서 글꼴은 ❷'나눔손글씨 펜', 글꼴 크기는 '40'으로 지정합니다.

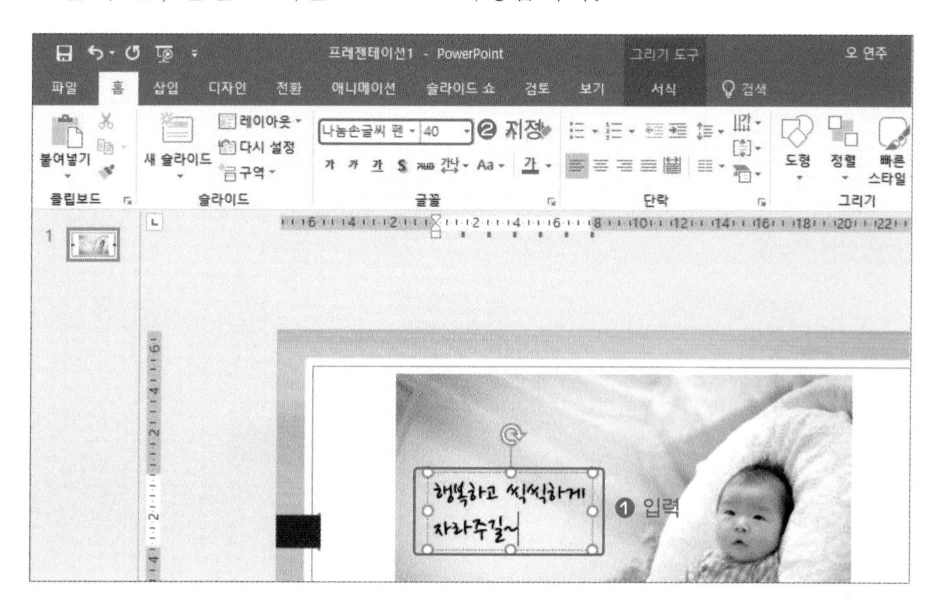

실습 02 | 그림 자르고 효과 적용하기

●● 준비파일: 그림 자르고 효과 적용하기_준비.pptx
●● 완성파일: 그림 자르고 효과 적용하기_완성.pptx

01 준비파일을 연 후, 다음과 같이 ❶그림을 선택합니다. [그림 도구]–[서식] 탭의 [크기] 그룹에서 '자르기' 단추 아래 ❷'▼' 클릭한 후 '도형에 맞춰 자르기'의 ❸'하트'를 선택합니다.

02 그림이 선택되어 있는 상태에서 마우스 오른쪽 단추를 눌러 '크기 및 위치'를 선택하여 그림의 크기와 위치를 조정합니다.

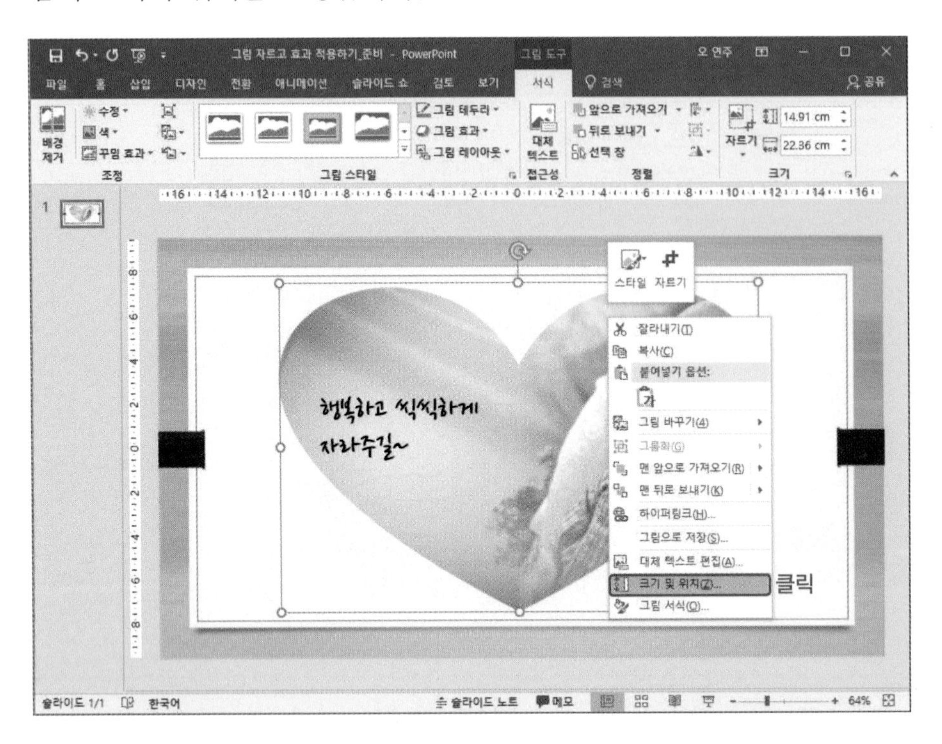

03 그림이 선택되어 있는 상태에서 오른쪽 [그림 서식]의 '그림'을 선택한 후 '자르기' 옵션을 확장하여 '그림 위치' 및 '자르기 위치'에 다음과 같이 입력합니다.

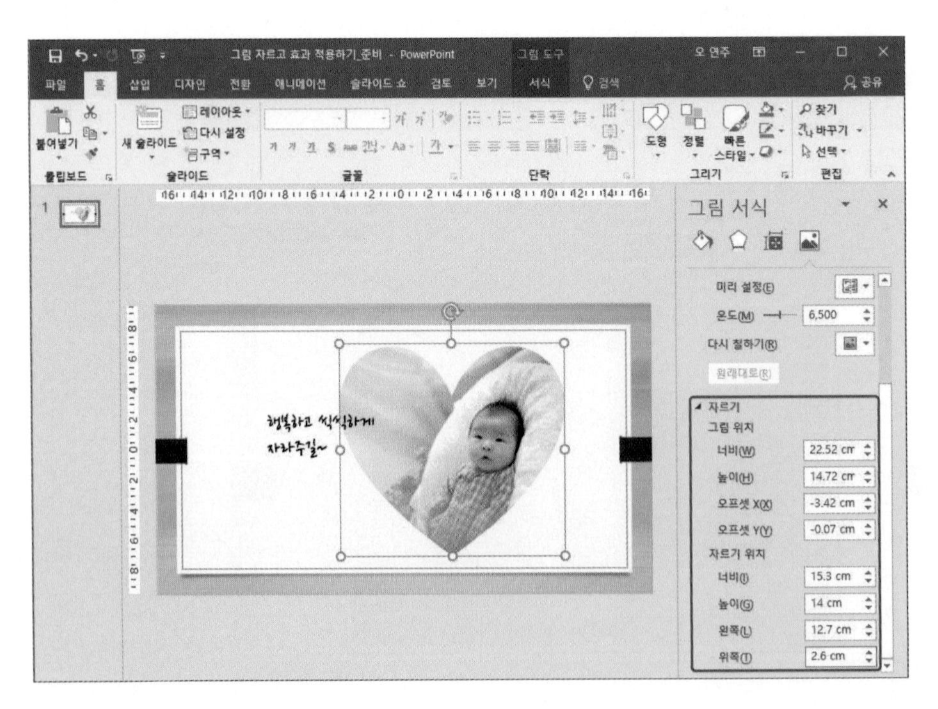

04 텍스트와 겹치지 않도록 그림을 선택한 후 다음과 같이 그림의 위치를 이동합니다.

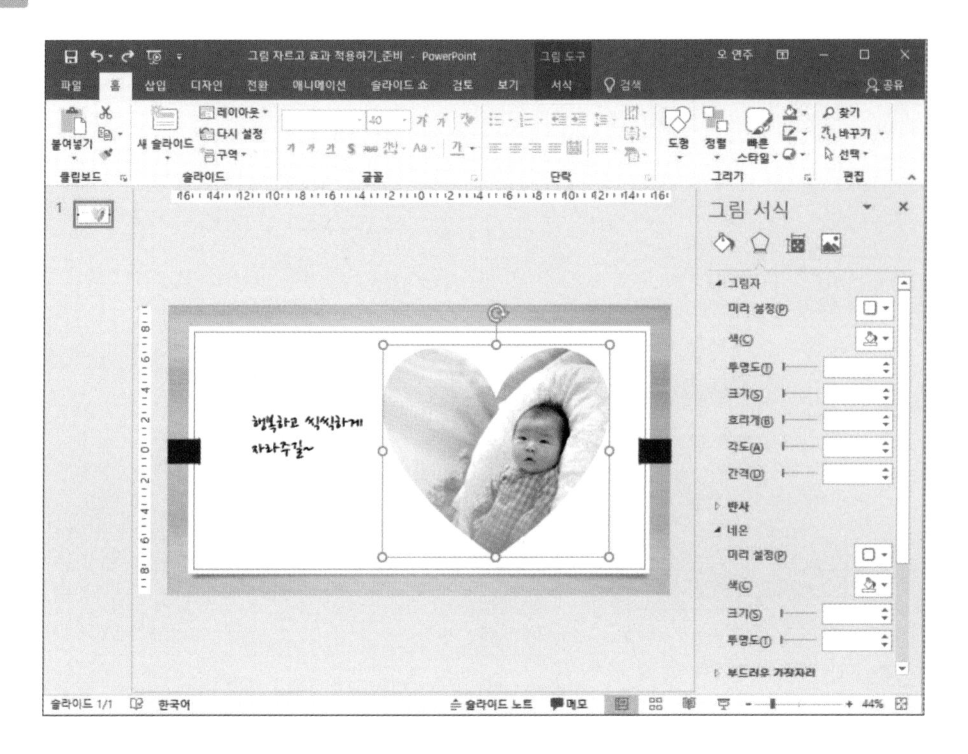

05 [그림 서식]에서 ❶'효과'를 선택하고 ❷'네온' 옵션을 확장하여 ❸미리 설정에서 '주황, 11pt, 네온, 강조색 5'를 선택합니다.

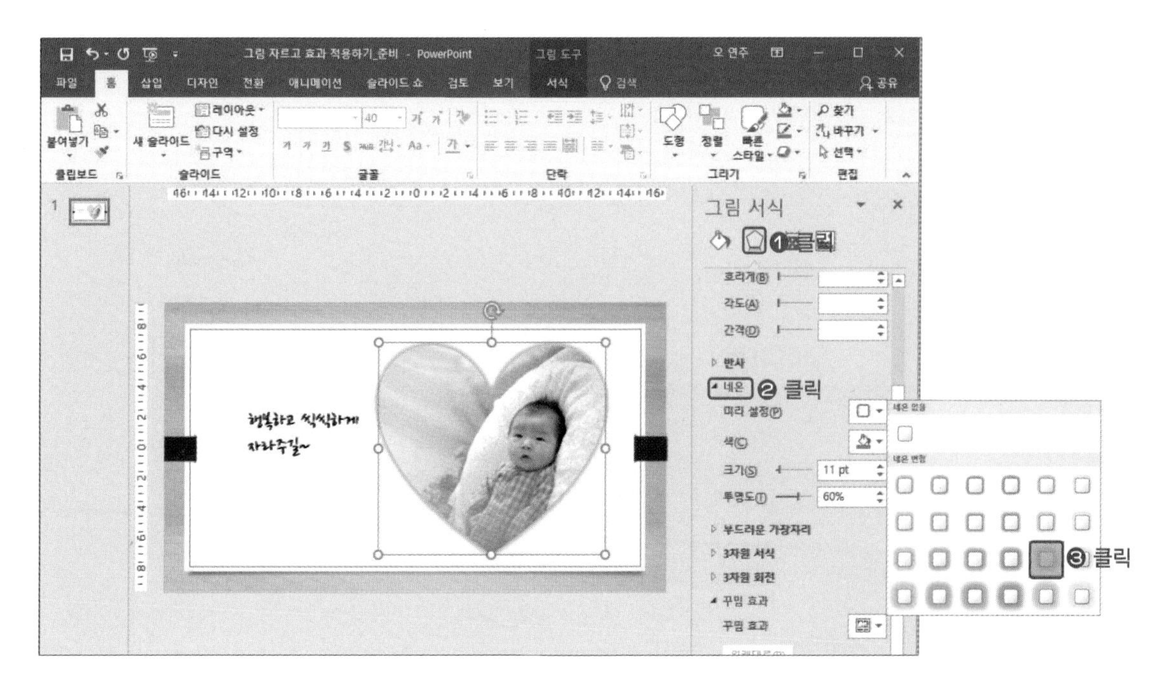

06 다음과 같이 그림이 완성된 것을 확인할 수 있습니다.

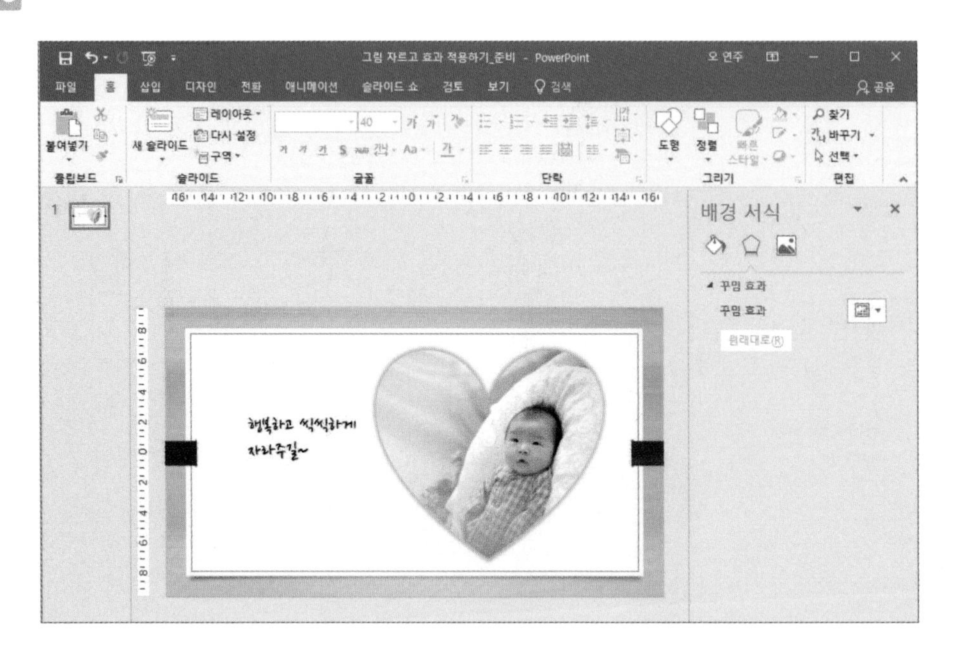

실습 03 | 온라인 그림 삽입하고 배경 제거하기

- 준비파일: 온라인 그림 삽입하고 배경 제거하기_준비.pptx
- 완성파일: 온라인 그림 삽입하고 배경 제거하기_완성.pptx

01 다음과 같이 준비파일을 불러옵니다.

02 [삽입] 탭의 [이미지] 그룹에서 '온라인 그림' 단추를 클릭합니다.

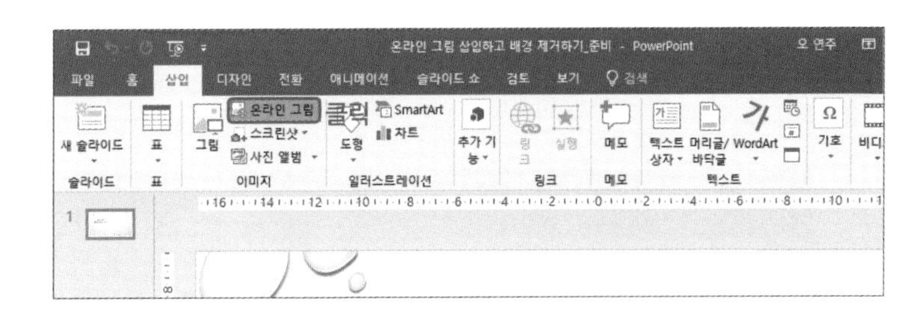

03 [그림 삽입] 대화상자가 나오면 'bing 이미지 검색'에서 '가족'을 입력합니다.

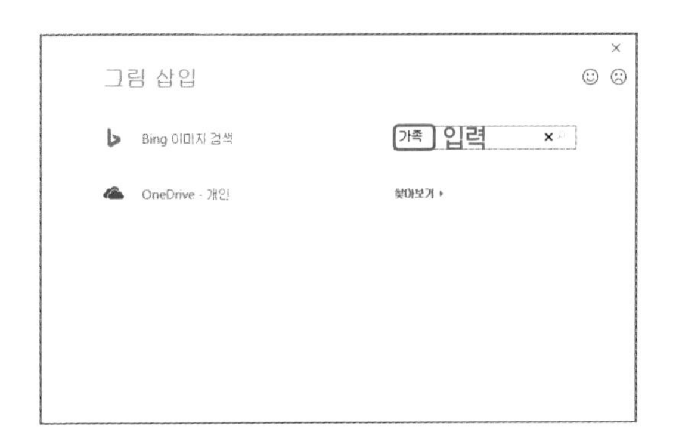

04 ❶마음에 드는 이미지를 선택한 후 ❷[삽입]을 클릭합니다.

05 그림이 삽입되면 크기 조절 핸들을 이용하여 적당한 크기로 조절한 후, 다음과 같은 위치로 드래그하여 이동합니다.

06 배경을 제거하기 위해 [그리기 도구]-[서식] 탭의 [조정] 그룹에서 '배경 제거' 단추를 눌러 줍니다.

07 다음과 같이 제거될 부분이 분홍색으로 표시됩니다.

08 [배경 제거] 탭의 [닫기] 그룹에서 '변경 내 유지' 단추를 클릭합니다.

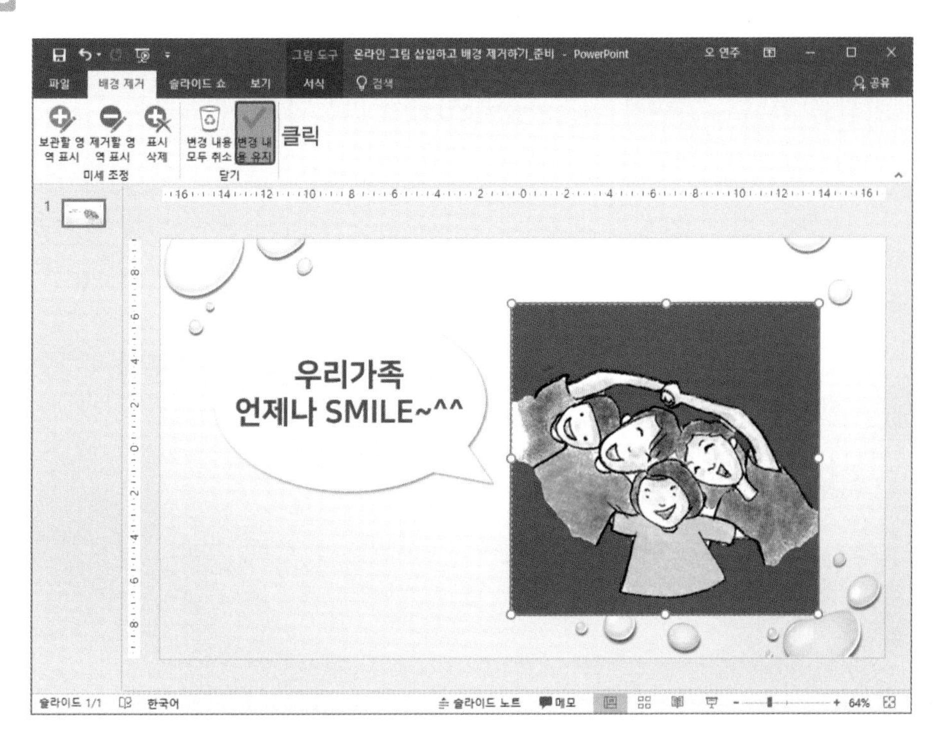

09 기존의 흰색 배경이 제거된 것을 확인할 수 있습니다.

혼자 풀어보기

01 새 프레젠테이션을 연 후, '자연풍경.jpg'를 삽입하여 다음과 같이 슬라이드를 완성해 보세요.

★조건 • 디자인 테마 : 패싯

●● 완성파일: 자연풍경 삽입하기_완성.pptx

02 준비파일을 연 후, '밤하늘.jpg'를 불러와 다음과 같이 별똥별 슬라이드를 완성해 보세요.

★조건 • '도형에 맞춰 자르기' : 별

●● 준비파일: 별똥별 그림 완성하기_준비.pptx

●● 완성파일: 별똥별 그림 완성하기_완성.pptx

03 준비파일을 연 후, 'bing 이미지 검색'을 이용하여 다음과 같이 여름 방학 이벤트 슬라이드를 완성해 보세요.

★조건

- 'bing 이미지 검색' : 여름방학
  이미지가 없을시 '여름방학'과 관련된 이미지 삽입

●● 준비파일: 여름방학 슬라이드 완성하기_준비.pptx
●● 완성파일: 여름방학 슬라이드 완성하기_완성.pptx

04 준비파일을 연 후, 'bing 이미지 검색'을 이용하여 다음과 같이 우주인 슬라이드를 완성해 보세요.

★조건

- 'bing 이미지 검색' : 우주인
  이미지가 없을시 '우주인'과 관련된 이미지 삽입

●● 준비파일: 우주인 그림 완성하기_준비.pptx
●● 완성파일: 우주인 그림 완성하기_완성.pptx

SmartArt 그래픽 활용하기

SmartArt 그래픽을 이용하면 다양한 레이아웃을 사용자가 목적에 맞게 선택하여 표현할 수 있습니다. 자신의 아이디어나 메시지를 쉽고 빠르게 전달하는데 도움이 됩니다. 파워포인트 2016에서 SmartArt 그래픽을 삽입한 후, 다양한 방법으로 도형으로 추가하고, 편집하는 방법에 대하여 알아봅니다.

- SmartArt 그래픽을 삽입한 후 텍스트 도형을 추가하는 방법에 대하여 알아봅니다.
- SmartArt 그래픽을 다양하게 편집하는 방법에 대하여 알아봅니다.
- SmartArt 그래픽 변환 기능을 이용해 전달하는 내용을 한눈에 볼 수 있도록 수정하는 방법에 대하여 알아봅니다.

배울 내용 미리 보기

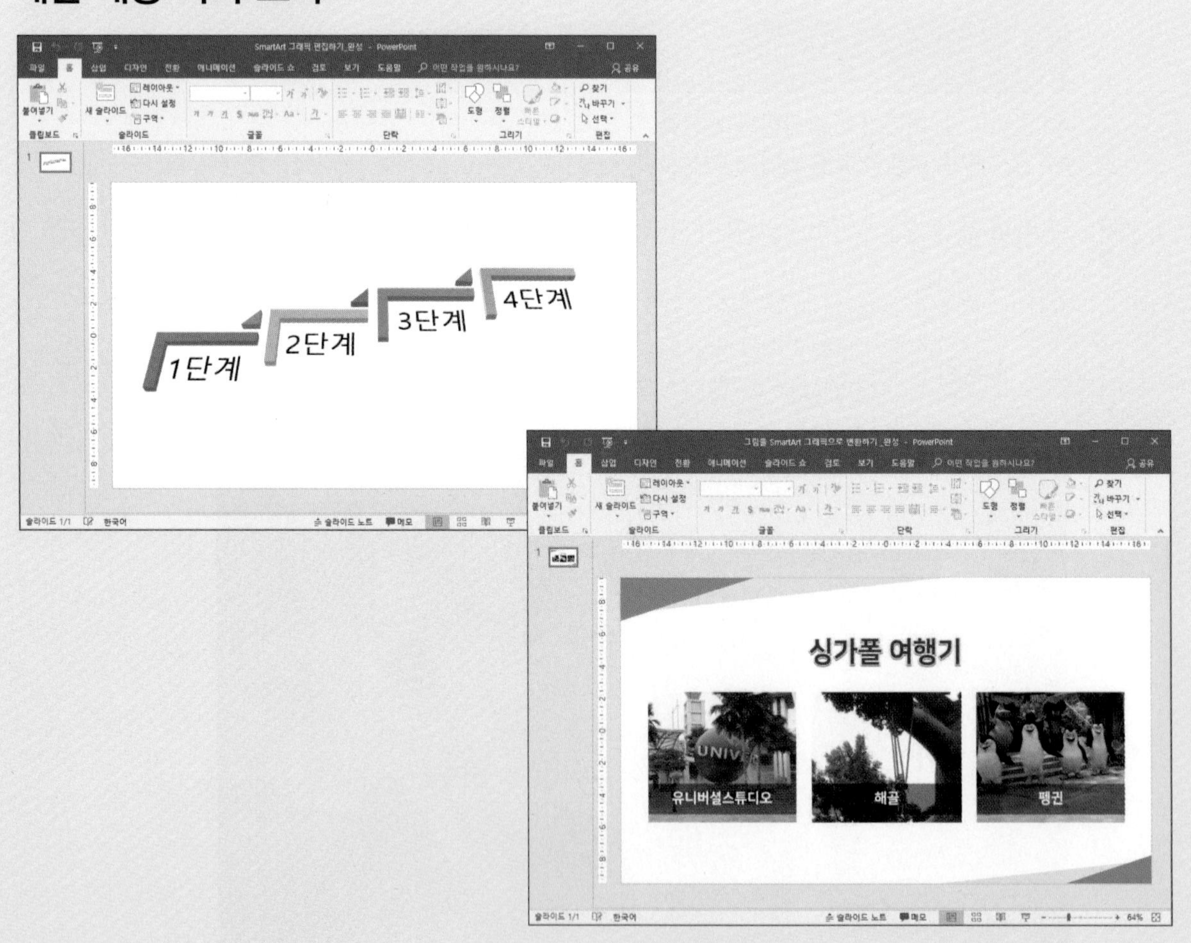

실습 01 | SmartArt 그래픽 삽입 후 텍스트 입력하기

●● 완성파일: SmartArt 그래픽 삽입하기_완성.pptx

01 [홈] 탭의 [슬라이드] 그룹에서 ❶'레이아웃' 단추를 클릭하고, ❷'빈 화면'을 선택합니다.

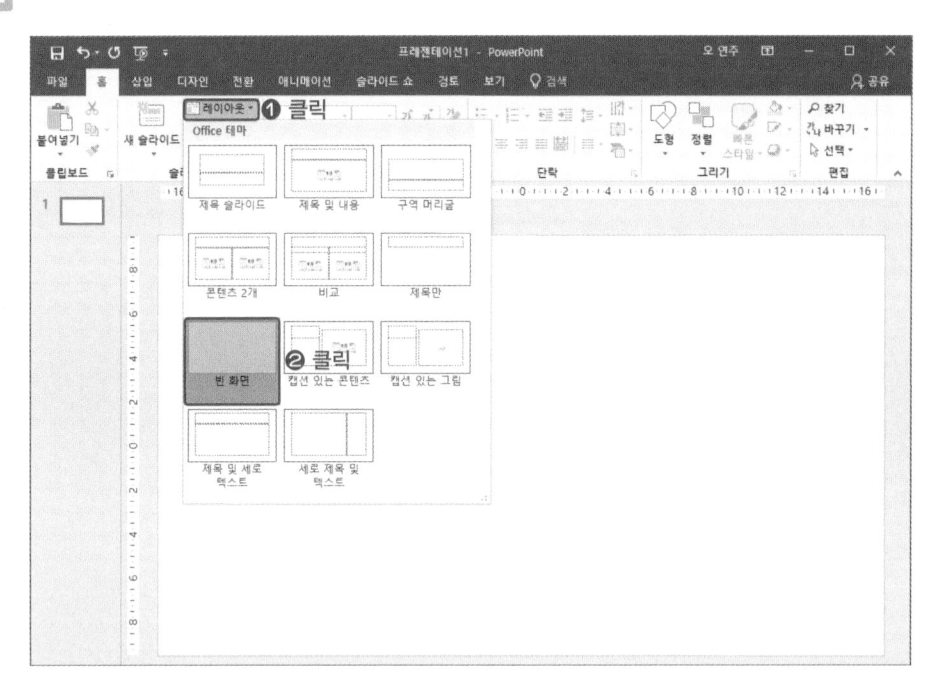

02 [삽입] 탭의 [일러스트레이션] 그룹에서 'SmartArt' 단추를 클릭합니다.

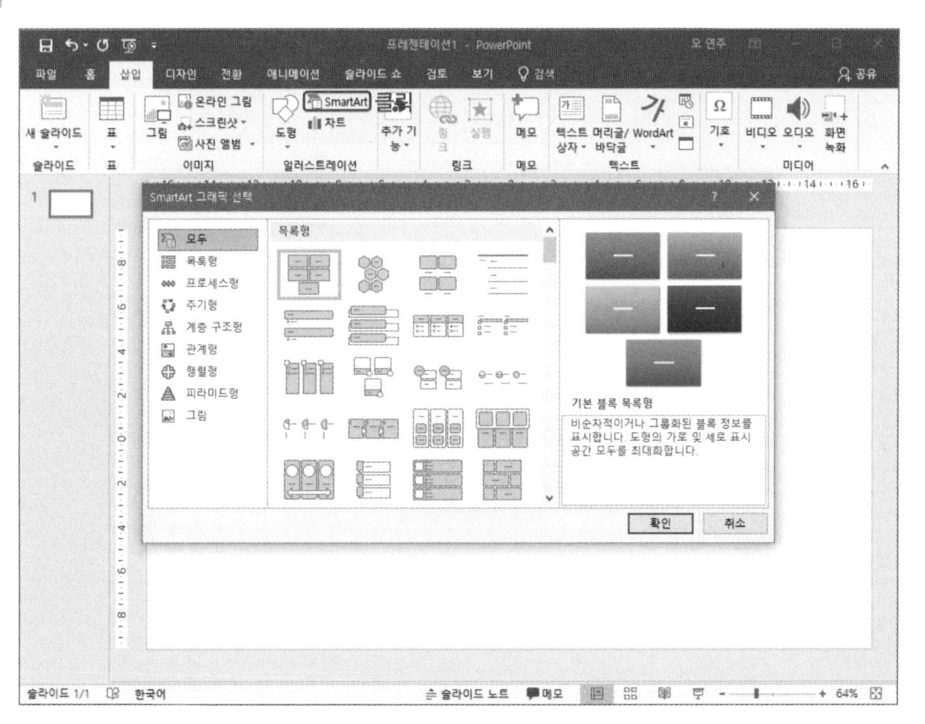

03 [SmartArt 그래픽 선택] 대화상자의 프로세스형에서 ❶'단계 상승 프로세스형'을 선택하고 ❷[확인]을 클릭합니다.

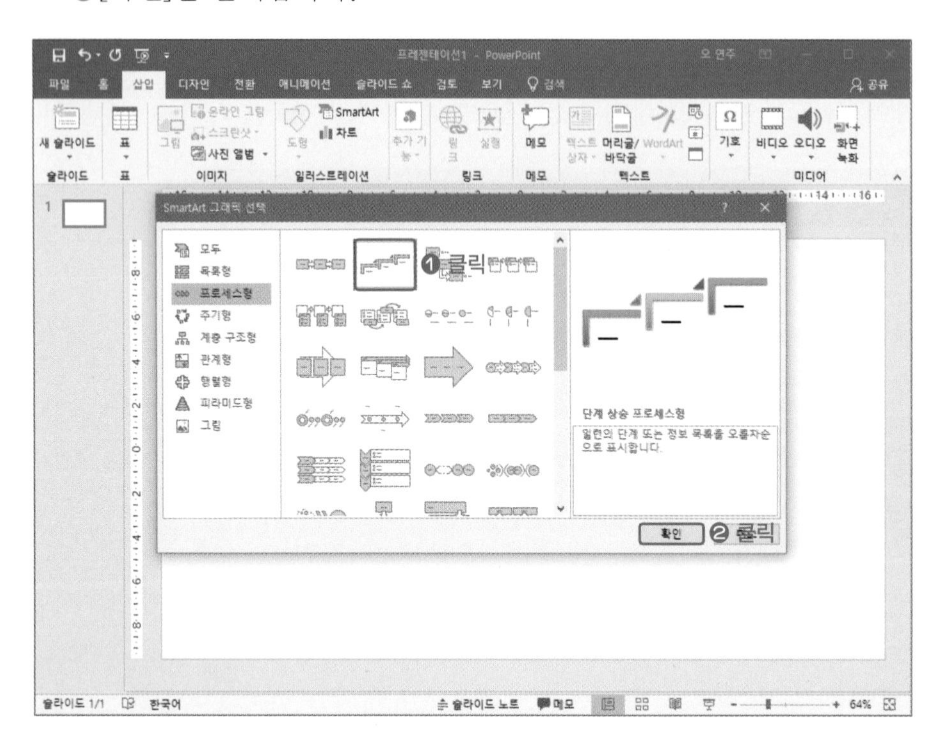

04 슬라이드에 '단계 상승 프로세스형'이 삽입된 것을 확인할 수 있습니다. '텍스트를 입력하십시오.' 작업창에서 ❶각각 '1단계', '2단계', '3단계'를 입력합니다.

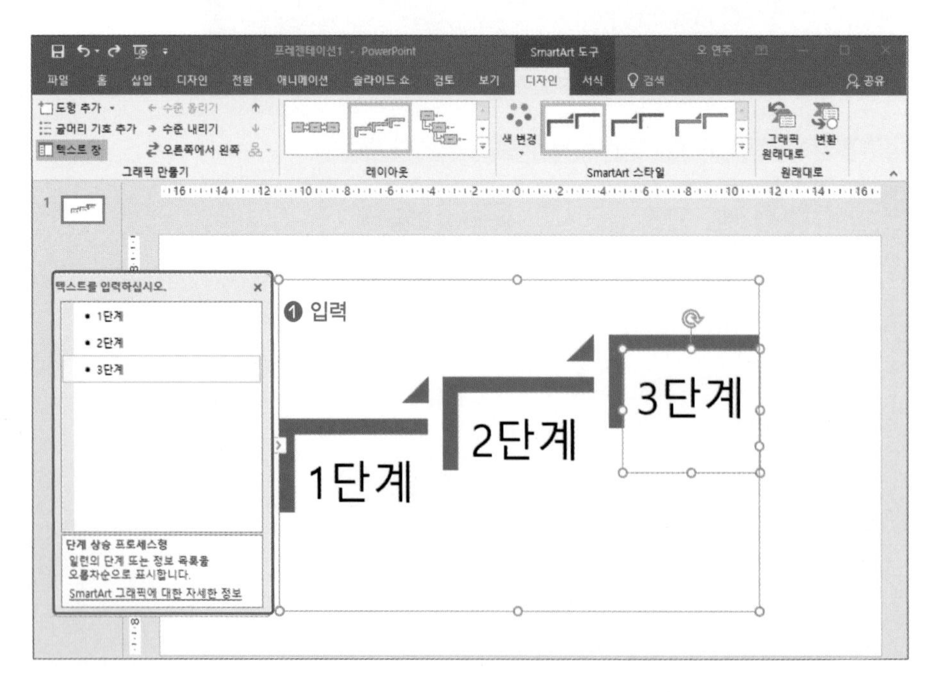

05 작업창의 ❶'3단계'에서 Enter 키를 누르면 바로 아래에 새로운 항목이 추가되고 그 항목에 ❷'4단계' 텍스트를 입력합니다.

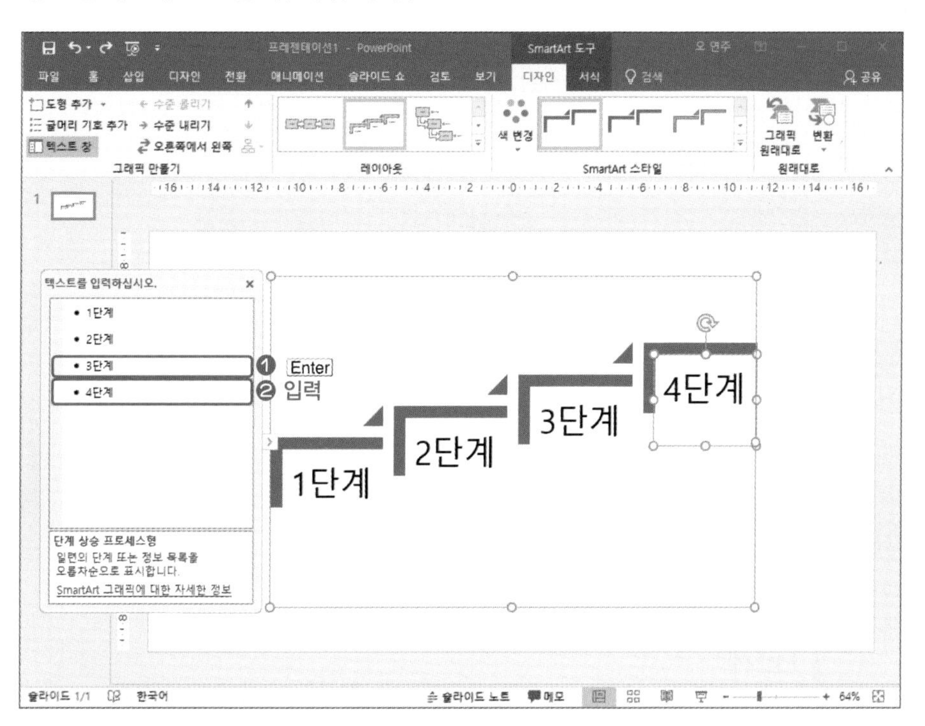

06 다음과 같이 1~4단계 상승 프로세스형 개체가 만들어진 것을 확인할 수 있습니다.

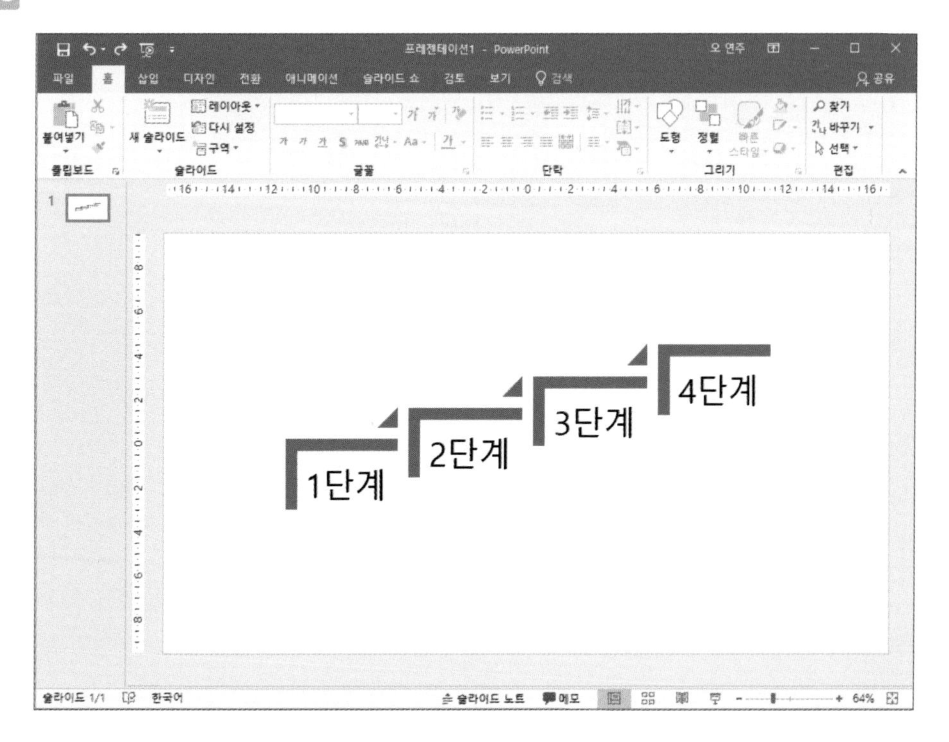

실습 02 | SmartArt 그래픽 편집하기

●● 준비파일: SmartArt 그래픽 편집하기_준비.pptx
●● 완성파일: SmartArt 그래픽 편집하기_완성.pptx

01 다음과 같이 준비파일을 불러옵니다.

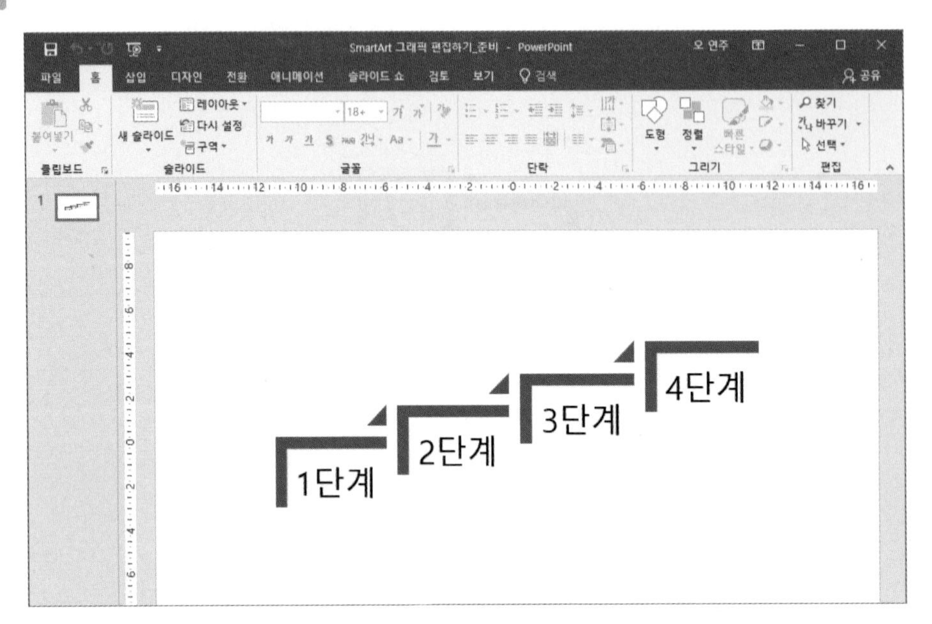

02 [SmartArt 도구]-[디자인] 탭의 [SmartArt 스타일] 그룹에서 ❶'색 변경' 단추를 클릭하고 ❷'색상형'에서 첫 번째를 선택합니다.

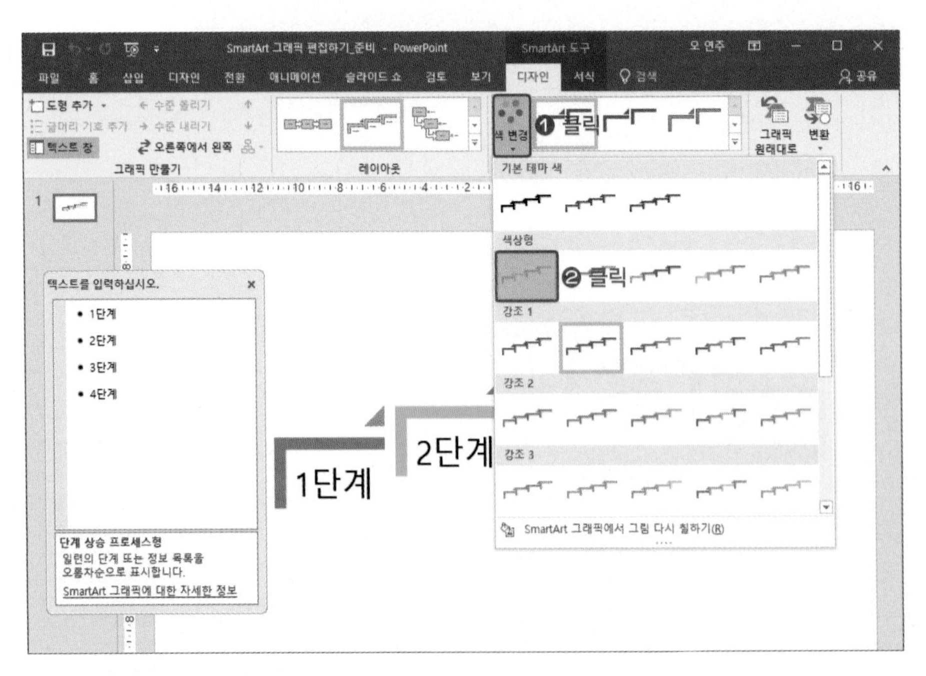

03 [SmartArt 도구]–[디자인] 탭의 [SmartArt스타일] 그룹에서 '자세히 ' 단추를 클릭한 후, '평면'을 선택합니다.

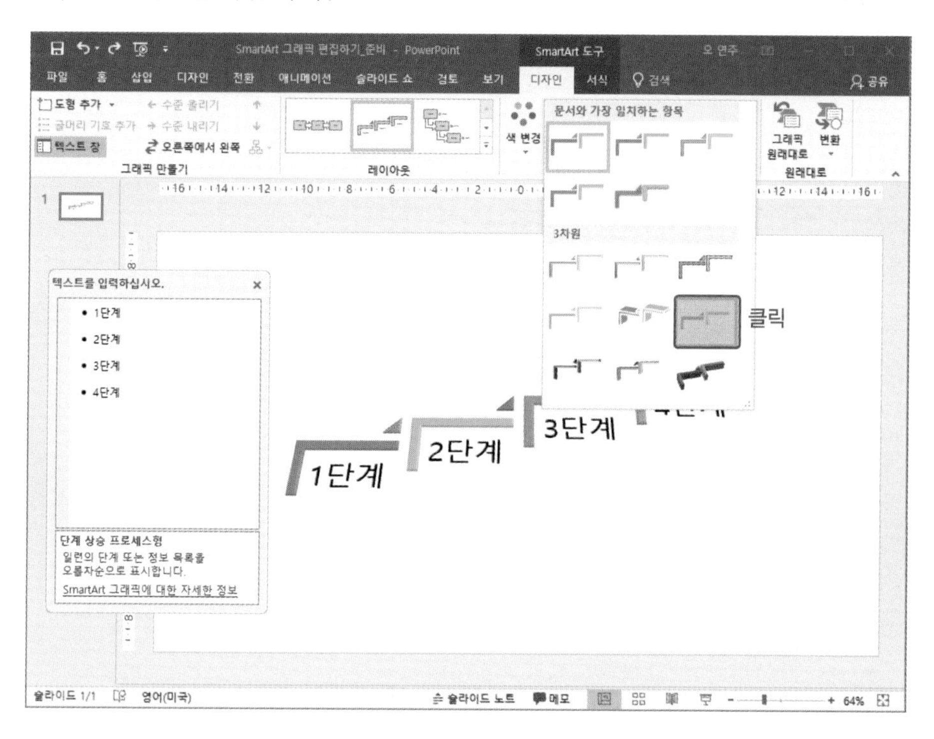

04 [SmartArt 도구]–[서식] 탭의 [도형 스타일] 그룹에서 ❶'도형 효과' 단추를 클릭한 후 ❷'3차원 회전'에서 '3차원 회전 옵션'을 선택합니다.

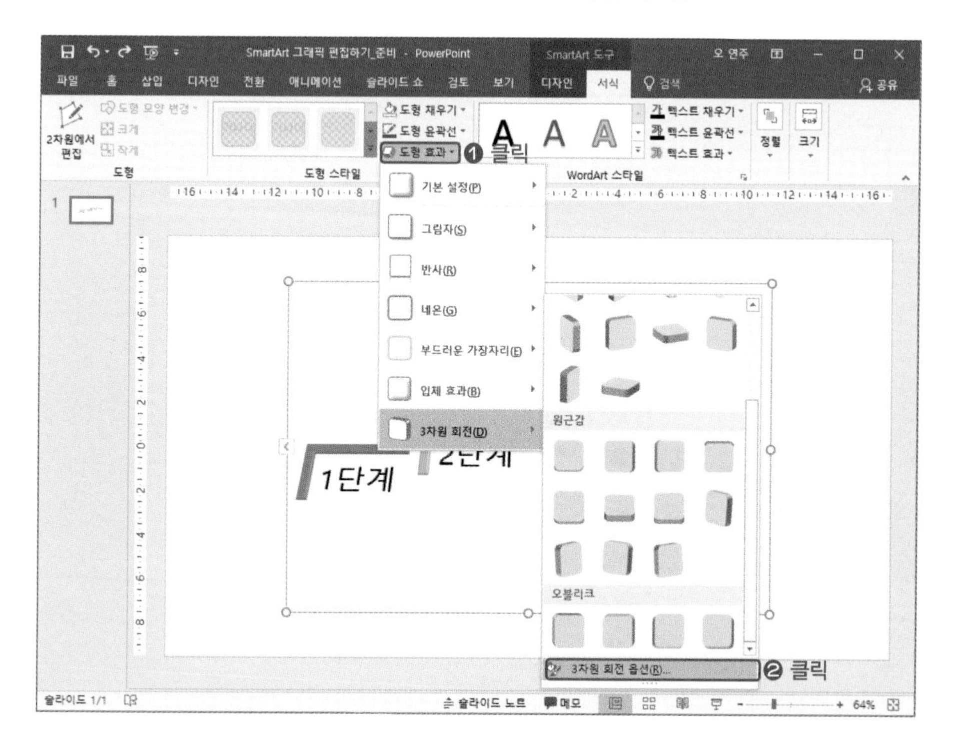

05 오른쪽의 [도형 서식]에서 도형 옵션의 ❶'효과'를 클릭한 후, 3차원 서식의 ❷위쪽 입체에 '너비: 0pt', '높이: 15pt'로 입력합니다.

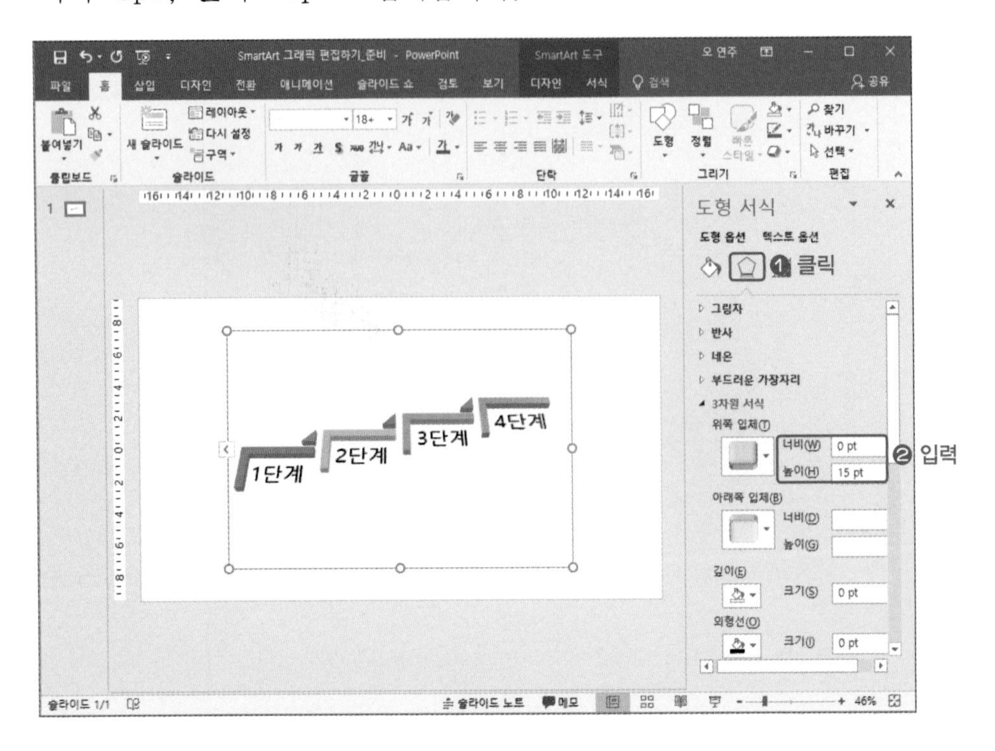

06 크기 조절 핸들을 이용하여 SmartArt의 크기를 늘리고, 다음과 같은 위치로 드래그하여 이동합니다.

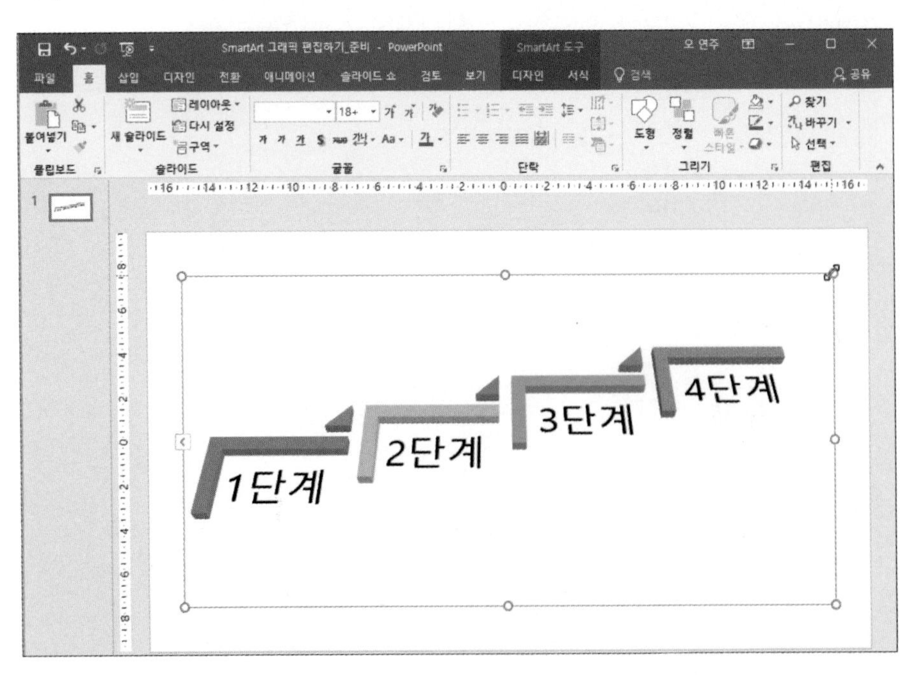

실습 03 | 그림을 SmartArt그래픽으로 변환하기

●● 준비파일: SmartArt 그래픽으로 변환하기_준비.pptx
●● 완성파일: SmartArt 그래픽으로 변환하기_완성.pptx

01 다음과 같이 준비파일을 불러옵니다.

02 ❶그림을 모두 선택한 후, [그림 도구]–[서식] 탭의 [그림 스타일] 그룹에서 ❷'그림 레이아웃' 단추를 클릭하고 ❸'그림 반투명 벤딩 텍스트형'을 선택합니다.

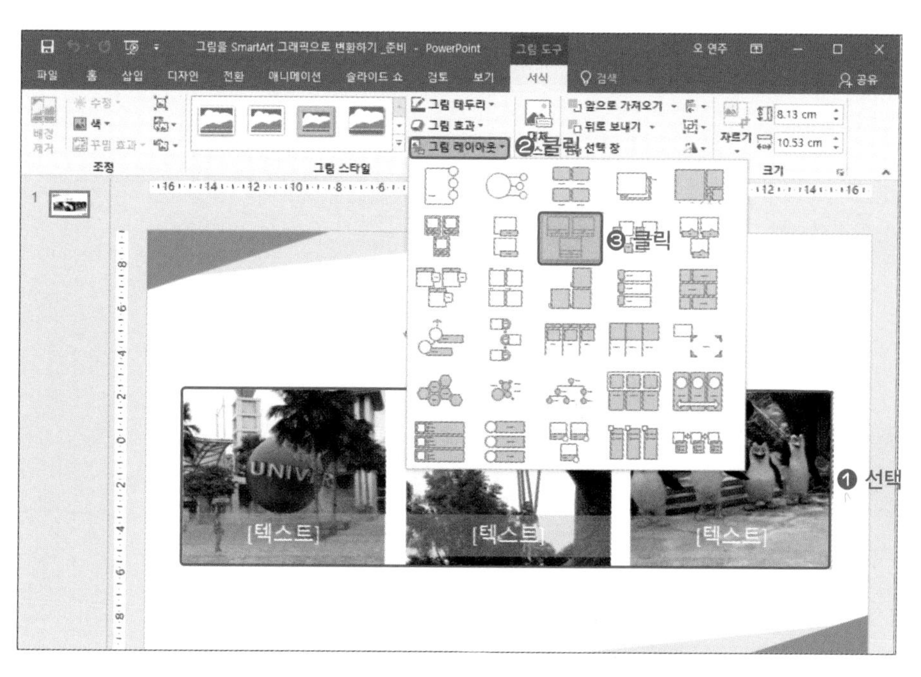

03 '그림 반투명 벤딩 텍스트형'의 텍스트 상자에는 다음과 같은 내용을 각각 입력합니다.

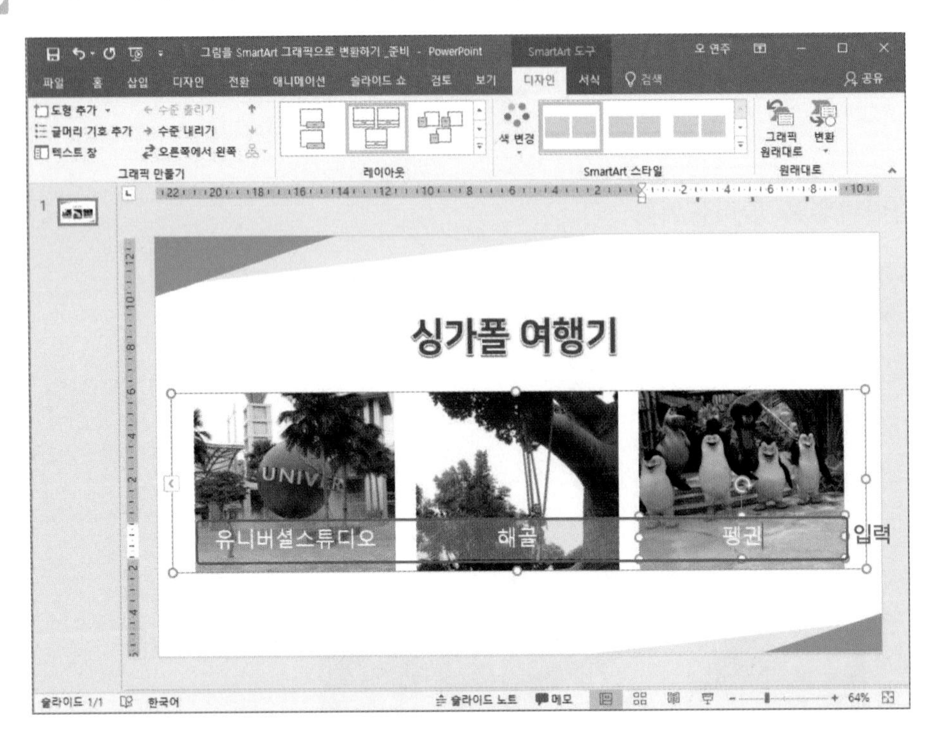

04 다음과 같이 Shift 키를 누른 상태에서 '유니버셜스튜디오', '해골', '펭귄' 텍스트 상자를 선택합니다.

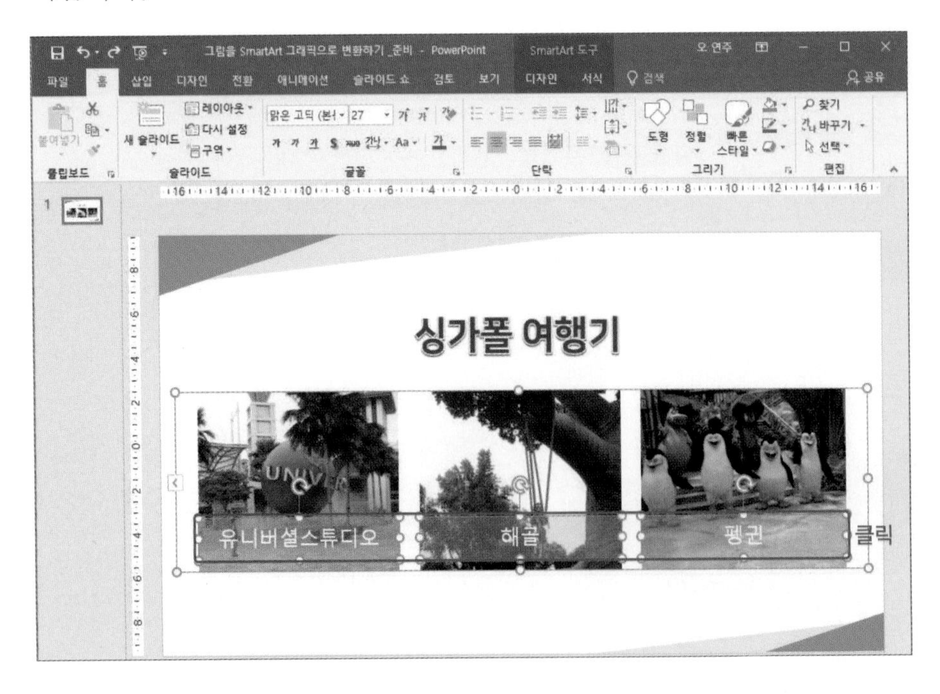

05 [SmartArt 도구]-[서식] 탭의 [도형 스타일] 그룹에서 '자세히 ' 단추를 클릭한 후, '반투명-검정, 어둡게 1, 윤곽선 없음'을 선택합니다.

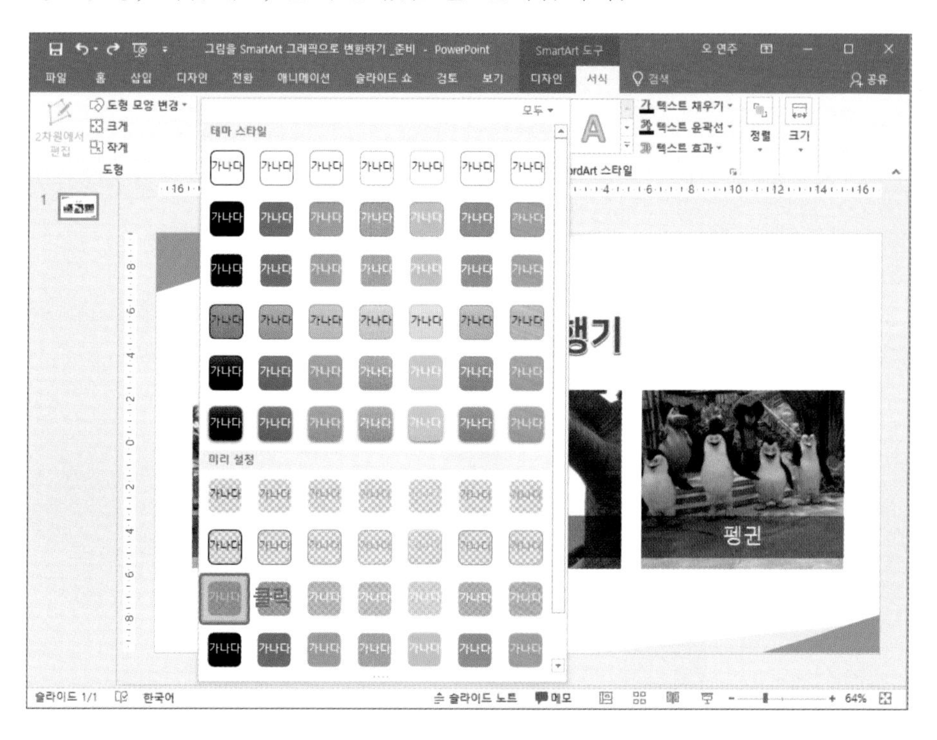

06 선택한 텍스트 상자들이 흰색 박스에서 검은색 반투명으로 변경된 것을 확인할 수 있습니다.

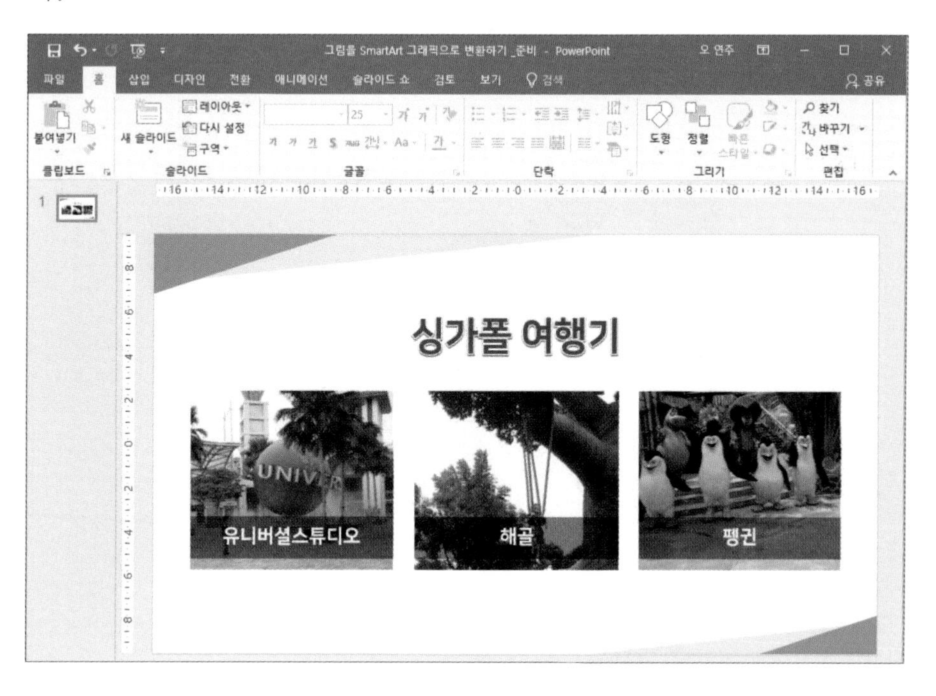

혼자 풀어보기

01 새 프레젠테이션을 연 후, SmartArt 그래픽 기능을 활용하여 요일 주기표를 만들어 보세요.

★조건
- SmartArt 그래픽: 기본 주기형
- 색: 색상형 범위 – 강조색 4 또는 5

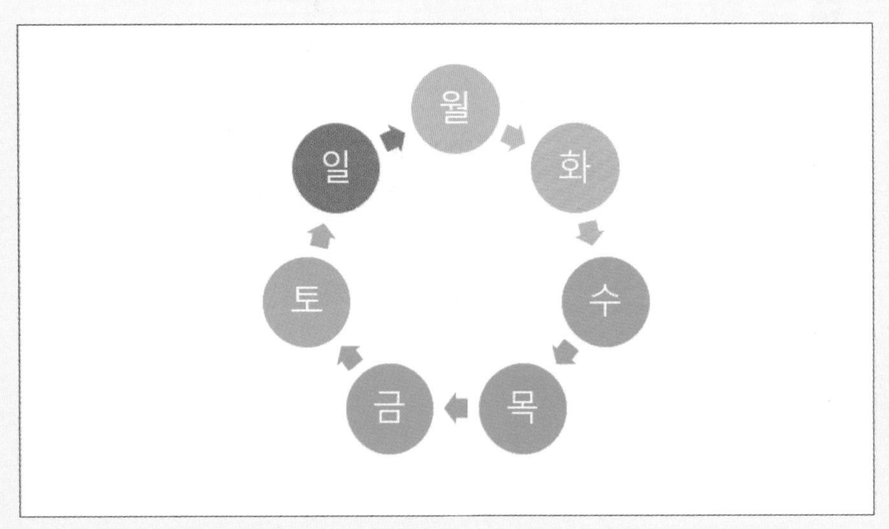

●● 완성파일: 요일 주기표 만들기_완성.pptx

02 요일 주기표를 조건에 맞게 완성해 보세요.

★조건
- SmartArt스타일 : 광택처리
- 3차원 회전 : 'x회전:33.8', 'Y회전:9.6', 'Z회전:354.7', '원근감:10'

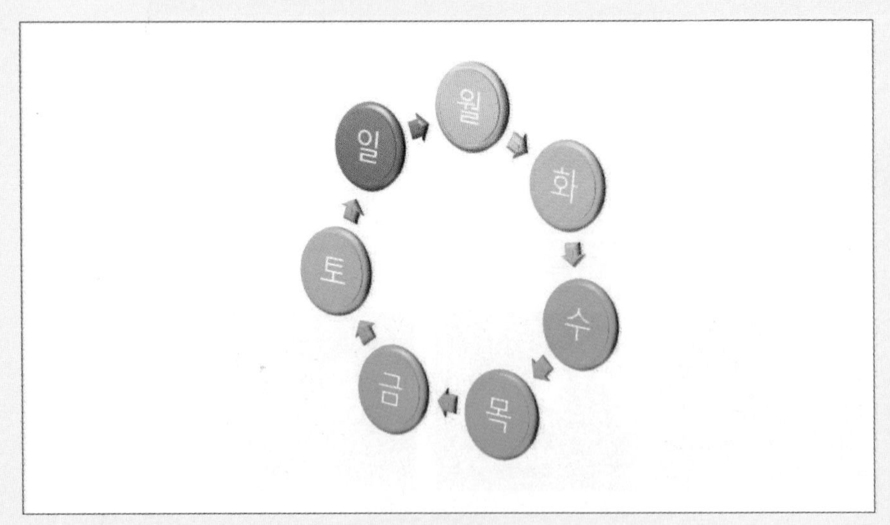

●● 준비파일: 요일 주기표 효과주기_준비.pptx
●● 완성파일: 요일 주기표 효과주기_완성.pptx

03 그림을 SmartArt 그래픽으로 변환하여 제품 비교 슬라이드를 완성해 보세요.

★조건
- SmartArt 그래픽: 교대 그림 원형

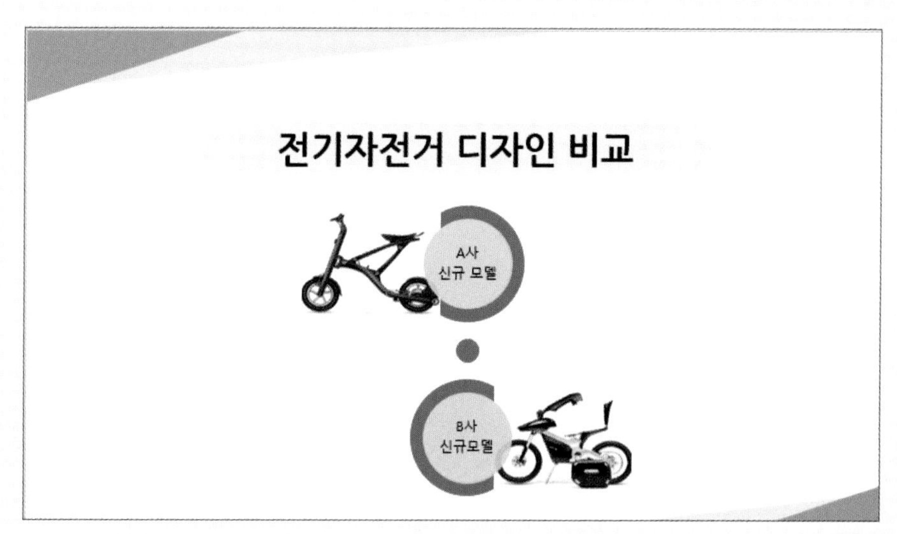

- 준비파일: SmartArt로 제품 설명하기_준비.pptx
- 완성파일: SmartArt로 제품 설명하기_완성.pptx

04 그림을 SmartArt 그래픽으로 변환하여 올림픽 홍보 슬라이드를 완성해 보세요.

★조건
- SmartArt 그래픽: 벤딩 그림 블록형
- SmartArt 스타일: 강한 효과
- 색: 색상형 범위 – 강조색 2 또는 3

- 준비파일: SmartArt로 올림픽 홍보하기_준비.pptx
- 완성파일: SmartArt로 올림픽 홍보하기_완성.pptx

혼자 풀어보기

05 새 프레젠테이션을 연 후, 도형을 삽입하여 다음과 같이 사람 모양의 픽토그램을 만들어 보세요.

★조건	• 도형 : 원 • 도형 삽입 그룹 : 빼기

●● 완성파일: 생각하는 사람 만들기_완성.pptx

06 준비파일을 연 후, '오키나와.jpg', '대만.jpg', '제주도.jpg'를 불러와 다음과 같이 원형의 그림을 완성해 보세요.

★조건	• 도형에 맞춰 자르기 : 원 • 가로 세로 자르기 : 1:1

●● 준비파일: 여행사진 삽입하기_준비.pptx / ●● 완성파일: 여행사진 삽입하기_완성.pptx

07 준비파일을 연 후, 그림을 SmartArt 그래픽으로 변환하여 완성해 보세요.

★조건
- SmartArt 그래픽 : 벤딩 그림 블록형
- SmartArt스타일 : 강한 효과
- 색 : 색상형 범위 – 강조색 2 또는 3

●● 준비파일: 여행사진 SmartArt그래픽으로 변환하기_준비.pptx
●● 완성파일: 여행사진 SmartArt그래픽으로 변환하기_완성.pptx

08 준비파일을 연 후, 변환된 SmartArt 그래픽에 스타일을 적용해 보세요.

★조건
- SmartArt style : 만화
- 선색 : R:191, G:191, B:191

●● 준비파일: 여행사진 SmartArt그래픽으로 디자인하기_준비.pptx
●● 완성파일: 여행사진 SmartArt그래픽으로 디자인하기_완성.pptx

PowerPoint 2016

Part 03 성공적인 프레젠테이션 메이크업

슬라이드에 표 활용하기

표는 슬라이드 내용을 일목요연하게 정리하고자 할 때 많이 사용하는 기능입니다. 파워포인트 2016에서 표를 슬라이드에 삽입하고, 다양한 서식과 편집 기능을 이용하여 원하는 형태의 표를 작성하는 방법에 대해 알아봅니다.

학습 목표

- 슬라이드에 표를 삽입하고, 행 높이와 열 너비를 조절하는 방법에 대하여 알아봅니다.
- 표에서 행/열 삽입, 셀 분할/병합, 텍스트 맞춤 등을 지정하는 방법에 대하여 알아봅니다.
- 표를 디자인하기 위하여 다양한 표 스타일과 옵션 등을 활용하는 방법에 대하여 알아봅니다.

배울 내용 미리 보기

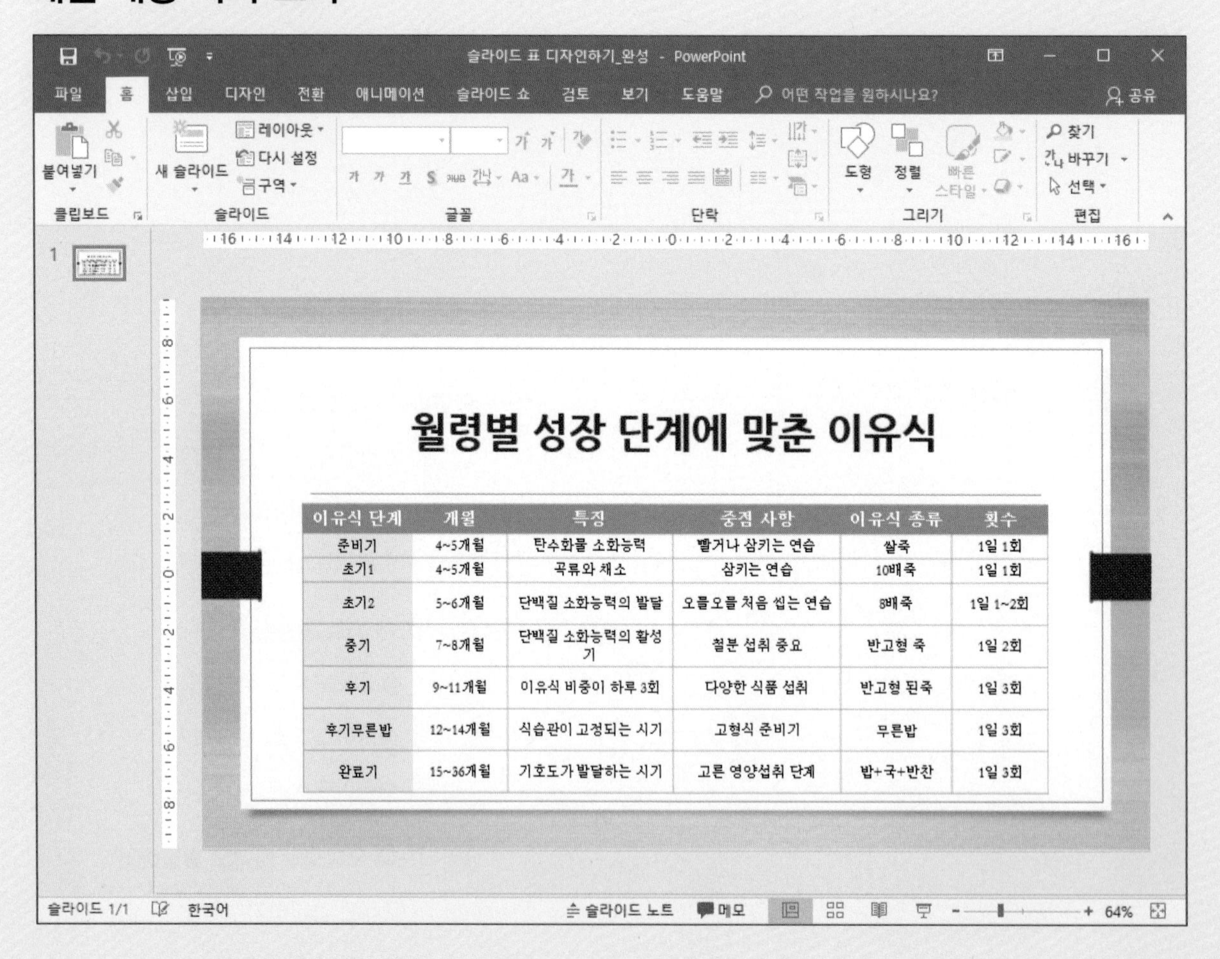

실습 01 | 슬라이드 표 작성하기

●● 완성파일: 슬라이드 표 작성하기_완성.pptx

01 '제목 및 내용' 레이아웃을 선택한 후, [디자인] 탭의 [테마] 그룹에서 '자세히' 단추를 눌러 '자연주의'를 선택합니다.

02 ❶제목 텍스트 상자에 다음과 같은 내용을 입력한 후, [홈] 탭의 [글꼴] 그룹에서 글꼴은 ❷'나눔고딕 Extrabold', 글꼴 크기는 '40'으로 각각 지정합니다.

03 [삽입] 탭의 [표] 그룹에서 ❶'표' 단추를 클릭하고, ❷마우스를 드래그하여 6×7 표를 삽입합니다.

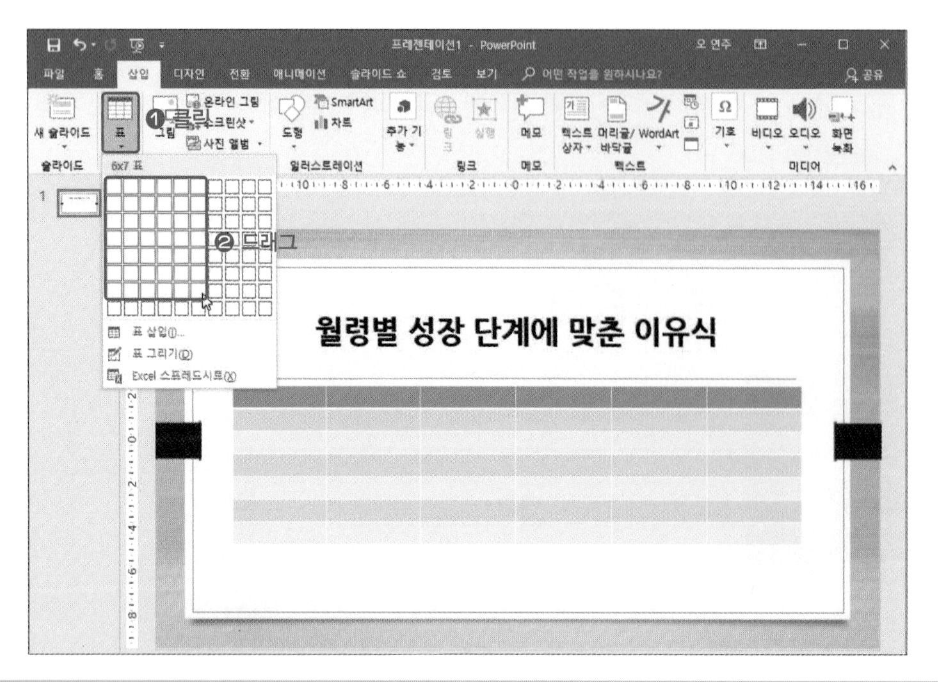

실습 02 | 슬라이드 표 편집하기

●● 준비파일: 슬라이드 표 편집하기_준비.pptx
●● 완성파일: 슬라이드 표 편집하기_완성.pptx

01 준비파일을 연 후, ❶슬라이드의 표가 선택된 상태에서 [표 도구]-[레이아웃] 탭의 [행 및 열] 그룹에서 ❷'아래에 삽입' 단추를 클릭합니다.

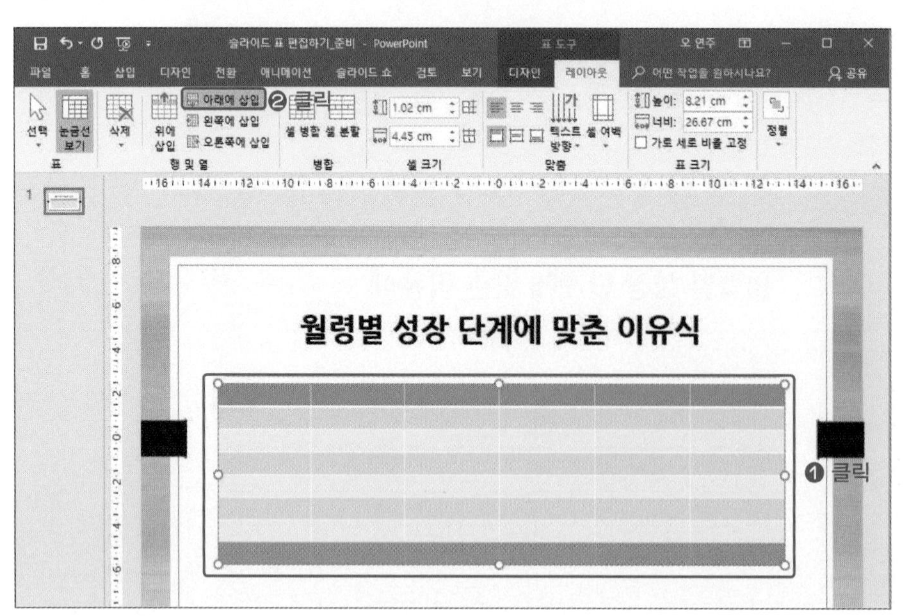

02 표에 다음과 같은 내용을 입력합니다.

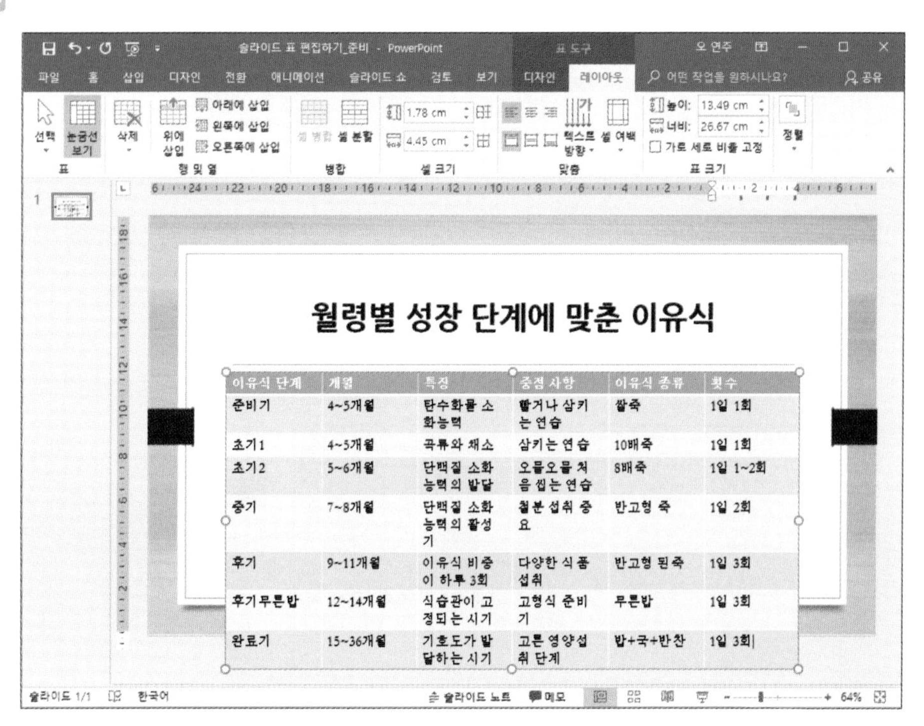

03 슬라이드 표의 열 간격을 다음과 같이 조절합니다.

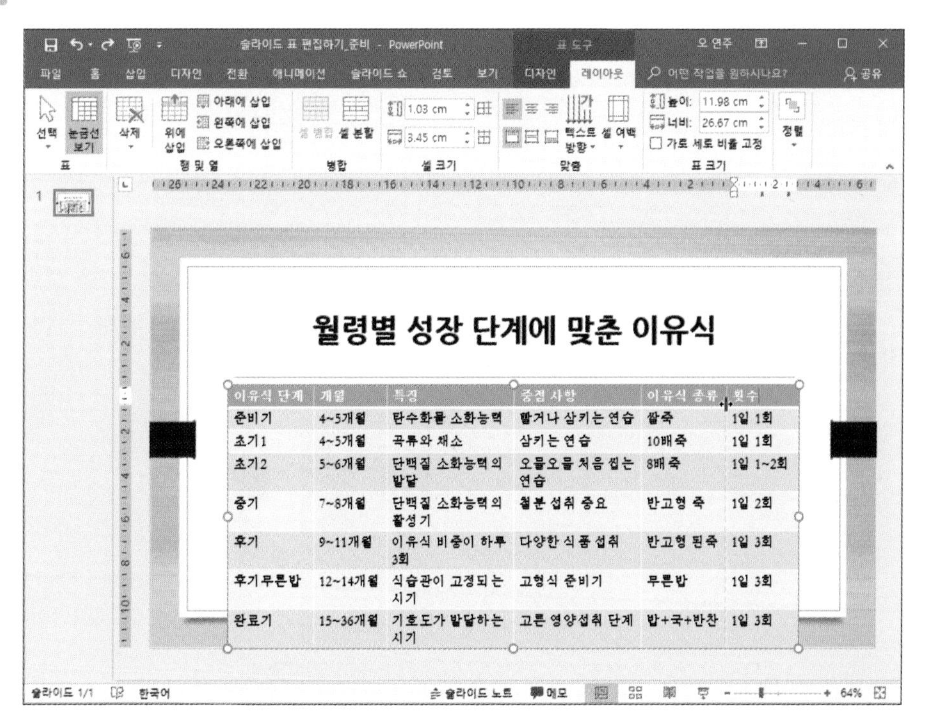

04 다음과 같이 ❶표의 셀 전체를 선택한 후, [홈] 탭의 [단락] 그룹에서 ❷'가운데 맞춤' 단추를 클릭합니다.

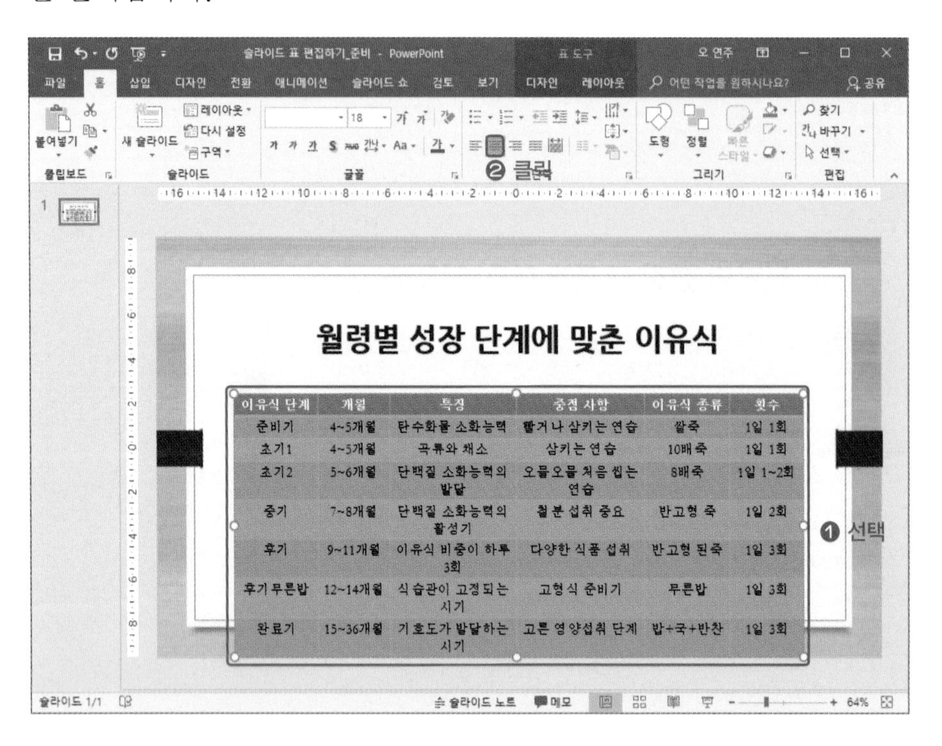

05 이번에는 ❶제목 행을 제외한 나머지 부분을 모두 드래그하여 선택한 후, [홈] 탭의 [글꼴] 그룹에서 ❷글꼴을 '나눔고딕', 글꼴 크기는 '14'로 각각 지정합니다.

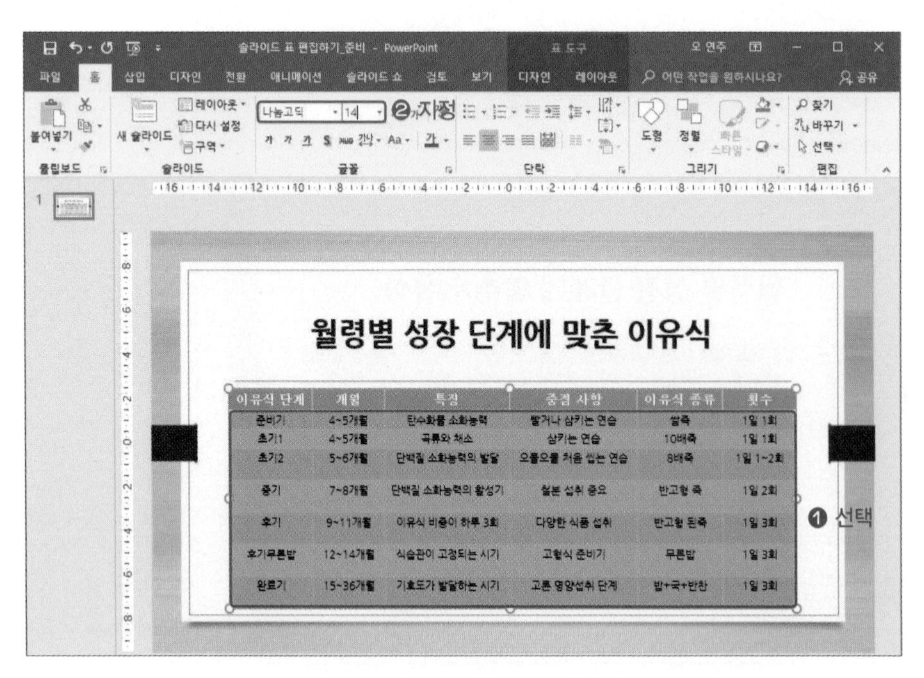

06 [홈] 탭의 [글꼴] 그룹에서 ❶'텍스트 맞춤' 단추를 클릭한 후 ❷'중간'을 선택합니다.

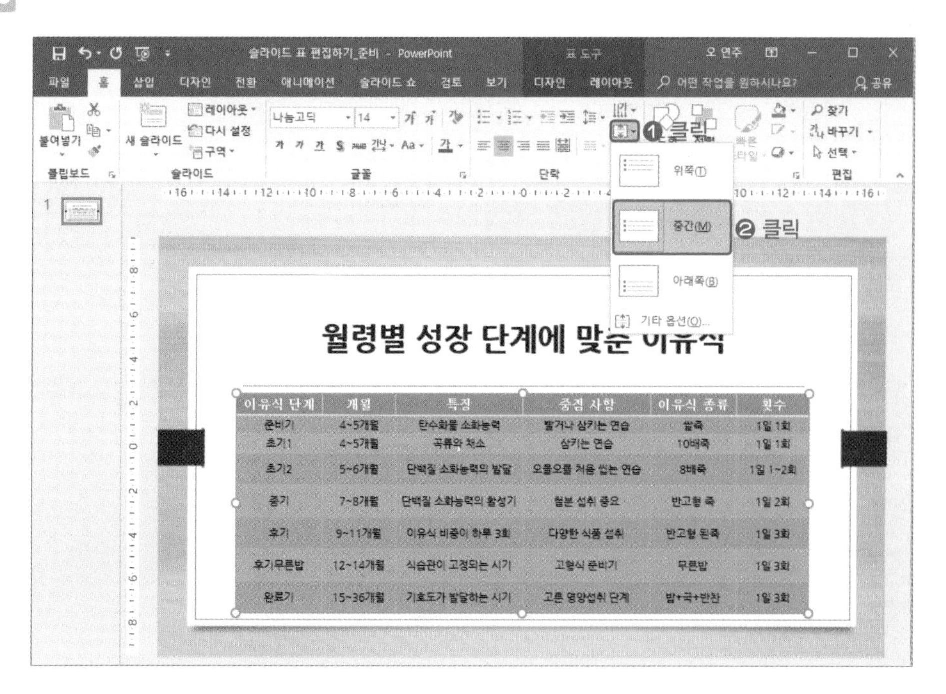

실습 03 | 슬라이드 표 디자인하기

●● 준비파일: 슬라이드 표 디자인하기_준비.pptx
●● 완성파일: 슬라이드 표 디자인하기_완성.pptx

01 다음과 같이 준비파일을 불러옵니다.

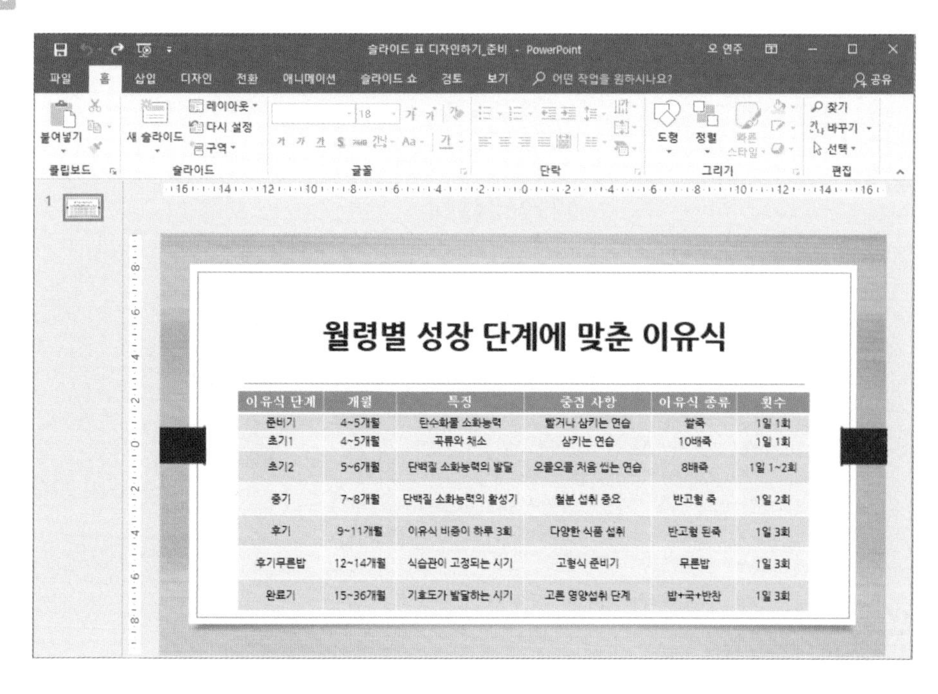

02 표를 선택한 후, [표 도구]-[디자인] 탭의 [표 스타일] 그룹에서 '자세히' 단추를 클릭하고, '밝은 스타일 2-강조 5'를 선택합니다.

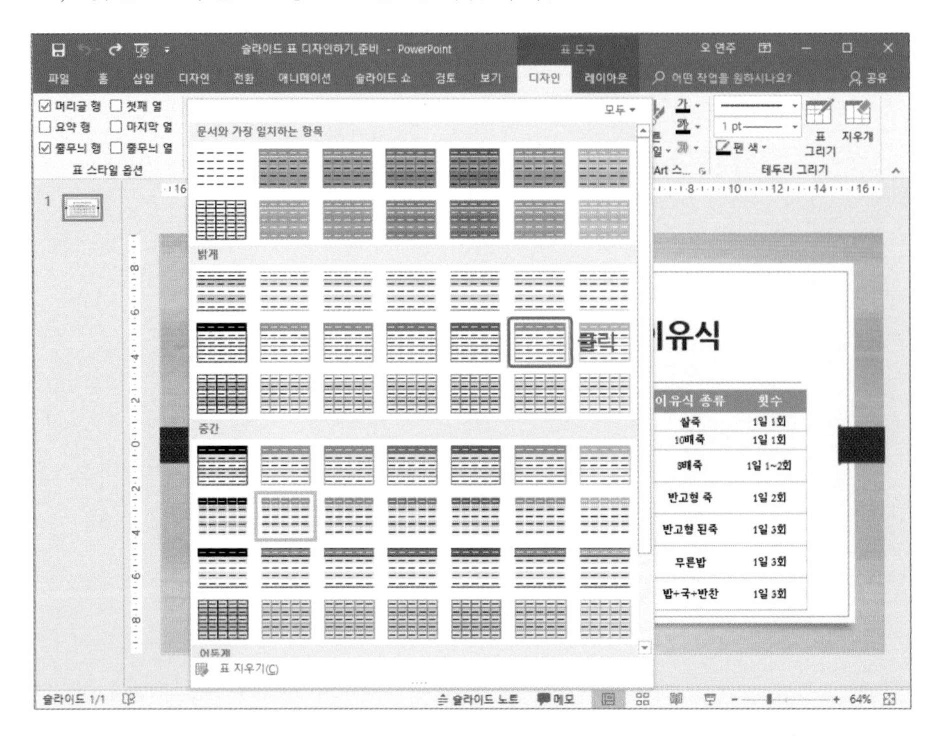

03 표에서 제목 행을 제외한 첫 번째 열을 선택합니다. [표 도구]-[디자인] 탭의 [표 스타일] 그룹에서 ❶'음영' 단추를 클릭한 후, ❷'주황, 강조5, 80% 더 밝게'를 선택합니다.

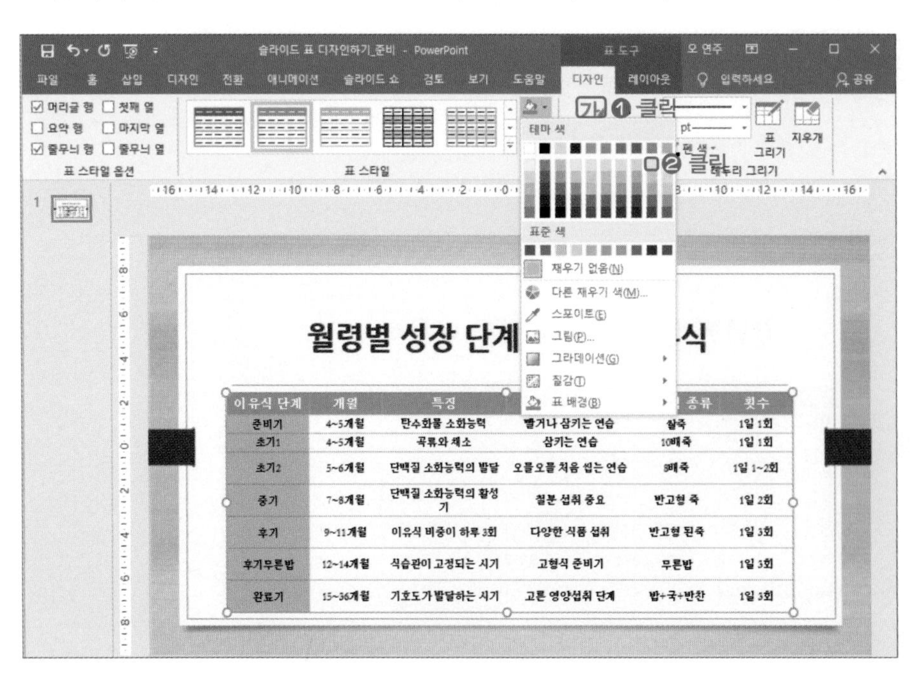

04 표에서 제목 행과 첫 번째 열을 제외한 나머지 열을 선택한 후, [표 도구]-[디자인] 탭의 [테두리 그리기] 그룹에서 ❶펜 두께를 '0.5pt', ❷펜 색을 '주황, 강조 5, 25% 더 어둡게'를 선택합니다.

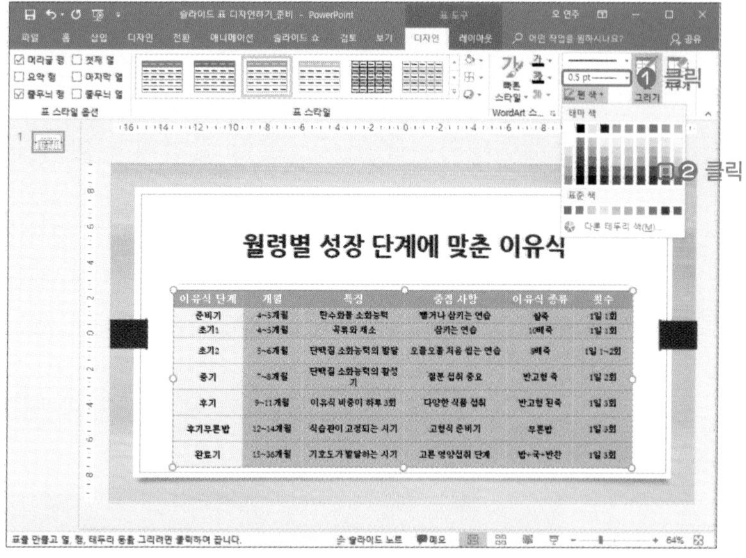

05 [표 도구]-[디자인] 탭의 [표 스타일] 그룹에서 '테두리' 단추 옆 ❶'▼'를 클릭한 후 ❷'안쪽 테두리'를 선택합니다.

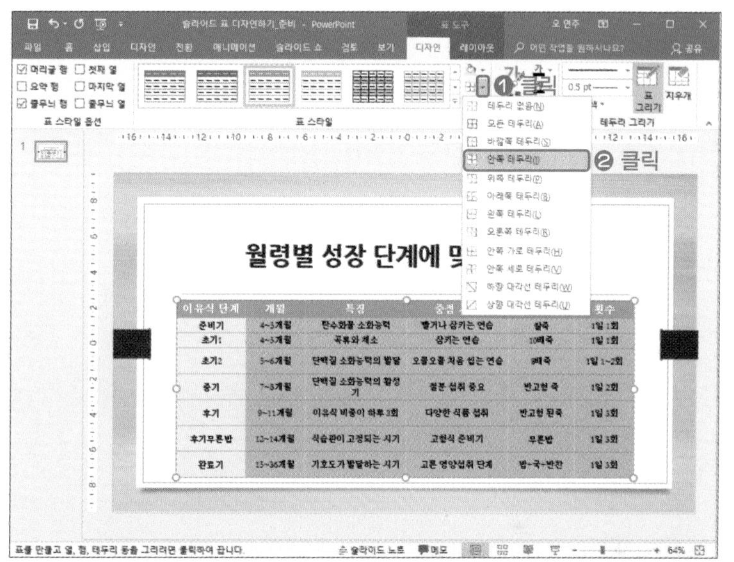

06 다음과 같이 안쪽 테두리의 색상이 변경된 것을 확인하실 수 있습니다.

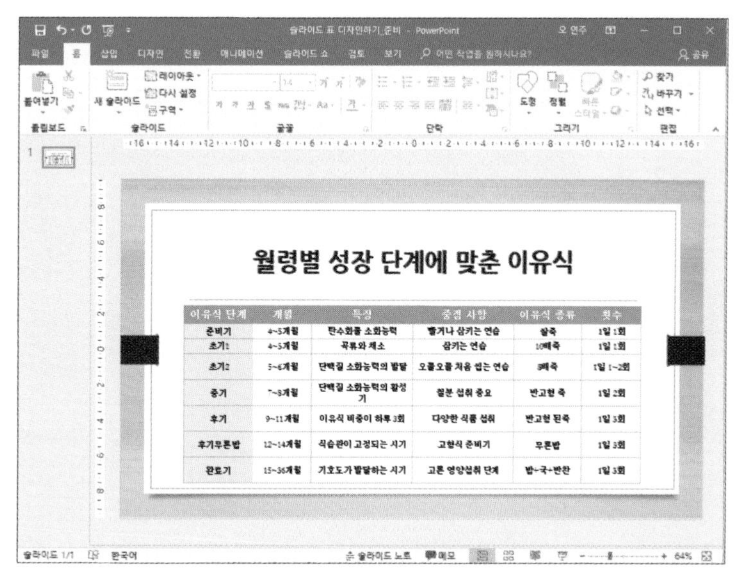

혼자 풀어보기

01 새 프레젠테이션을 연 후, 휴학 경험에 관한 설문 조사 내용을 담을 표를 완성해 보세요.

★조건 • 디자인 테마: 패싯

●● 완성파일: 휴학 경험 슬라이드표 작성_완성.pptx

02 준비파일을 연 후, 표의 행을 추가하고 다음과 같은 내용을 입력하여 표를 완성해 보세요.

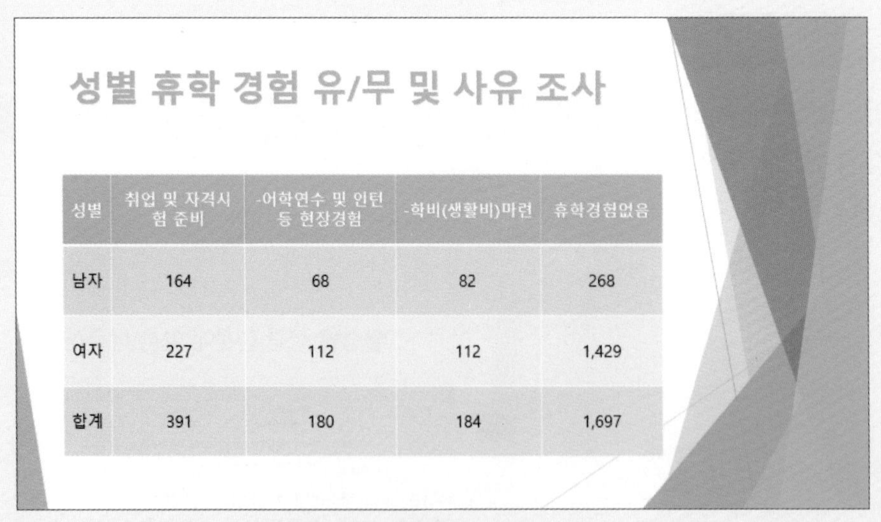

●● 준비파일: 휴학 경험 슬라이드표 편집_준비.pptx

●● 완성파일: 휴학 경험 슬라이드표 편집_완성.pptx

03 준비파일을 연 후, 표 디자인을 수정해 보세요.

★조건
- 글꼴색 : 황금색, 강조3, 25% 더 어둡게
- 음영색 : 황금색, 강조3, 60% 더 밝게

성별 휴학 경험 유/무 및 사유 조사

성별	취업 및 자격시험 준비	-어학연수 및 인턴 등 현장경험	-학비(생활비)마련	휴학경험없음
남자	164	68	82	268
여자	227	112	112	1,429
합계	**391**	**180**	**184**	**1,697**

●● 준비파일: 휴학경험 슬라이드표 디자인_준비.pptx
●● 완성파일: 휴학경험 슬라이드표 디자인_완성.pptx

04 ATV 요금표를 디자인하여 완성해 보세요.

★조건
- 디자인 테마 : 3D 메탈
- 표 스타일 : 보통스타일2–강조4
- 음영색 : 황금색, 강조3, 60% 더 밝게

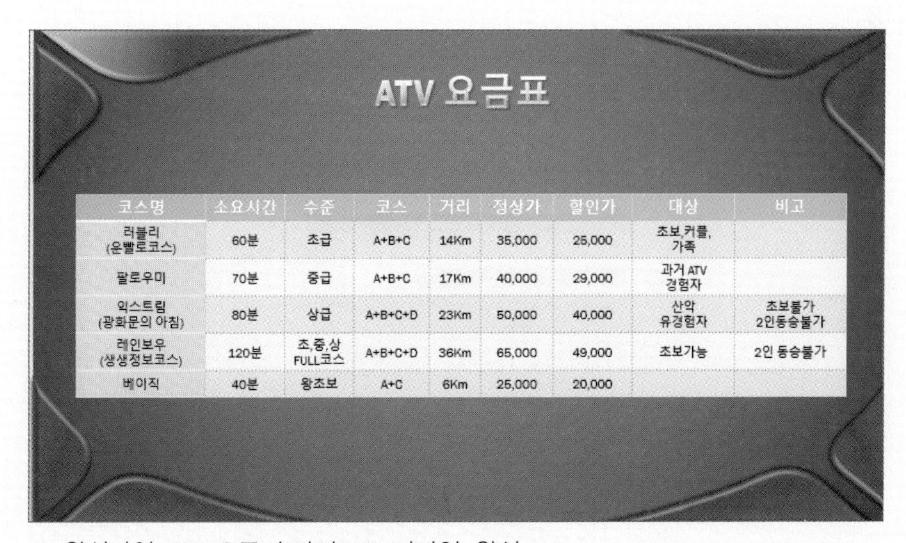

코스명	소요시간	수준	코스	거리	정상가	할인가	대상	비고
러블리 (운빨로코스)	60분	초급	A+B+C	14Km	35,000	25,000	초보,커플, 가족	
팔로우미	70분	중급	A+B+C	17Km	40,000	29,000	과거 ATV 경험자	
익스트림 (광화문의 아침)	80분	상급	A+B+C+D	23Km	50,000	40,000	산악 유경험자	초보불가 2인동승불가
레인보우 (생생정보코스)	120분	초,중,상 FULL코스	A+B+C+D	36Km	65,000	49,000	초보가능	2인 동승불가
베이직	40분	왕초보	A+C	6Km	25,000	20,000		

●● 완성파일: ATV요금 슬라이드표 디자인_완성.pptx

슬라이드에 차트 활용하기

차트는 수치 데이터를 막대, 선, 도형 등을 이용하여 시각적으로 표현한 것으로, 숫자로 구성된 데이터를 비교, 분석, 예측할 수 있습니다. 파워포인트 2016에서는 차트를 슬라이드에 삽입한 후 편집 기능을 이용하여 원하는 차트를 작성하는 방법에 대해 알아봅니다.

학습 목표

- 차트 종류를 선택하여 슬라이드에 차트를 삽입하는 방법에 대하여 알아봅니다.
- 차트 레이아웃 중 레이블, 축, 분석 등을 이용하여 차트를 편집하는 방법에 대하여 알아봅니다.
- 차트의 도형 스타일과 차트 스타일을 이용하여 차트를 디자인하는 방법에 대하여 알아봅니다.

배울 내용 미리 보기

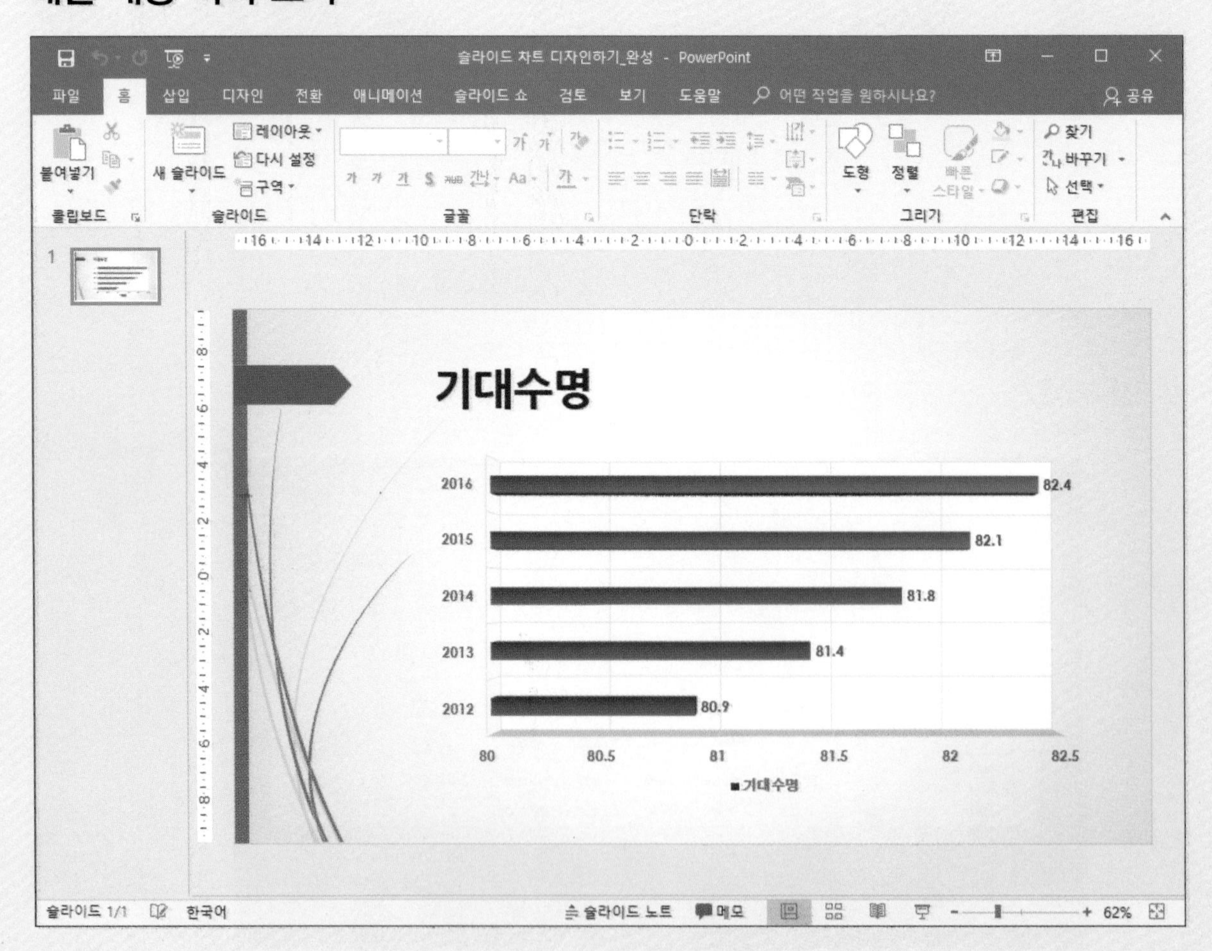

실습 01 | 슬라이드 차트 작성하기

●● 완성파일: 슬라이드 차트 작성하기_완성.pptx

01 [홈] 탭의 [슬라이드] 그룹에서 ❶'레이아웃' 단추를 클릭하고, ❷'제목 및 내용'을 선택합니다.

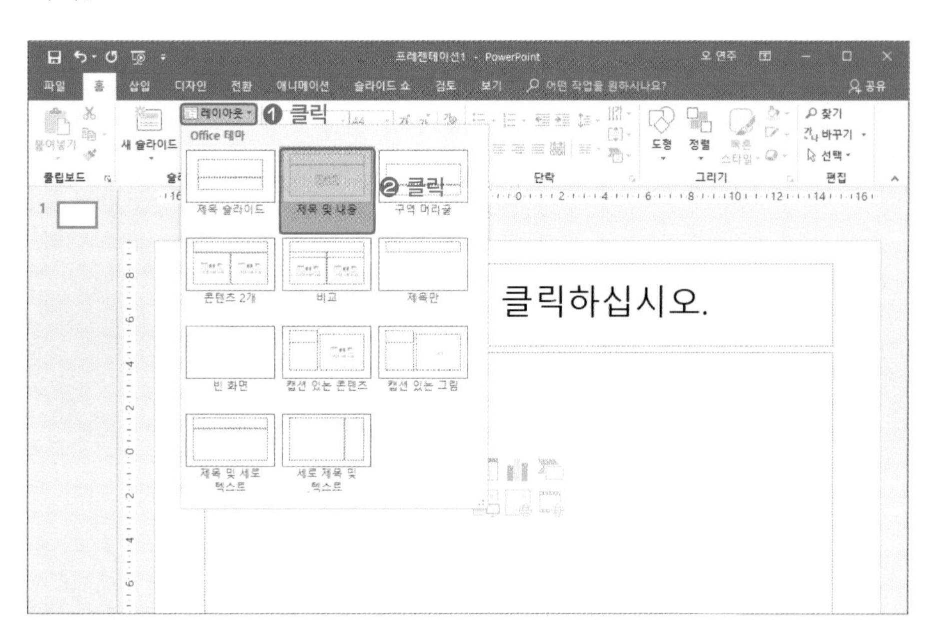

02 [디자인] 탭의 [테마] 그룹에서 '자세히 ▾' 단추를 눌러 '줄기'를 선택합니다.

03 ❶제목 텍스트 상자에 다음과 같은 내용을 입력한 후, [홈] 탭의 [글꼴] 그룹에서 글꼴을 ❷'나눔고딕 Extrabold', 글꼴 크기는 '45'로 각각 지정합니다.

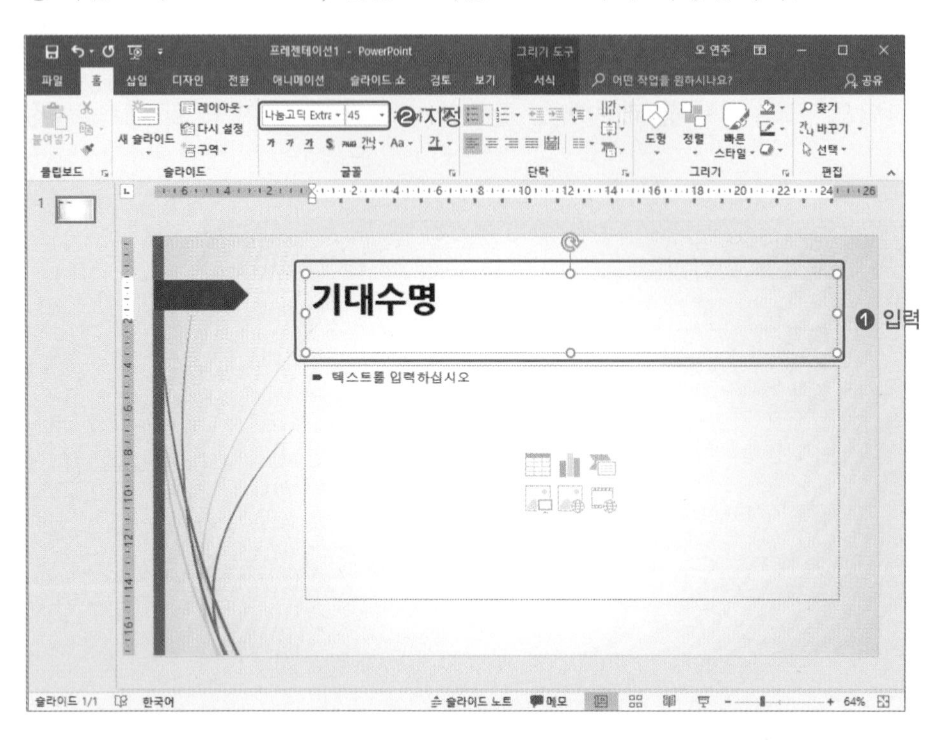

04 [삽입] 탭의 [일러스트레이션] 그룹에서 '차트' 단추를 클릭합니다.

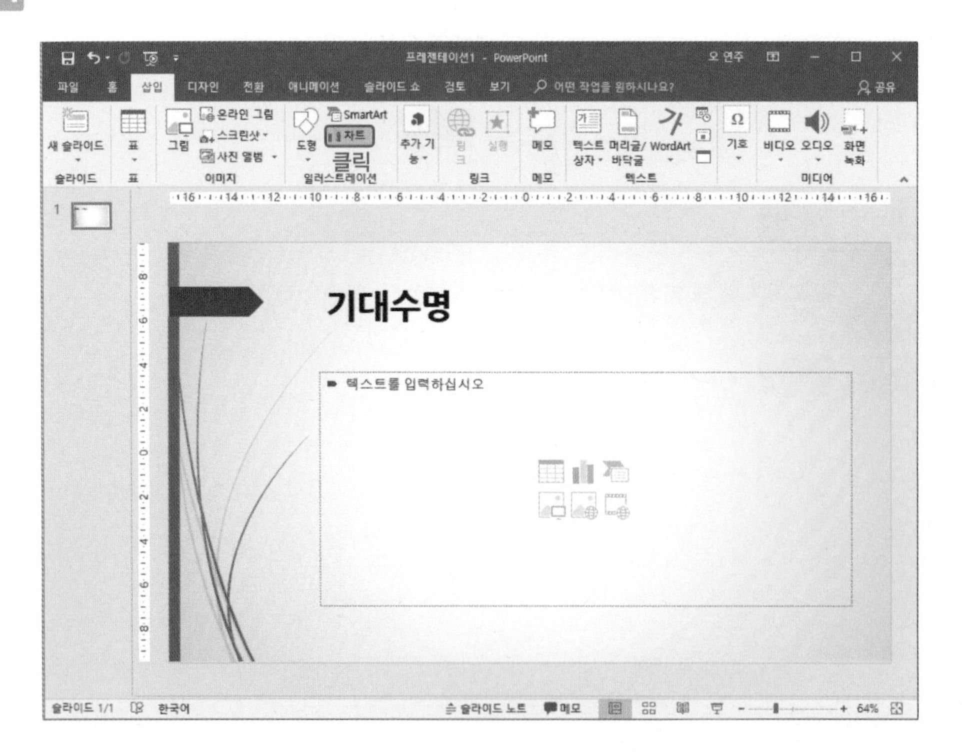

05 [차트 삽입] 대화상자에서 세로 막대형 그룹에서 ❶'묶은 세로 막대형'을 선택하고 ❷[확인]을 클릭합니다.

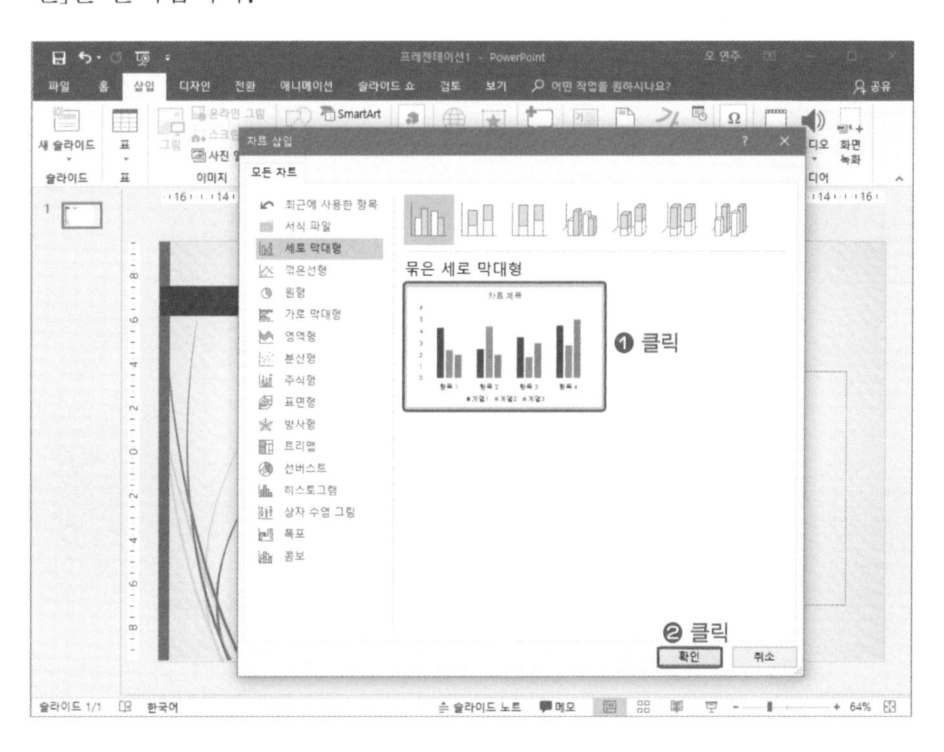

06 'Microsoft Power point의 차트' 작업창이 나타나면 다음과 같은 내용을 입력합니다.

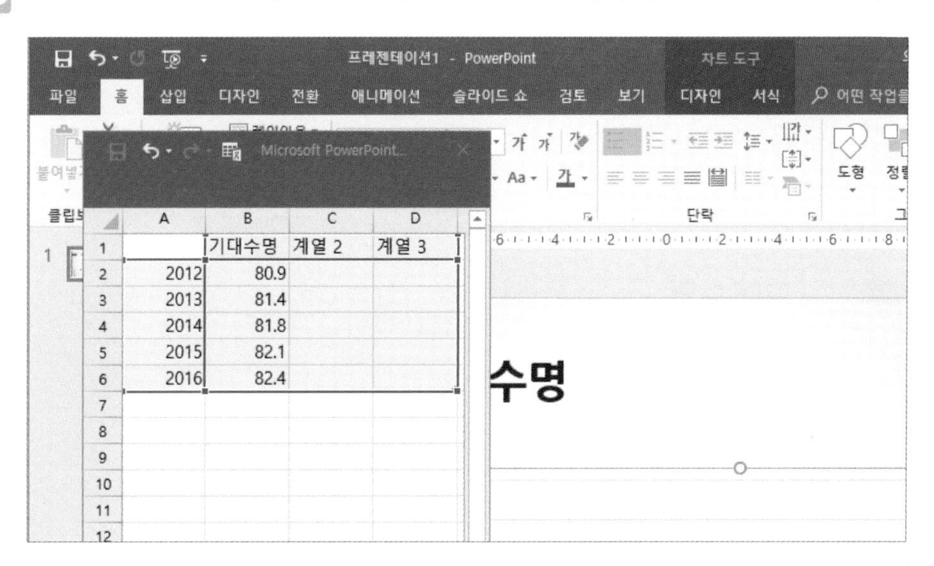

참고

데이터가 잘못 입력된 경우에는 [차트 도구]–[디자인] 탭–[데이터] 그룹–[데이터 편집]에서 수정할 수 있습니다.

07 Shift 키를 누른 상태로 'C'와 'D'열을 선택한 후 마우스 오른쪽 단추를 눌러 '삭제'를 선택합니다.

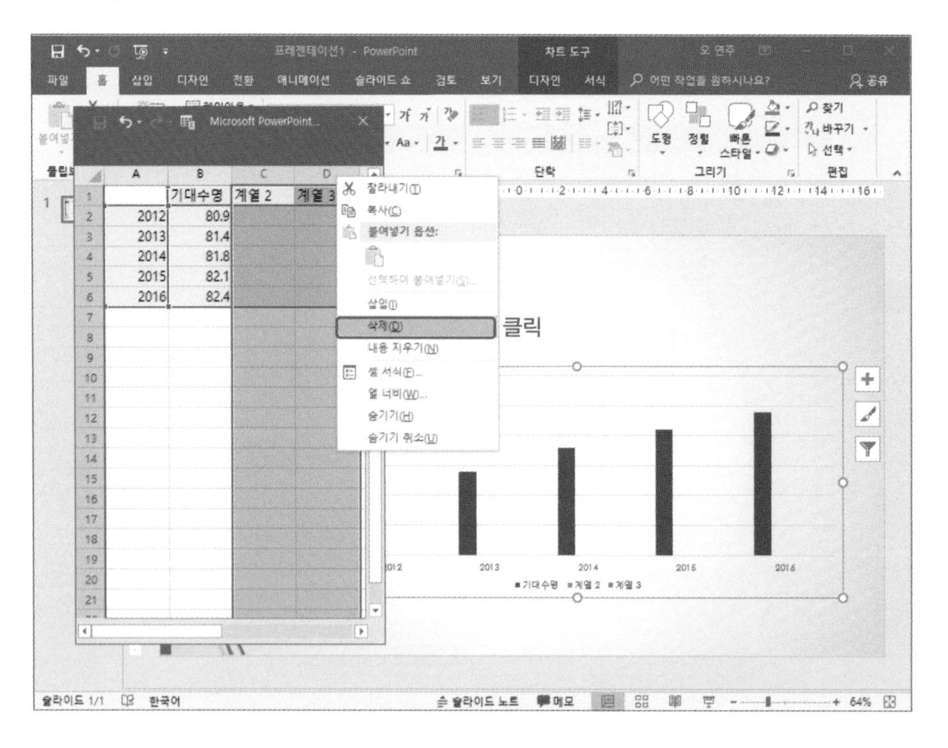

08 슬라이드에 차트가 삽입된 것을 확인할 수 있습니다.

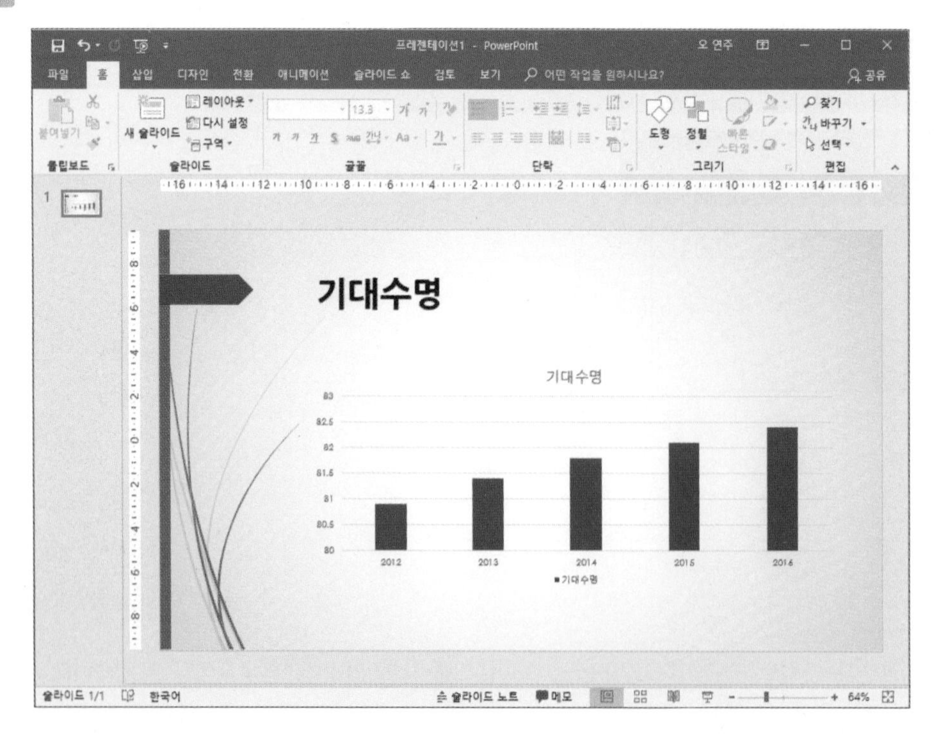

실습 02 | 슬라이드 차트 편집하기

●● 준비파일: 슬라이드 차트 편집하기_준비.pptx
●● 완성파일: 슬라이드 차트 편집하기_완성.pptx

01 다음과 같이 준비파일을 불러옵니다.

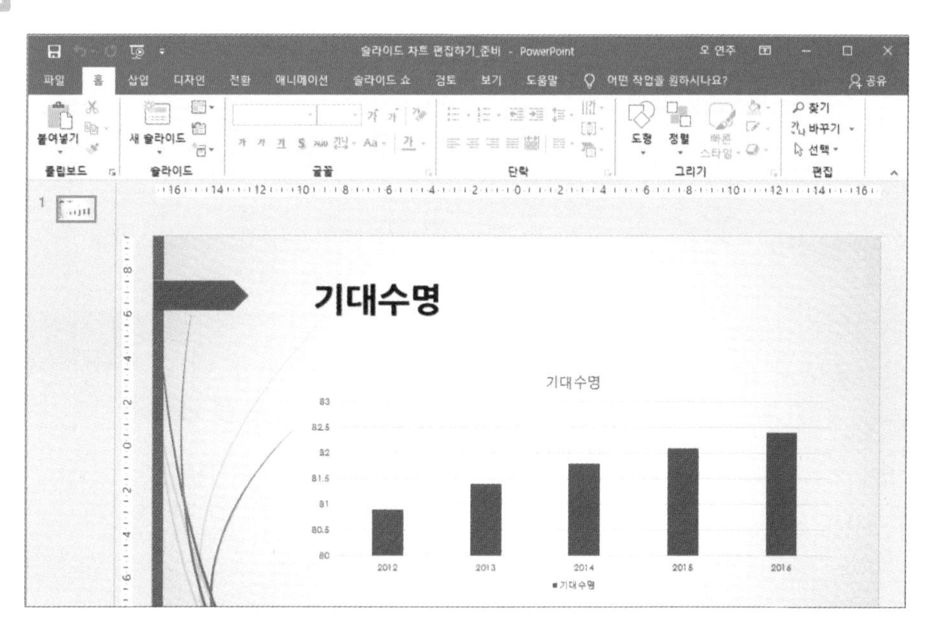

02 차트 안에 있는 내용을 더 잘 보이게 하기 위해 ❶차트를 선택한 후, [홈] 탭의 [글꼴] 그룹에서 ❷글꼴은 'HY중고딕', 글꼴 크기는 '15', ❸'굵게'로 지정합니다.

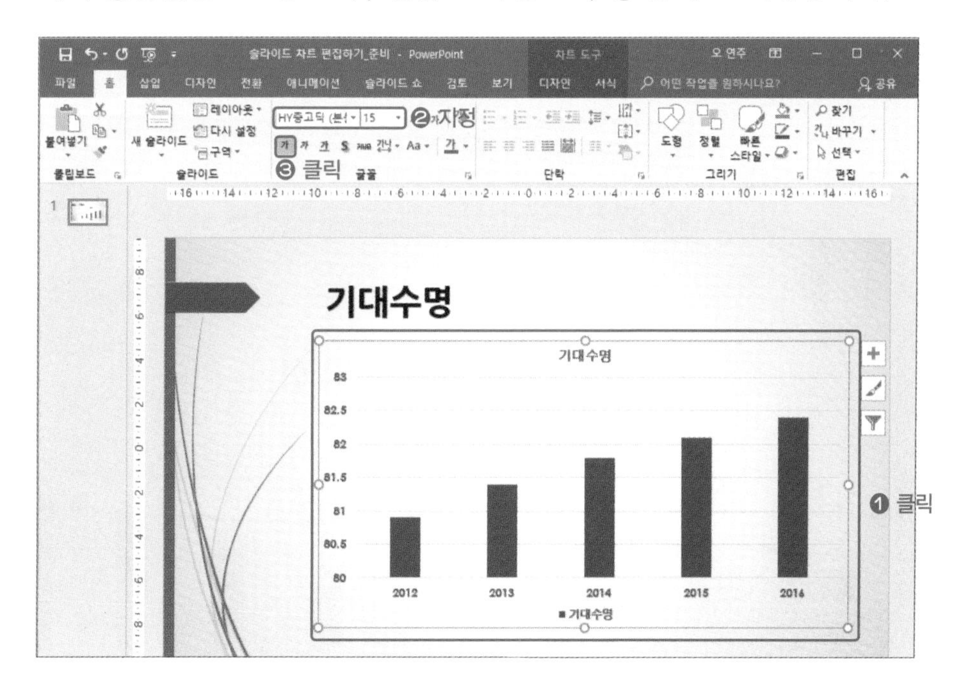

03 차트 안 차트 제목인 ❶'기대수명'을 선택한 후, 마우스 오른쪽 단추를 클릭하여 ❷'삭제'를 선택합니다.

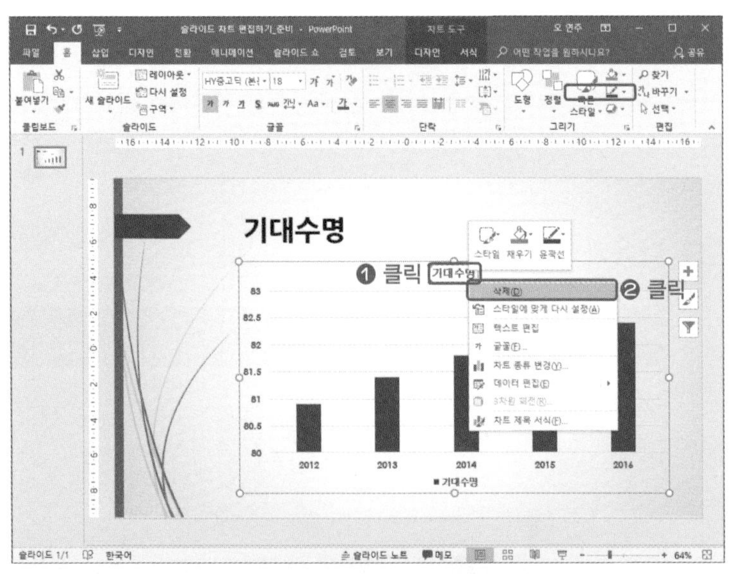

04 [차트 도구]-[디자인] 탭의 [차트 레이아웃] 그룹에서 ❶'차트 요소 추가' 단추를 클릭한 후, ❷'데이터 레이블'에서 ❸'바깥쪽 끝에'를 선택합니다.

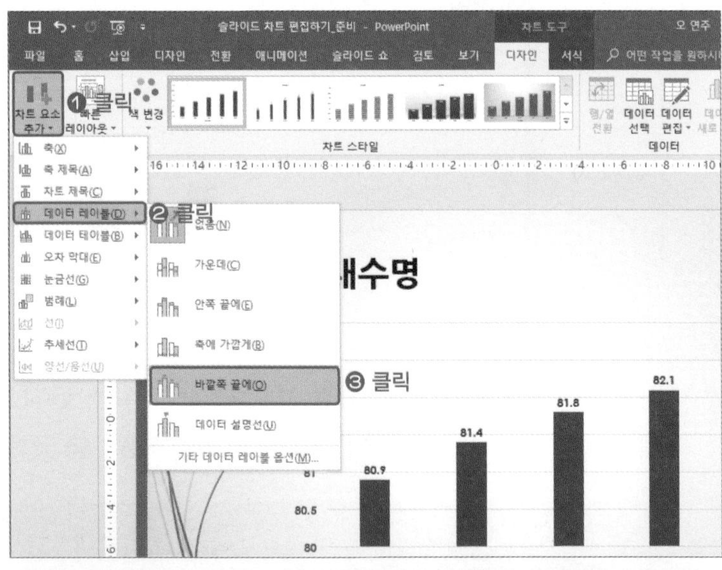

05 [차트 도구]-[디자인] 탭의 [차트 레이아웃] 그룹에서 ❶'차트 요소 추가' 단추를 클릭한 후 ❷'눈금선'에서 ❸'기본 주 세로'를 선택합니다.

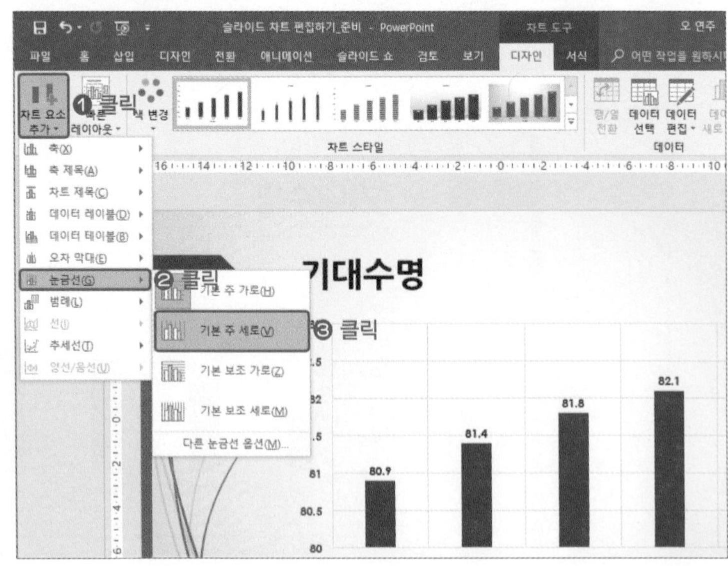

06 [차트 도구]-[디자인] 탭의 [차트 레이아웃] 그룹에서 ❶'차트 요소 추가' 단추를 클릭한 후, ❷'추세선'에서 ❸'선형'을 선택합니다. 다음과 같이 차트에 추세선이 그려진 것을 확인할 수 있습니다.

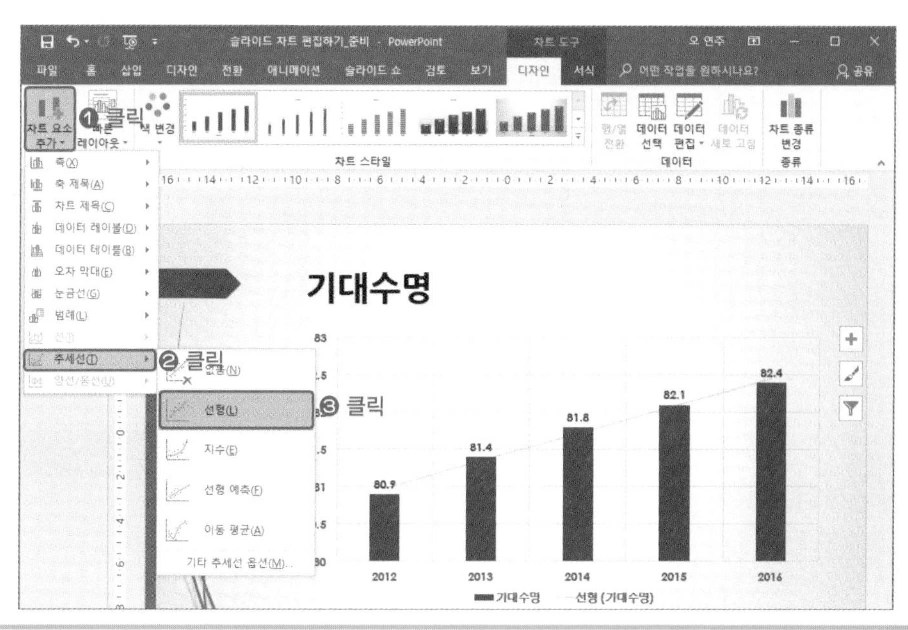

실습 03 | 슬라이드 차트 디자인하기

●● 준비파일: 슬라이드 차트 디자인하기_준비.pptx
●● 완성파일: 슬라이드 차트 디자인하기_완성.pptx

01 준비파일을 연 후, ❶차트의 배경 영역을 선택하고, [차트 도구]-[서식] 탭의 [도형 스타일] 그룹에서 ❷'도형 채우기' 단추를 클릭하고 ❸흰색으로 지정합니다.

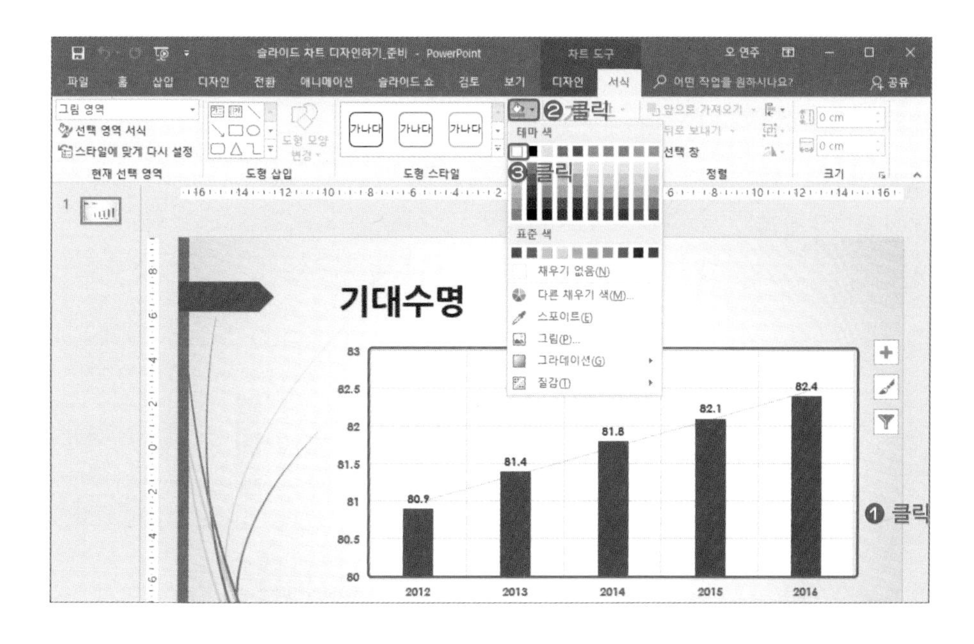

02 이어서 [차트 도구]-[서식] 탭의 [도형 스타일] 그룹에서 ❶'도형 효과' 단추를 클릭한 후, ❷'그림자'에서 ❸'안쪽 대각선 왼쪽 아래' 그림자를 선택합니다.

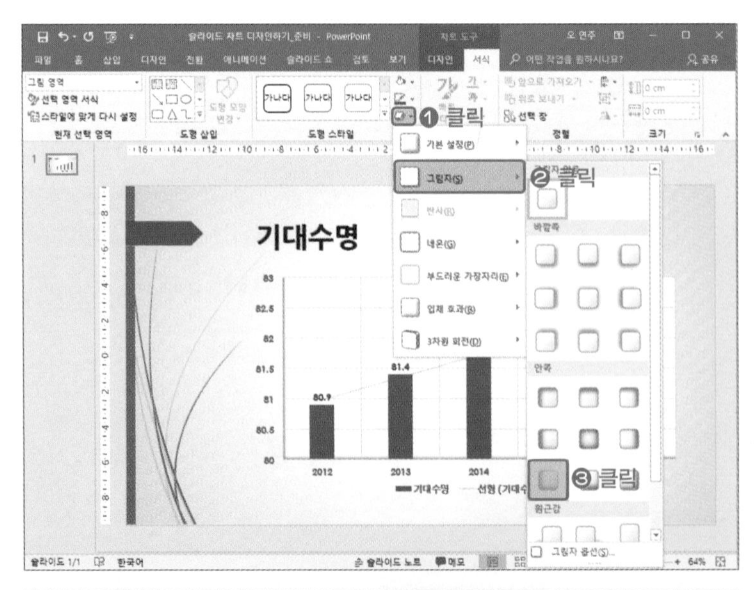

03 차트의 막대 계열들을 선택한 후, [차트 도구]-[서식] 탭의 [도형 스타일] 그룹에서 ❶'도형 채우기' 단추를 클릭하고, ❷'그라데이션'에서 어두운 그라데이션의 ❸'선형 아래쪽'을 선택합니다.

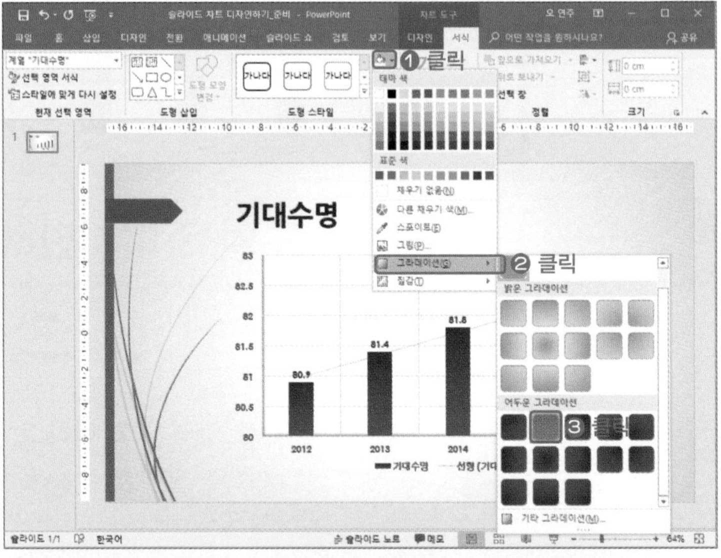

04 [차트 도구]-[서식] 탭의 [도형 스타일] 그룹에서 ❶'도형 효과' 단추를 클릭한 후, ❷'그림자'에서 ❸'안쪽 아래쪽' 그림자를 선택합니다.

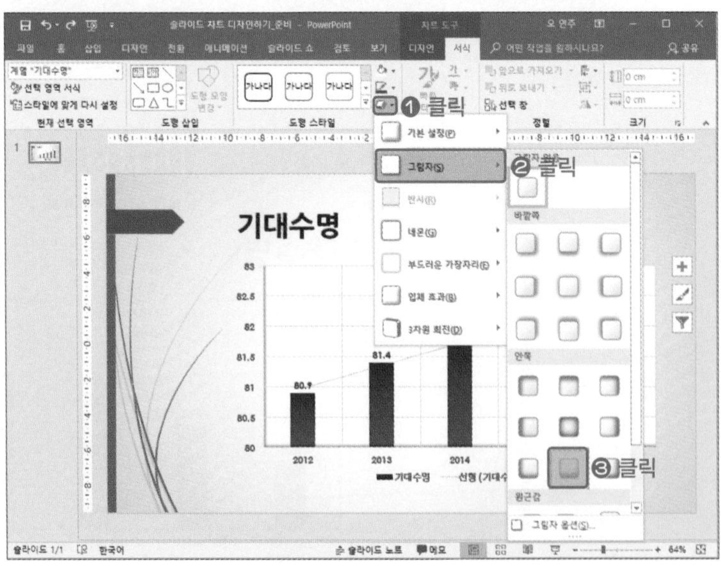

05 이번에는 차트 종류를 변경하기 위하여 차트를 선택한 후, [차트 도구]-[디자인] 탭의 [종류] 그룹에서 ❶'차트 종류 변경' 단추를 선택합니다. [차트 종류 변경] 대화상자에서 가로 막대형의 ❷'3차원 묶은 가로 막대형'을 선택한 후, ❸[확인]을 클릭합니다.

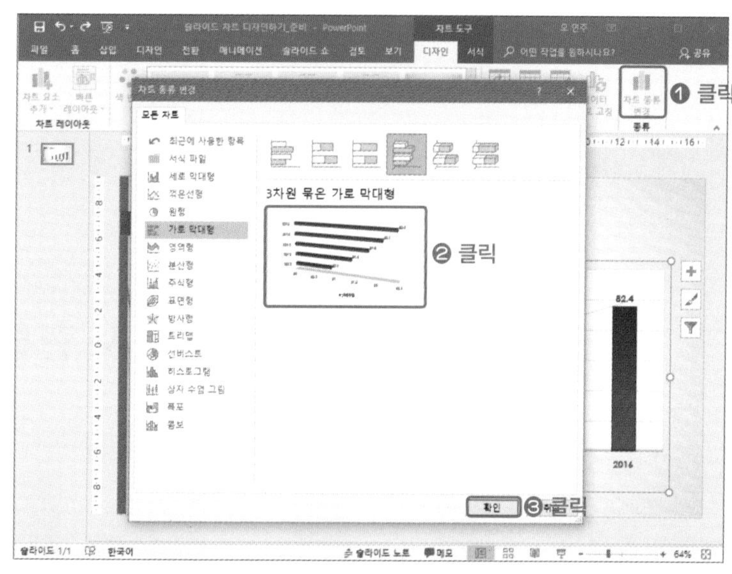

06 변경된 차트의 회전을 조정하기 위해 ❶차트를 선택한 후, 마우스 오른쪽 단추를 클릭하여 ❷'3차원 회전'을 선택합니다.

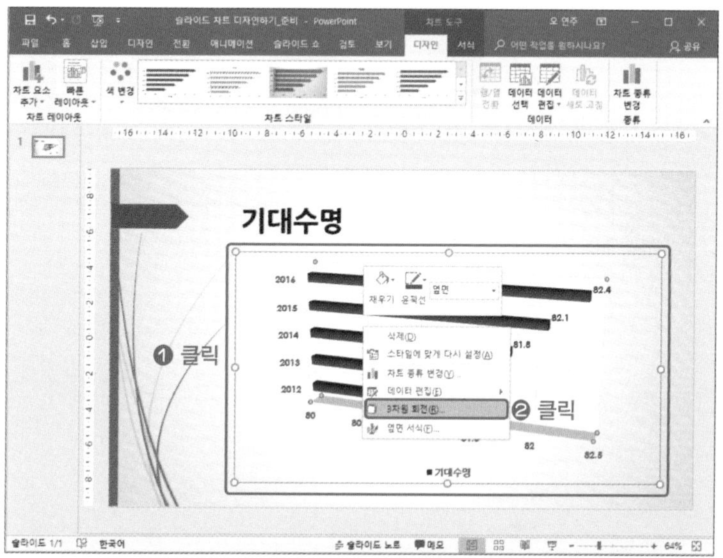

07 오른쪽에 나타난 [차트 영역 서식]의 '3차원 회전'에서 ❶'X 회전'와 'Y 회전'에 각각 '0', ❷원근감에 '20'을 입력하여 차트의 회전 각도를 조정하여 다음과 같이 완성합니다.

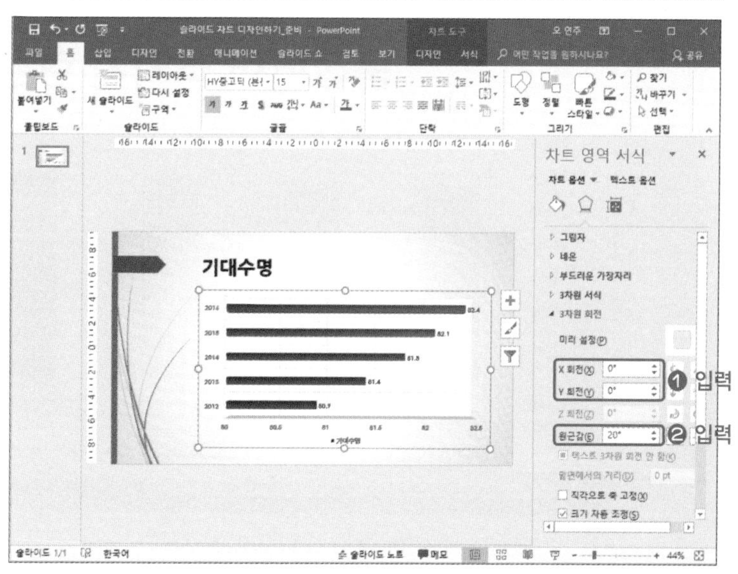

혼자 풀어보기

01 새 프레젠테이션을 연 후, 운전면허 연도별 소지자 현황을 차트로 완성해 보세요.

★조건 • 디자인 테마 : New_Education02

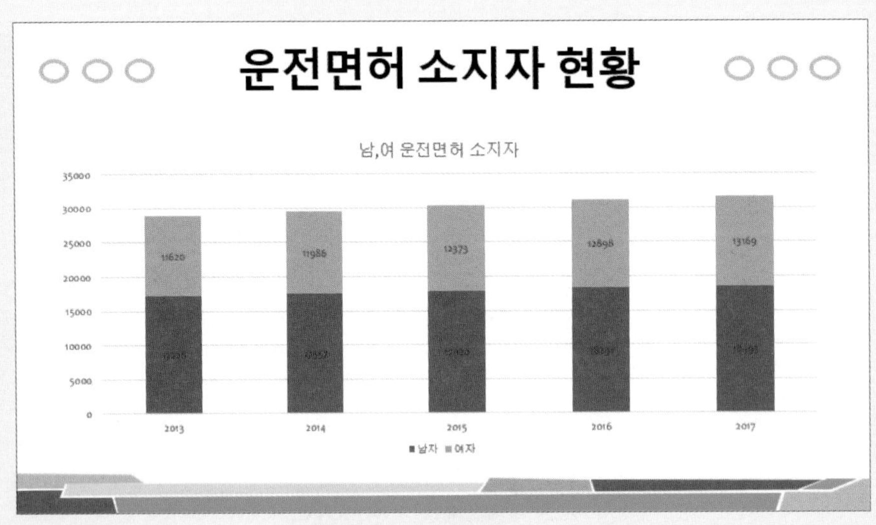

●● 완성파일: 운전면허 차트 작성_완성.pptx

02 준비파일을 연 후, 조건에 따라 차트를 편집해 보세요.

★조건
- 차트 제목 : 없음
- 데이터 레이블 : 안쪽 끝에
- 데이터 테이블 : 범례 표지 포함

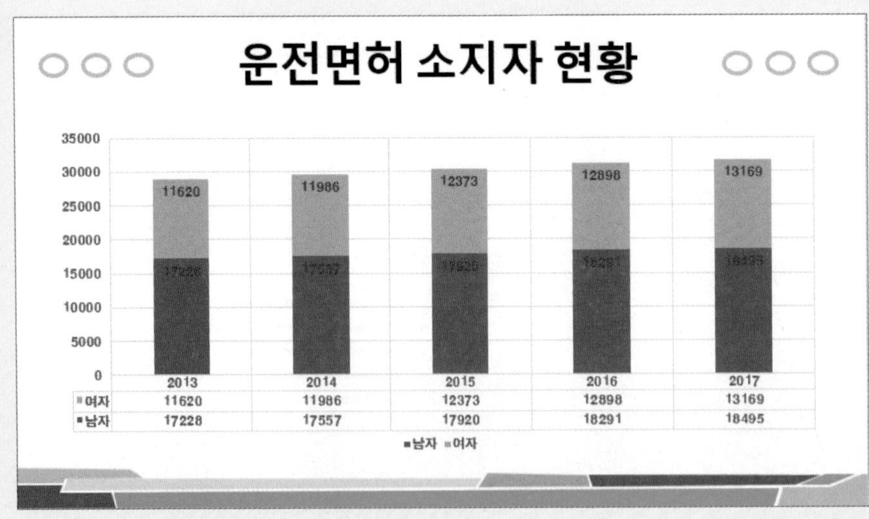

●● 준비파일: 운전면허 차트 편집_준비.pptx

●● 완성파일: 운전면허 차트 편집_완성.pptx

03 준비파일을 연 후, 조건에 따라 차트 디자인을 완성해 보세요.

★조건
- 차트 종류 : 3차원 누적 가로 막대형
- 3차원 회전 : 직각으로 축 고정
- 음영 : 진한 청록, 텍스트 2, 80% 더 밝게

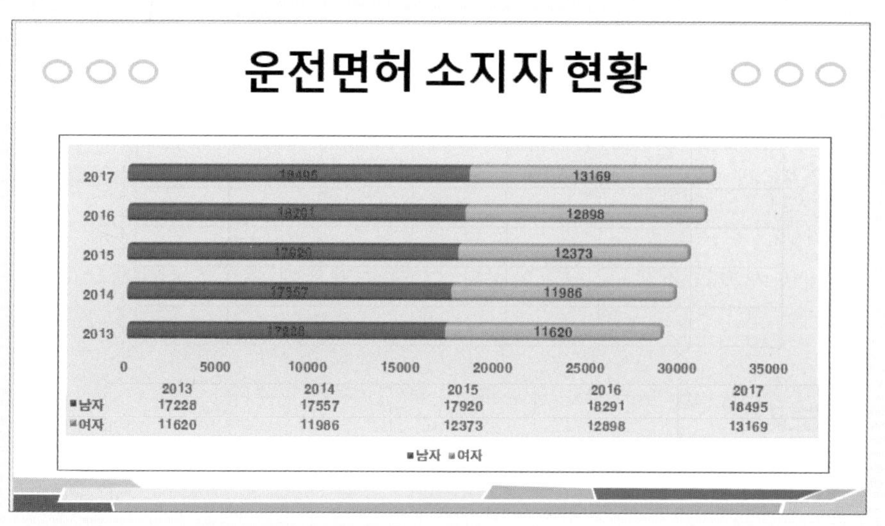

- 준비파일: 운전면허 차트 디자인_준비.pptx
- 완성파일: 운전면허 차트 디자인_완성.pptx

04 준비파일을 연 후, 조건에 따라 차트 디자인을 완성해 보세요.

★조건
- 차트 종류 변경 : 3차원 묶은 가로 막대형
- 차트 스타일 : 스타일 8
- 데이터 테이블 : 범례 표지 포함

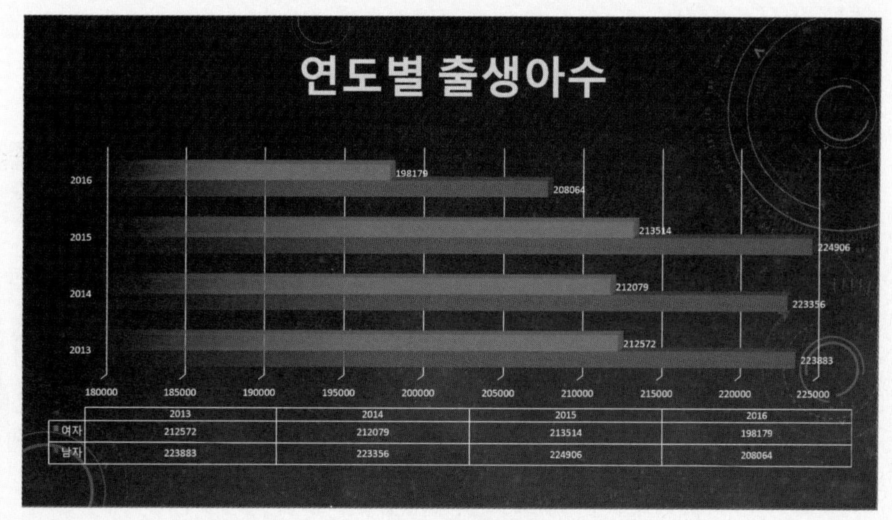

- 준비파일: 연도별 출생아 차트 디자인_준비.pptx
- 완성파일: 연도별 출생아 차트 디자인_완성.pptx

09 슬라이드에 오디오와 비디오 활용하기

슬라이드에서 시각적인 요소도 중요하지만 여기에 청각적인 요소까지 더한다면 프레젠테이션을 할 때 집중도를 높일 수 있습니다. 파워포인트 2016에서는 오디오, 비디오 파일 등을 삽입하고, 이를 재생하는 방법에 대해 알아봅니다.

학습 목표

- 슬라이드에 오디오 파일을 삽입하고, 이를 재생하는 방법에 대하여 알아봅니다.
- 슬라이드에 비디오 파일을 삽입하고, 이를 재생하는 방법에 대하여 알아봅니다.
- 비디오 파일의 시작과 종료 시간을 편집할 수 있는 방법에 대하여 알아봅니다.

배울 내용 미리 보기

실습 01 | 오디오 삽입하기

●● 완성파일: 오디오 삽입하기_완성.pptx

01 [홈] 탭의 [슬라이드] 그룹에서 ❶'레이아웃' 단추를 클릭하고, ❷'빈 화면'을 선택합니다.

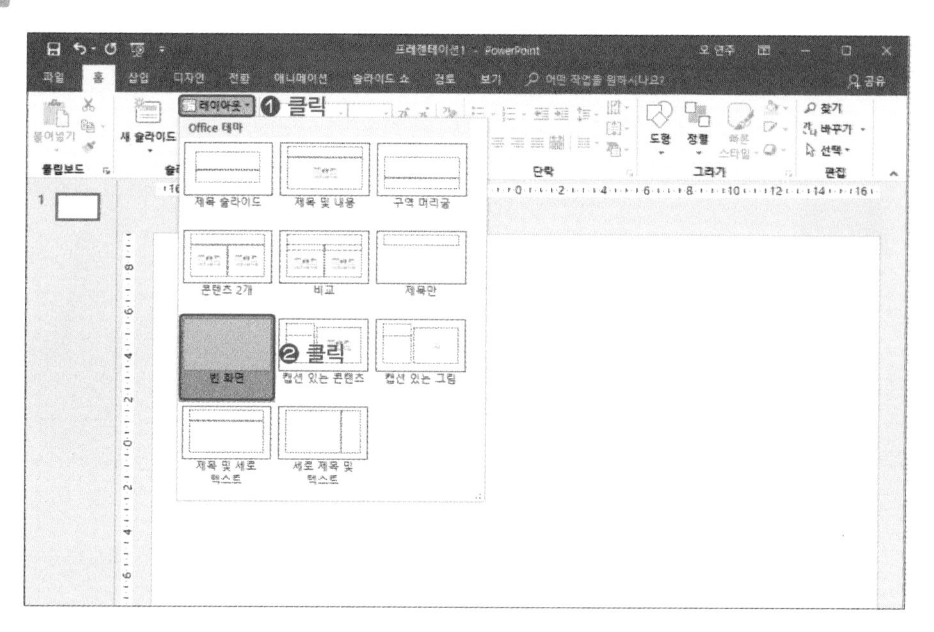

02 빈 슬라이드에 마우스 오른쪽 단추를 클릭한 후, '배경 서식'을 선택합니다.

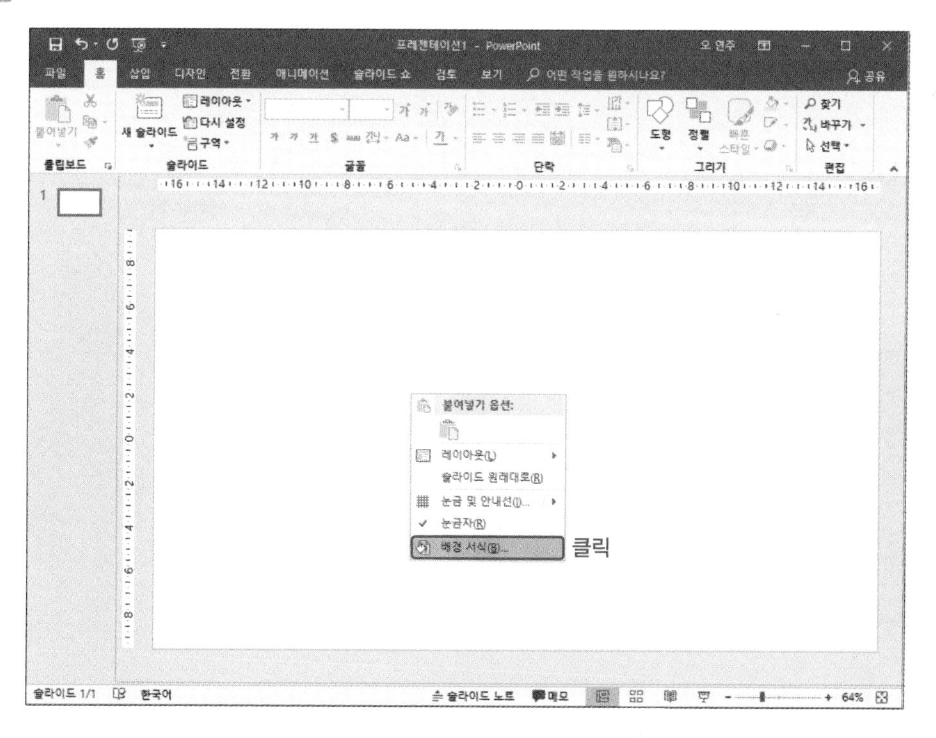

03 오른쪽의 [배경 서식]에서 ❶'그림 또는 질감 채우기'를 선택하고, ❷[파일] 단추를 클릭합니다. '예제파일' 폴더에서 ❸'수족관.jpg'를 선택한 후, ❹[삽입]을 클릭합니다.

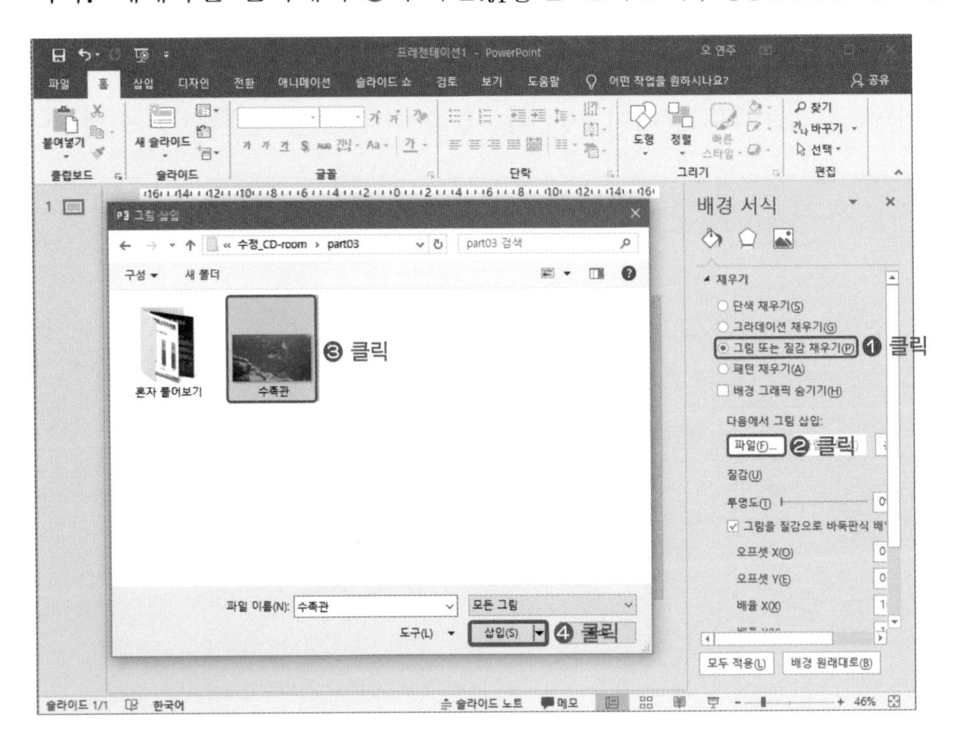

04 [삽입] 탭의 [미디어] 그룹에서 ❶'오디오' 단추를 클릭한 후, ❷'내 PC의 오디오'를 선택합니다.

05 '예제파일' 폴더에서 ❶'바다.wav'를 선택한 후, ❷[삽입]을 클릭합니다.

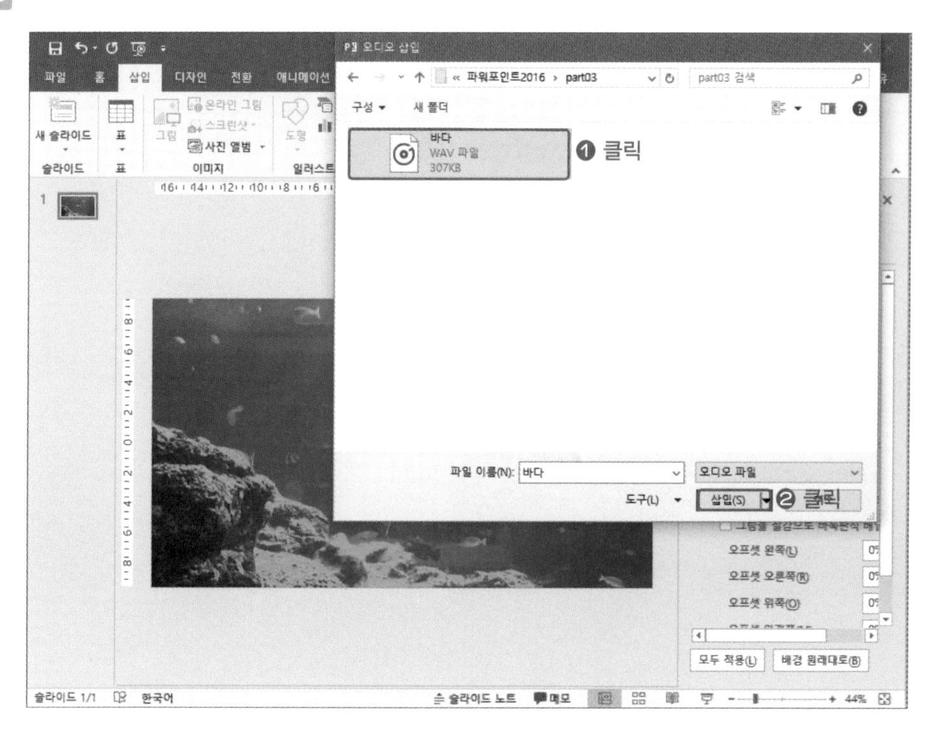

06 슬라이드에 다음과 같은 아이콘이 삽입되면 크기와 위치를 적당히 조절합니다.

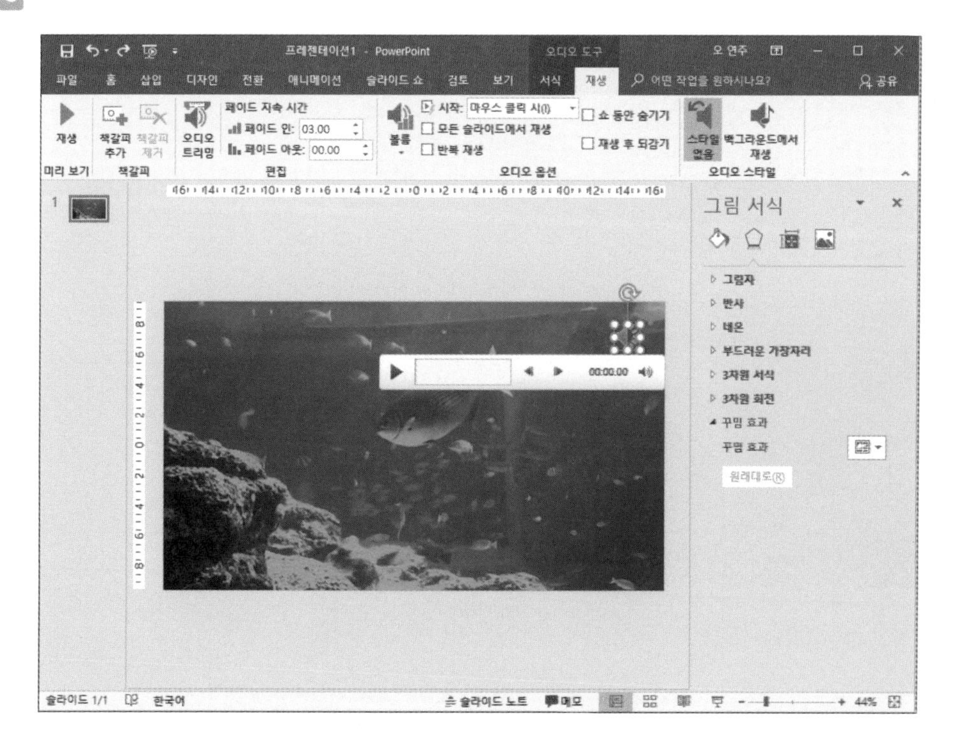

07 [오디오 도구]–[재생] 탭의 [오디오 옵션] 그룹에서 '❶시작: ❷자동 실행'을 선택합니다.

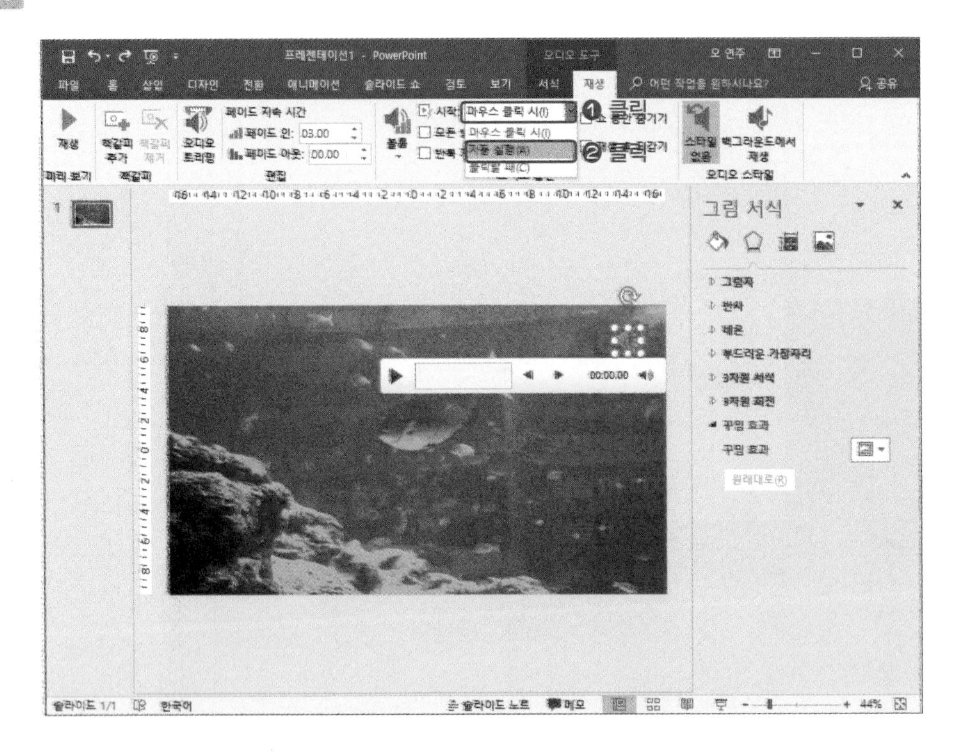

08 [오디오 도구]–[재생] 탭의 [오디오 옵션] 그룹에서 '반복 재생'에 체크합니다.

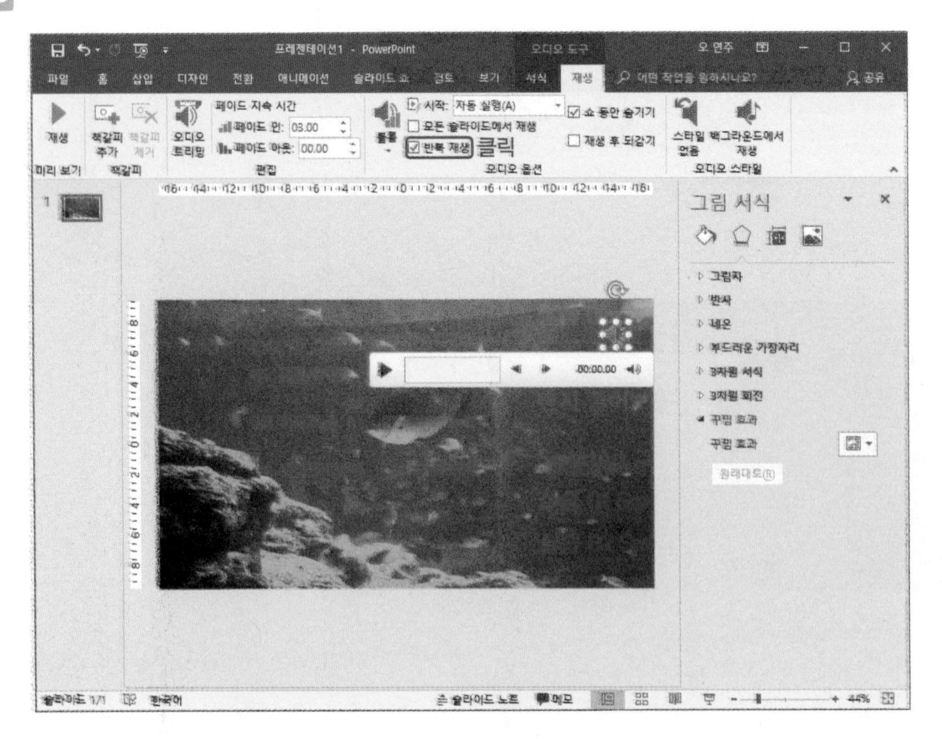

09 [슬라이드 쇼] 탭의 [슬라이드 쇼 시작] 그룹에서 '현재 슬라이드부터' 단추를 클릭하여 삽입한 오디오 파일을 확인하여 봅니다.

실습 02 | 비디오 삽입하기

●● 완성파일: 비디오 삽입하기_완성.pptx

01 [홈] 탭의 [슬라이드] 그룹에서 ❶'레이아웃' 단추를 클릭하고, ❷'빈 화면'을 선택합니다.

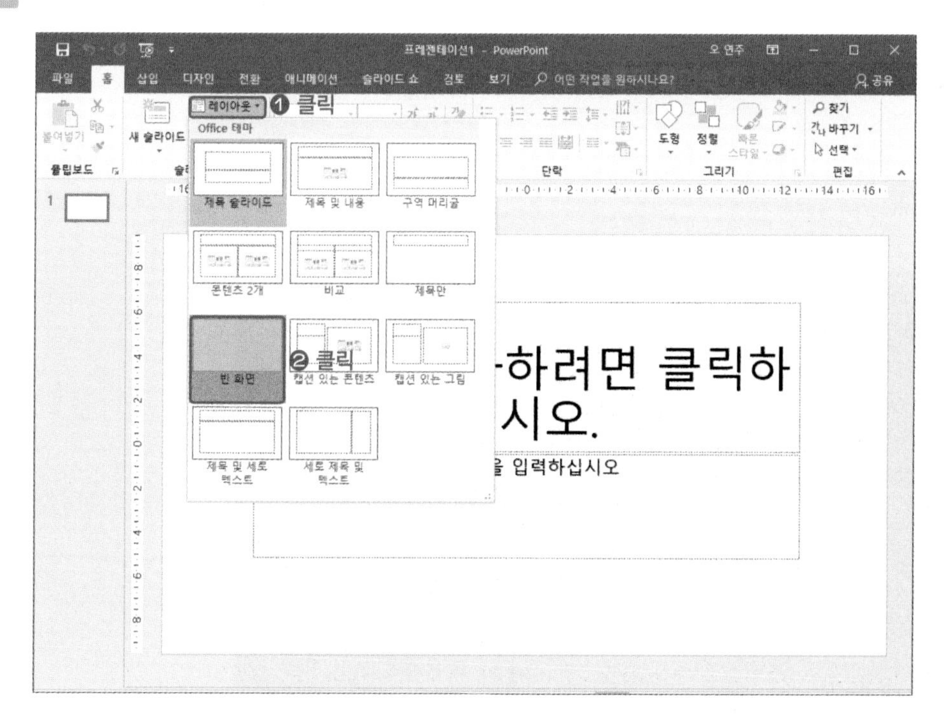

02 빈 슬라이드에 마우스 오른쪽 단추를 클릭하고 ❶'배경 서식'을 선택한 후, ❷오른쪽 [배경 서식]에서 단색 채우기 색상을 '검정'으로 선택합니다.

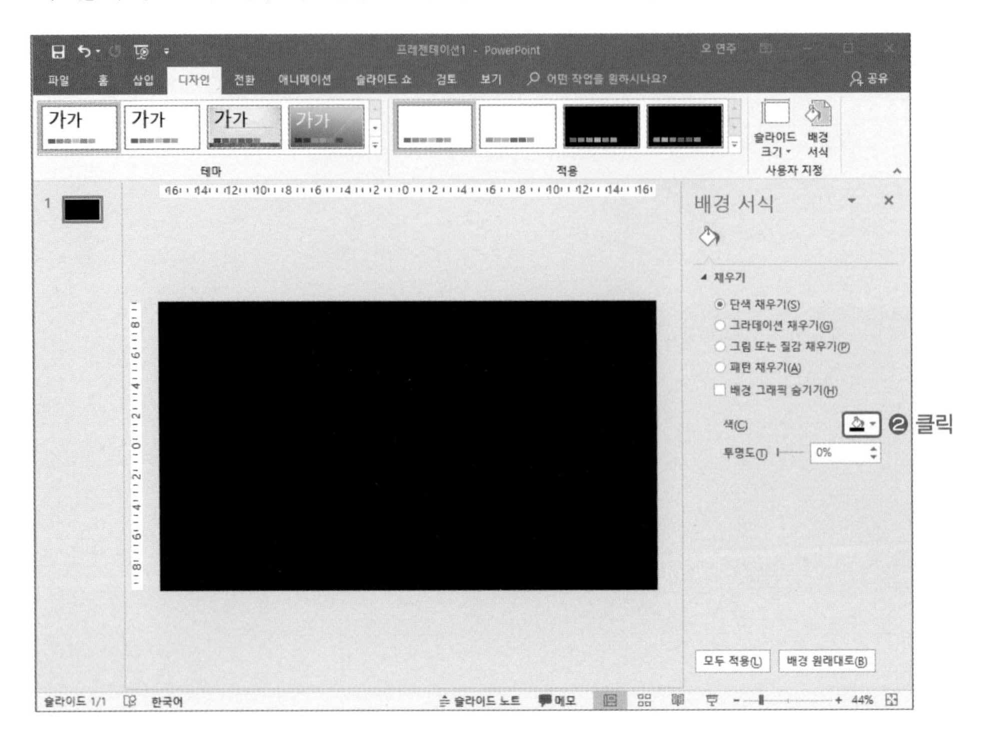

03 [삽입] 탭의 [미디어] 그룹에서 ❶'비디오' 단추를 클릭한 후, ❷'내 PC의 비디오'를 선택합니다.

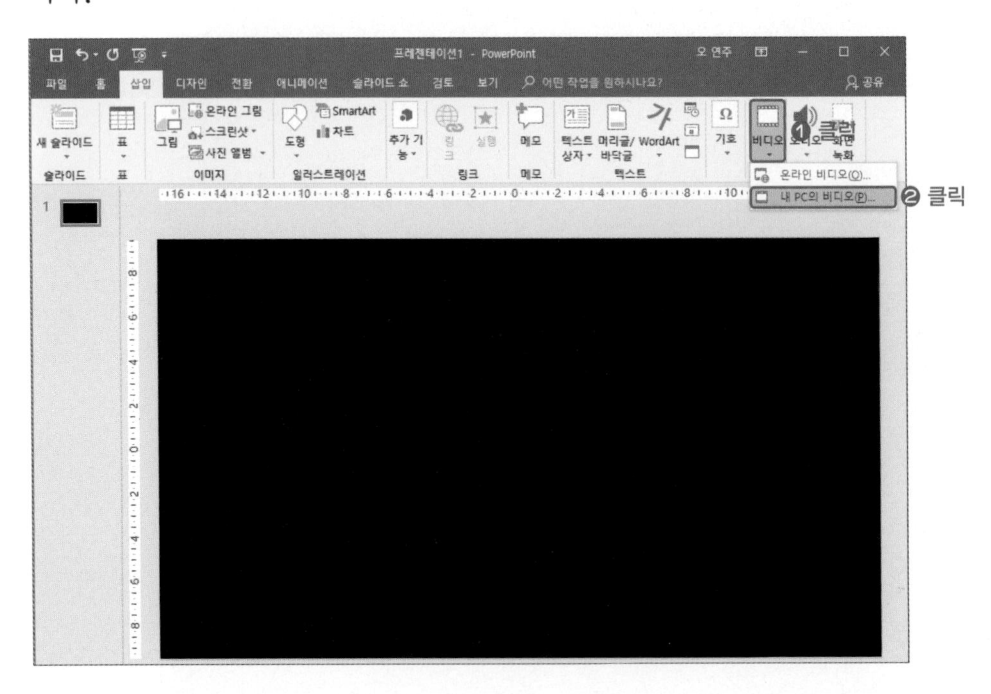

04 '예제파일' 폴더에서 ❶'공룡공원.wmv'를 선택한 후, ❷[삽입] 단추를 클릭합니다.

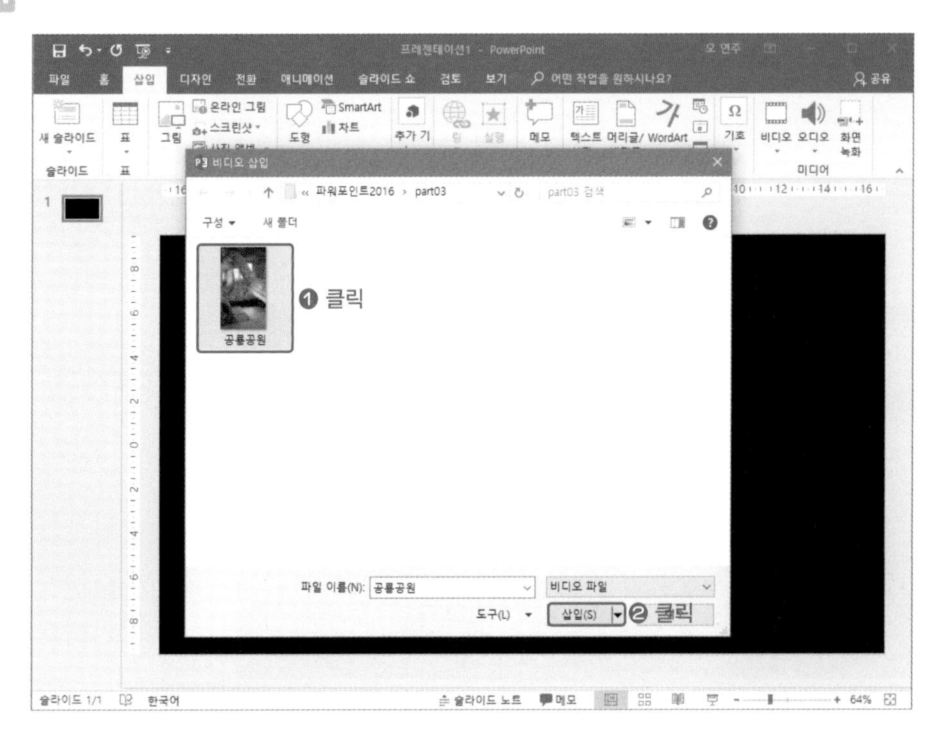

05 [비디오 도구]-[서식] 탭의 [미리 보기] 그룹에서 '재생' 단추를 클릭합니다.

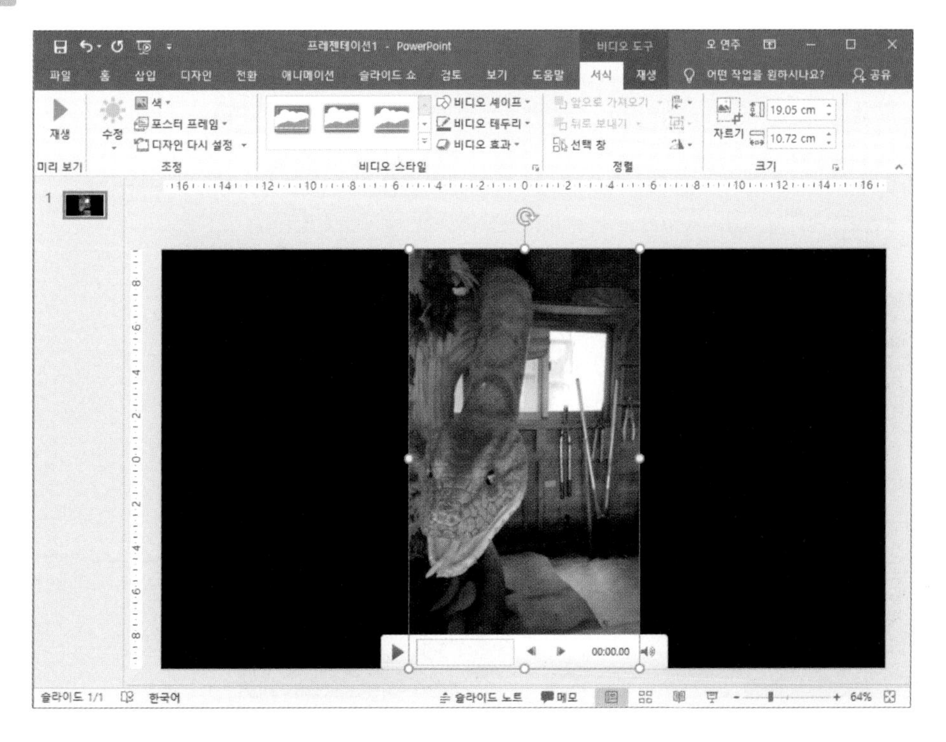

06 [슬라이드 쇼] 탭의 [슬라이드 쇼 시작] 그룹에서 '현재 슬라이드부터' 단추를 클릭하고 삽입한 비디오 파일을 확인하여 봅니다.

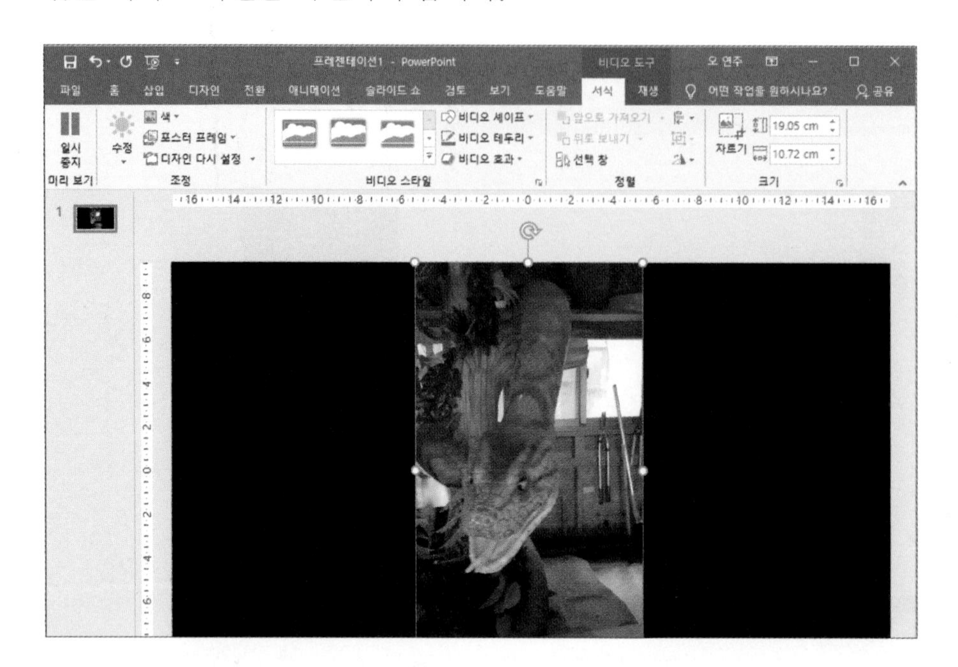

실습 03 | 비디오 삽입 후 스타일 적용하기

- 준비파일: 비디오 스타일 적용하기_준비.pptx
- 완성파일: 비디오 스타일 적용하기_완성.pptx

01 준비파일을 연 후, 비디오를 선택합니다.

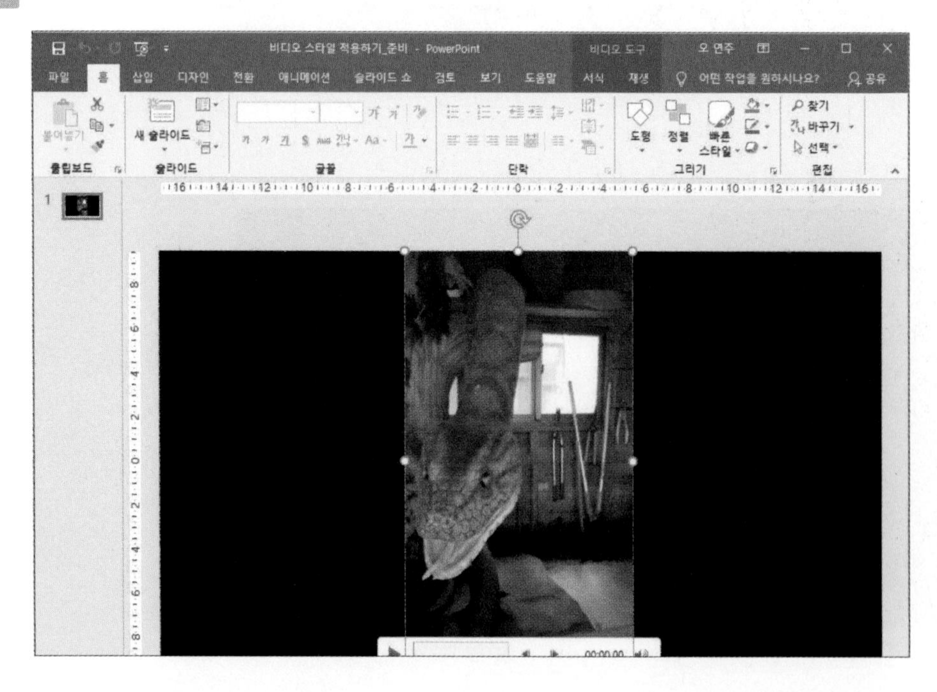

02 [비디오 도구]-[서식] 탭의 [비디오 스타일] 그룹에서 '자세히 ▾' 단추를 클릭한 후, '회전, 그라데이션'을 선택합니다.

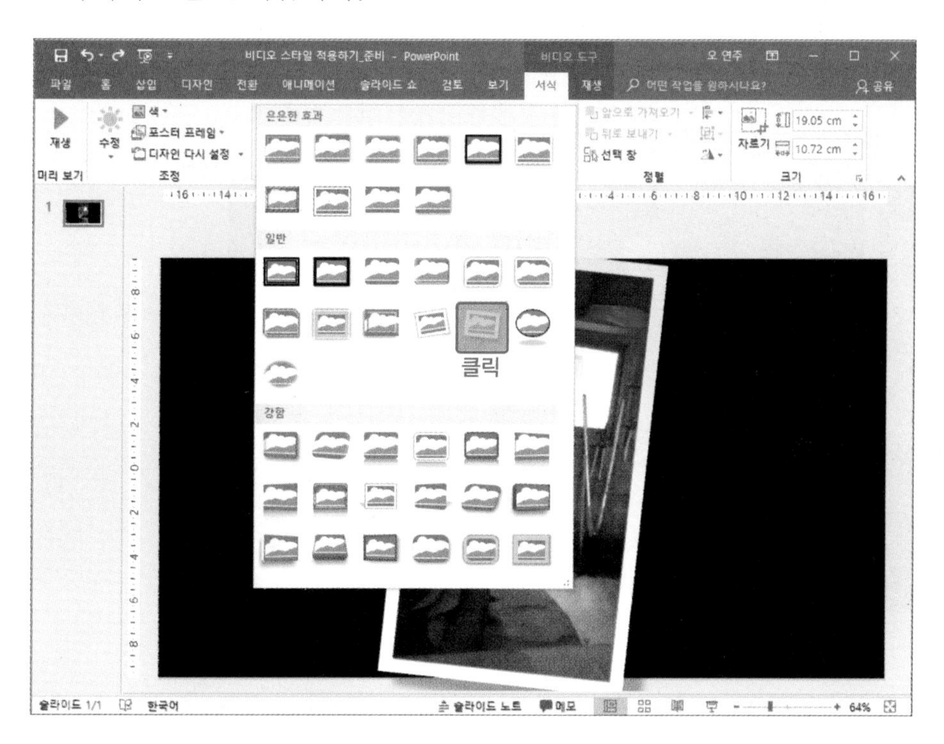

03 다음과 같이 비디오의 크기와 위치를 조절합니다.

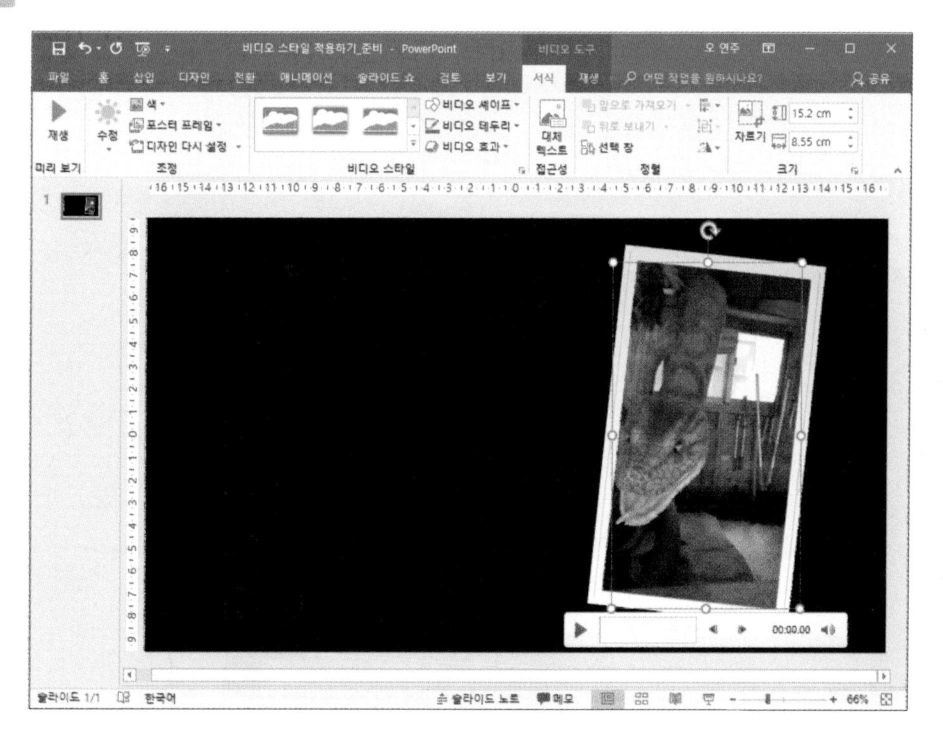

04 [비디오 도구]-[재생] 탭의 [편집] 그룹에서 '비디오 트리밍' 단추를 선택합니다.

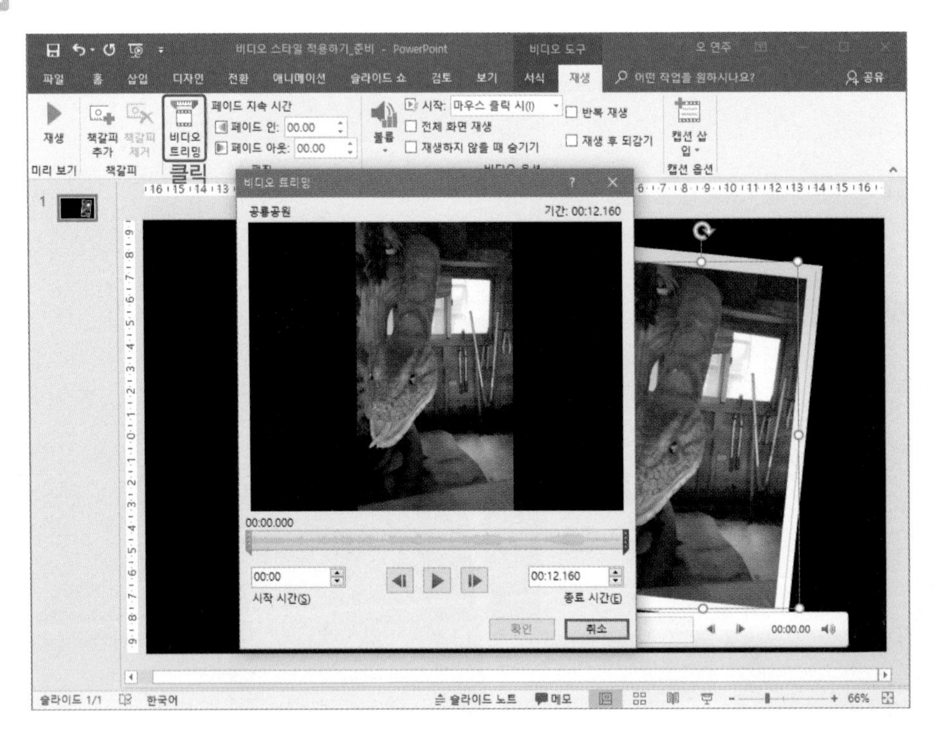

05 [비디오 트리밍] 대화상자에서 ❶'시작 시간'을 '00:06.260'으로 입력한 후, ❷[확인]을 클릭합니다.

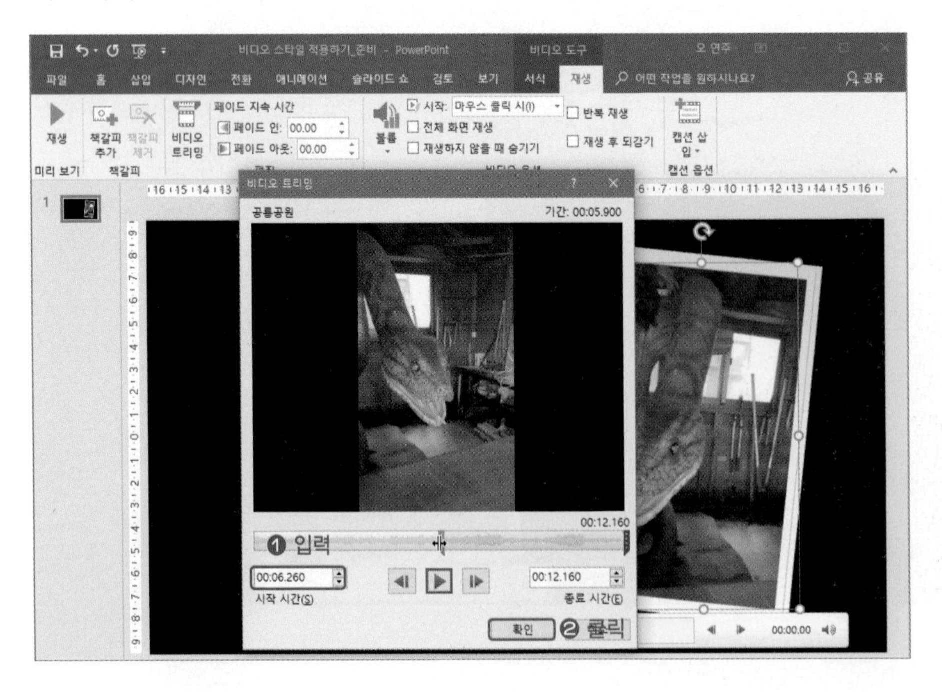

06 '가로 텍스트 상자'를 삽입하여 다음과 같은 내용을 입력하고, 글꼴은 '나눔스퀘어Bold', 글꼴 크기는 '30'으로 지정합니다.

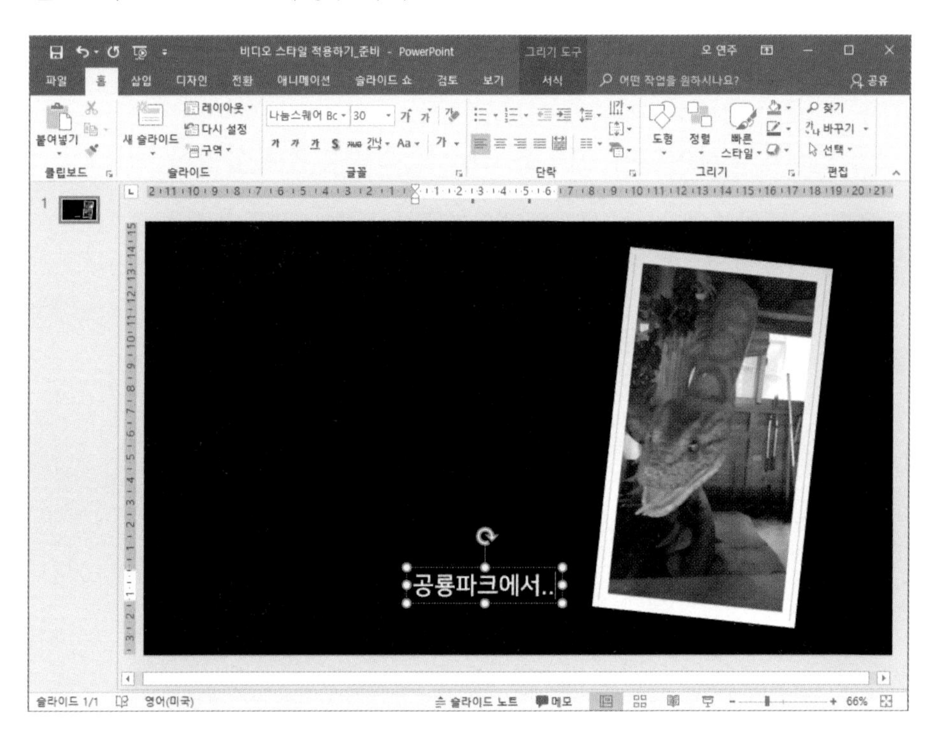

참고 **온라인에 있는 비디오 삽입하기**

온라인에 있는 비디오를 삽입하려면 [삽입] 탭의 [미디어] 그룹에서 '비디오'를 클릭한 후 '온라인 비디오'를 선택합니다. [비디오 삽입] 창이 나타나면 원하는 비디오를 검색하여 슬라이드에 삽입합니다.

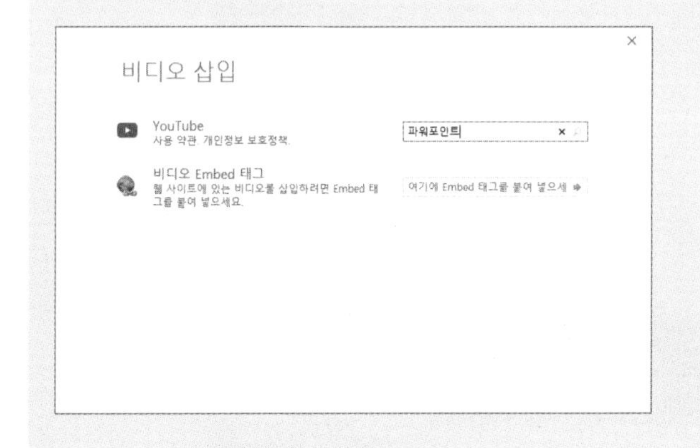

혼자 풀어보기

01 준비파일을 연 후, 슬라이드에 '윈도우.wav'를 효과음으로 삽입해 보세요.

- 준비파일: 윈도우 오디오 삽입하기_준비.pptx
- 완성파일: 윈도우 오디오 삽입하기_완성.pptx

02 준비파일을 연 후, 슬라이드에 비디오 '도심 속 노을.wmv'를 삽입해 보세요.

- 준비파일: 도심 속 노을 비디오 삽입하기_준비.pptx
- 완성파일: 도심 속 노을 비디오 삽입하기_완성.pptx

03 준비파일을 연 후, 제목을 넣고 비디오를 편집해 보세요.

★조건 | • 비디오스타일 : 금속프레임

●● 준비파일: 도심 속 노을 비디오 스타일 적용_준비.pptx
●● 완성파일: 도심 속 노을 비디오 스타일 적용_완성.pptx

04 준비파일을 연 후, 다음과 같이 슬라이드에 '영상편지.wmv'를 삽입하여 영상편지지를 완성해 보세요.

★조건 | • 비디오스타일 : 부드러운 가장자리 타원

●● 준비파일: 영상편지 비디오 스타일 적용_준비.pptx
●● 완성파일: 영상편지 비디오 스타일 적용_완성.pptx

혼자 풀어보기

05 준비파일을 연 후, 표의 행을 추가하고 다음과 같은 내용을 입력하여 표를 완성해 보세요.

★조건 표 스타일 : 테마스타일 2-강조1

2016~2019 국내 항공사 항공 안전 장애 발생 현황

	A사	B사	C사	소계
이륙	125	89	98	312
순항	86	70	90	246
착륙	11	15	7	33
소계	222	174	195	591

●● 준비파일: 항공사 안전장애발생 표만들기_준비.pptx

●● 완성파일: 항공사 안전장애발생 표만들기_완성.pptx

06 준비파일을 연 후, 차트를 완성해 보세요.

★조건
- 차트제목 : 없음
- 차트 종류 : 3차원 누적 가로 막대형
- 차트스타일 : 스타일 8

2016~2019 국내 항공사 항공 안전 장애 발생 현황

	A사	B사	C사	소계
이륙	125	89	98	312
순항	86	70	90	246
착륙	11	15	7	33
소계	222	174	195	591

●● 준비파일: 항공사 안전장애발생 차트만들기_준비.pptx

●● 완성파일: 항공사 안전장애발생 차트만들기_완성.pptx

07 준비파일을 연 후, 슬라이드에 '비행기.mp3'를 효과음으로 삽입해 보세요.

2016~2019 국내 항공사 항공 안전 장애 발생 현황

	A사	B사	C사	소계
이륙	125	89	98	312
순항	86	70	90	246
착륙	11	15	7	33
소계	222	174	195	591

C사
B사
A사
0 50 100 150 200 250
이륙 순항 착륙

●● 준비파일: 비행기 오디오 삽입하기_준비.pptx
●● 완성파일: 비행기 오디오 삽입하기_완성.pptx

08 준비파일을 연 후, 아쿠아리움에 관련된 비디오 삽입 및 표, 차트를 완성해 보세요.

★조건

- 표 스타일 : 밝은스타일1
- 차트제목 : 없음
- 차트 종류 : 묶은 세로막대형
- 차트스타일 : 스타일 3
- 비디오 스타일 : 모서리가 둥근 입체 사각형

●● 준비파일: 아쿠아리움 비디오 표 차트만들기_준비.pptx, 아쿠아리움.mp4
●● 완성파일: 아쿠아리움 비디오 표 차트만들기_완성.pptx

PowerPoint 2016

Part

04 멀티미디어 프레젠테이션

슬라이드 애니메이션 적용하기

슬라이드에 애니메이션과 같은 동적인 효과를 적용한다면 청중들에게 인상 깊은 내용 전달을 보다 확실히 할 수 있습니다. 파워포인트 2016에서 전체 슬라이드에 화면 전환 효과를 지정하고, 슬라이드의 각 개체에 애니메이션 효과를 적용하는 방법에 대해 알아봅니다.

학습 목표

- 전체 슬라이드에 화면 전환 효과를 지정하는 방법에 대하여 알아봅니다.
- 슬라이드의 개체에 애니메이션 효과를 지정하는 방법에 대하여 알아봅니다.

배울 내용 미리 보기

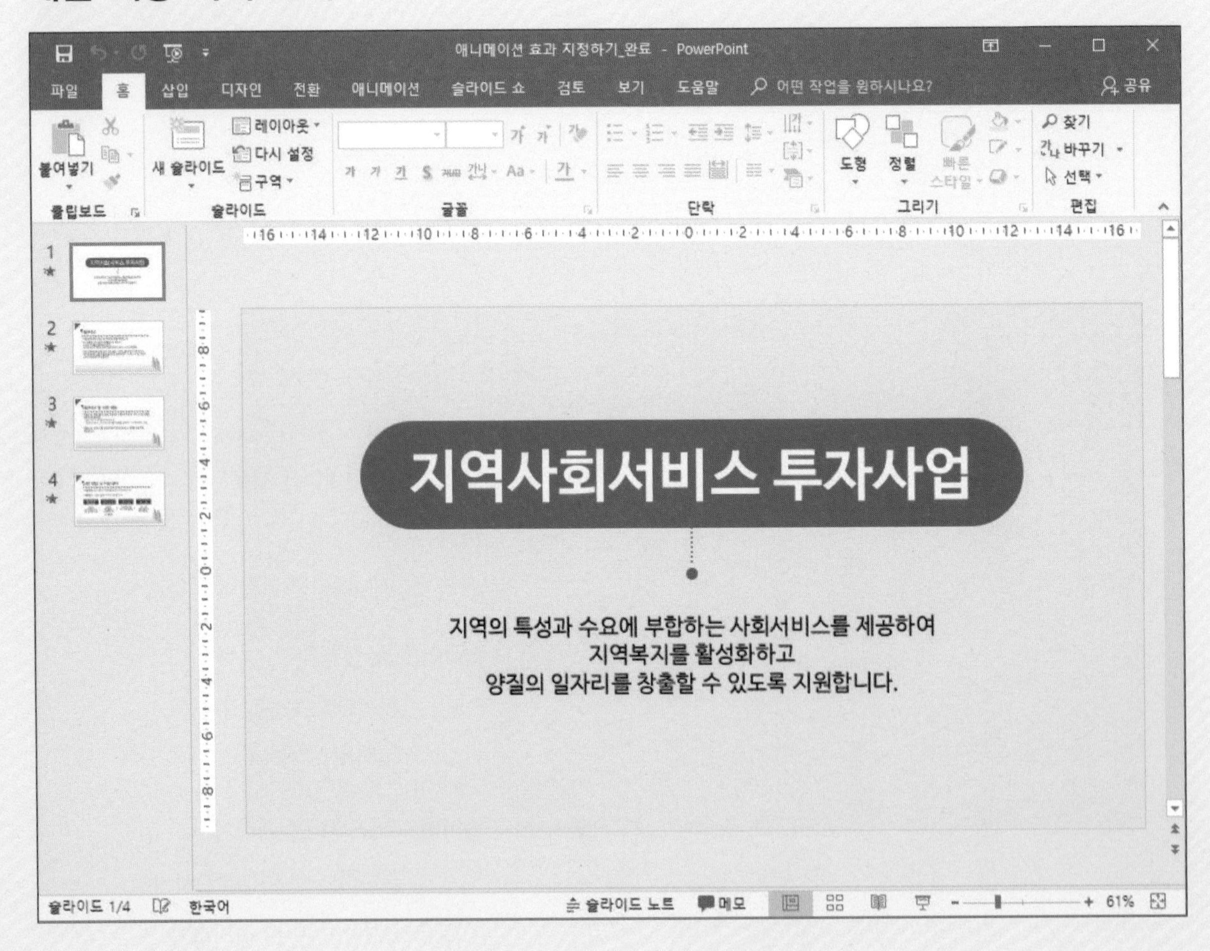

실습 01 | 화면 효과 지정하기

●● 준비파일: 화면 효과 지정하기_준비.pptx
●● 완성파일: 화면 효과 지정하기_완성.pptx

01 준비파일을 연 후, [전환] 탭의 [슬라이드 화면 전환] 그룹에서 '자세히' 단추를 클릭하고 '커튼'을 선택합니다.

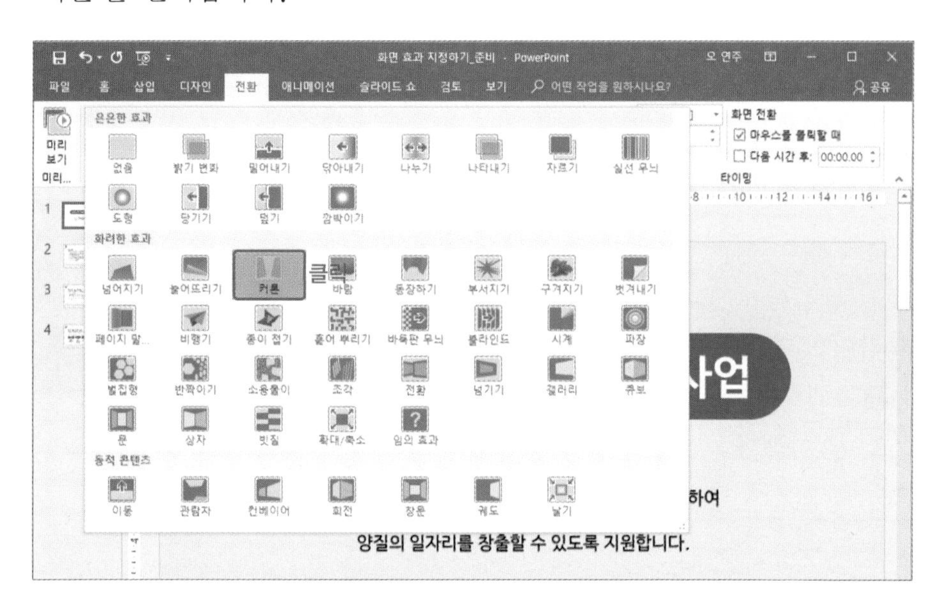

02 [전환] 탭의 [타이밍] 그룹에서 '기간: 02.00'을 입력합니다.

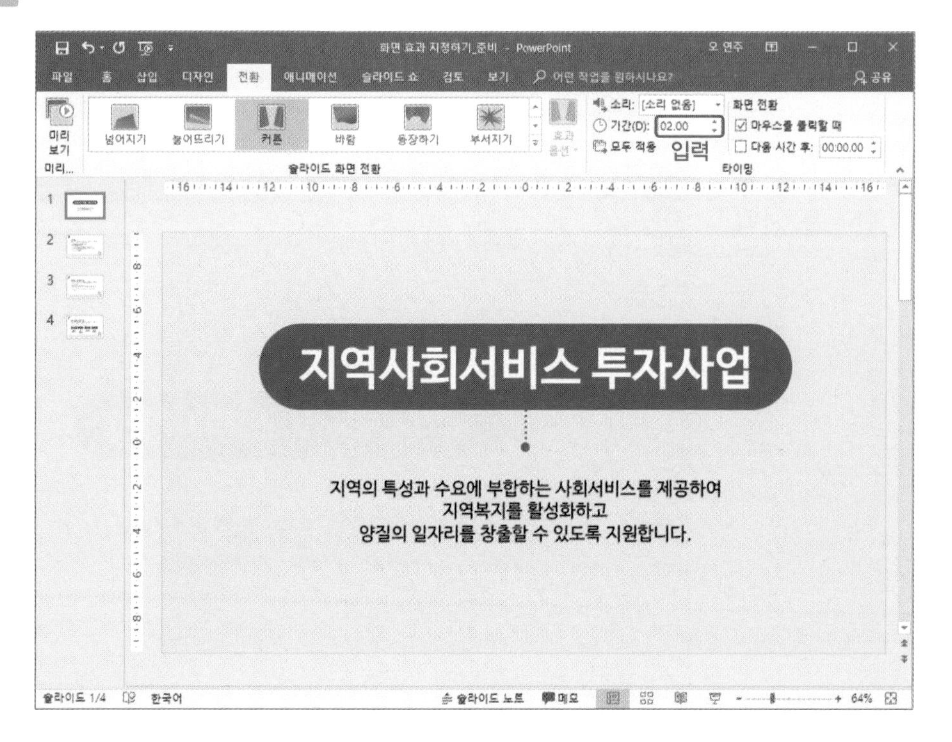

03 왼쪽의 슬라이드 축소판 그림에서 2, 3, 4번 슬라이드를 선택합니다.

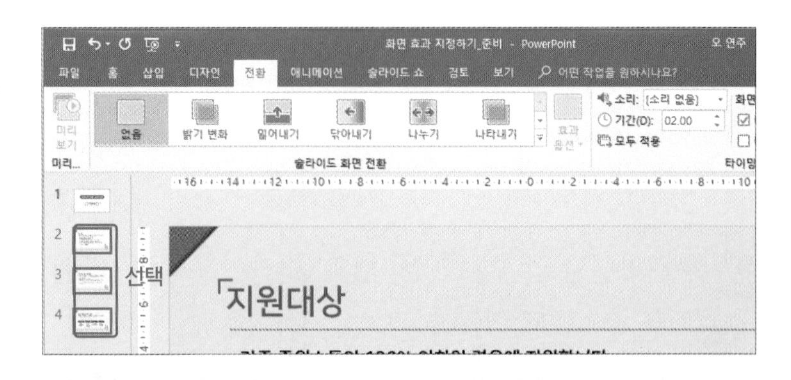

04 이번에는 [전환] 탭의 [슬라이드 화면 전환] 그룹에서 '자세히' 단추를 클릭하고 '덮기'를 선택합니다.

05 [전환] 탭의 [슬라이드 화면 전환] 그룹에서 ❶'효과 옵션' 단추를 클릭하고 ❷'아래에서'를 선택합니다.

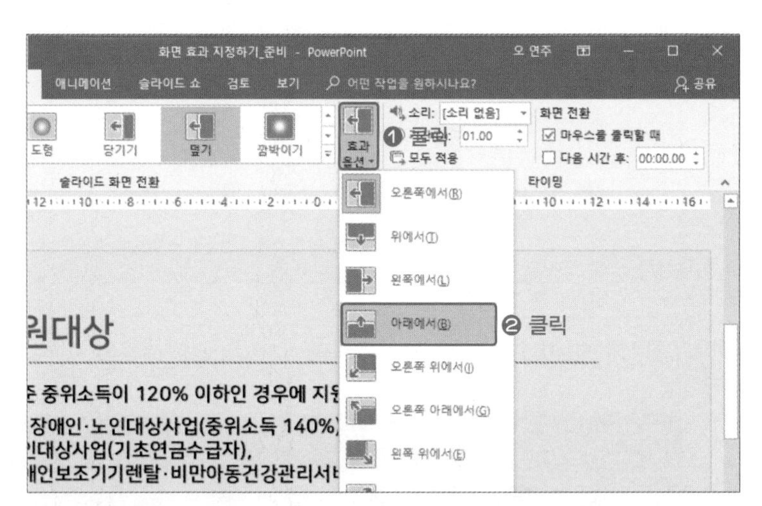

06 [전환] 탭의 [미리 보기] 그룹에서 '미리 보기' 단추를 선택합니다.

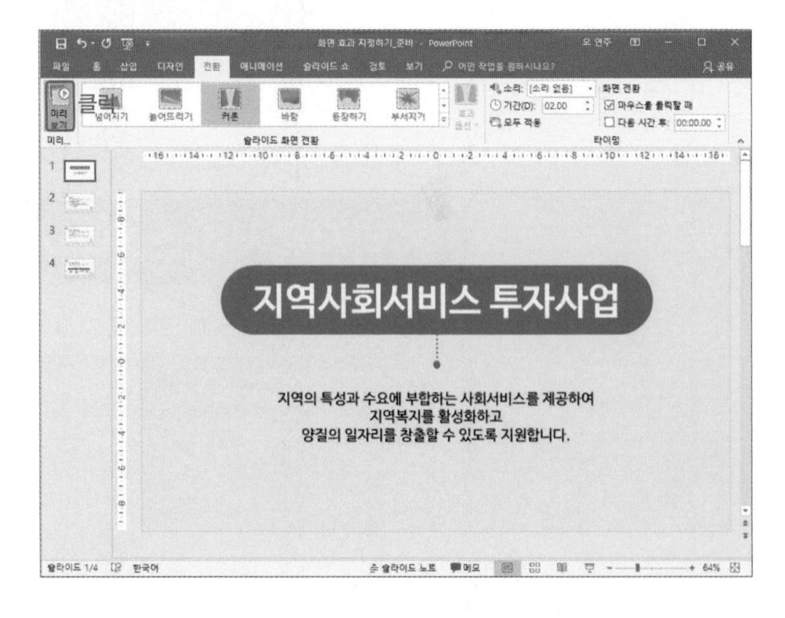

실습 02 | 애니메이션 효과 지정하기

●● 준비파일: 애니메이션 효과 지정하기_준비.pptx
●● 완성파일: 애니메이션 효과 지정하기_완성.pptx

01 준비파일 연 후, 슬라이드에서 내용 텍스트 박스를 선택합니다. [애니메이션] 탭의 [애니메이션] 그룹에서 '자세히 ' 단추를 클릭한 후 '닦아내기'를 선택합니다.

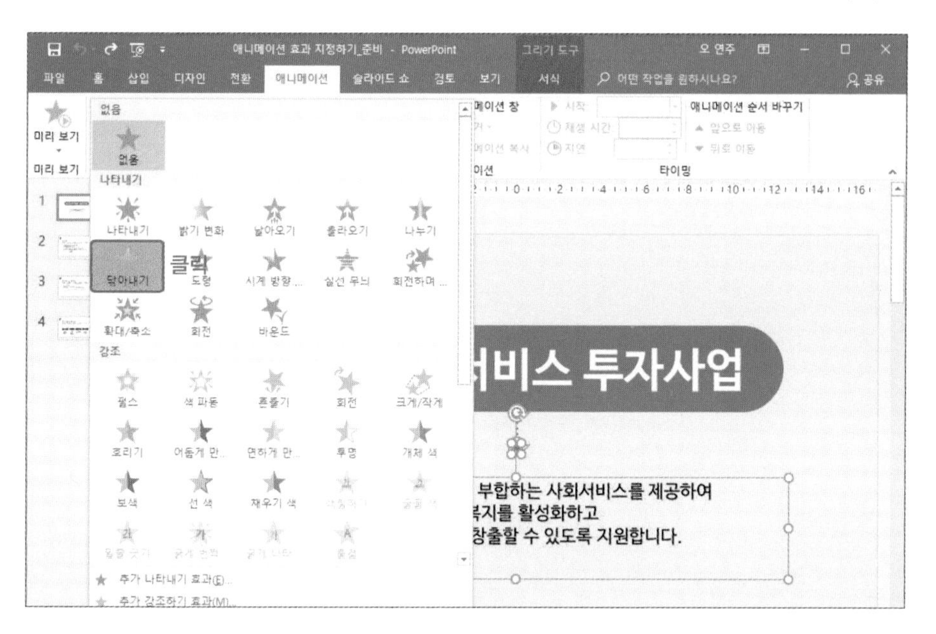

02 [애니메이션] 탭의 [애니메이션] 그룹에서 ❶'효과 옵션' 단추를 클릭한 후 ❷'위에서'를 선택합니다.

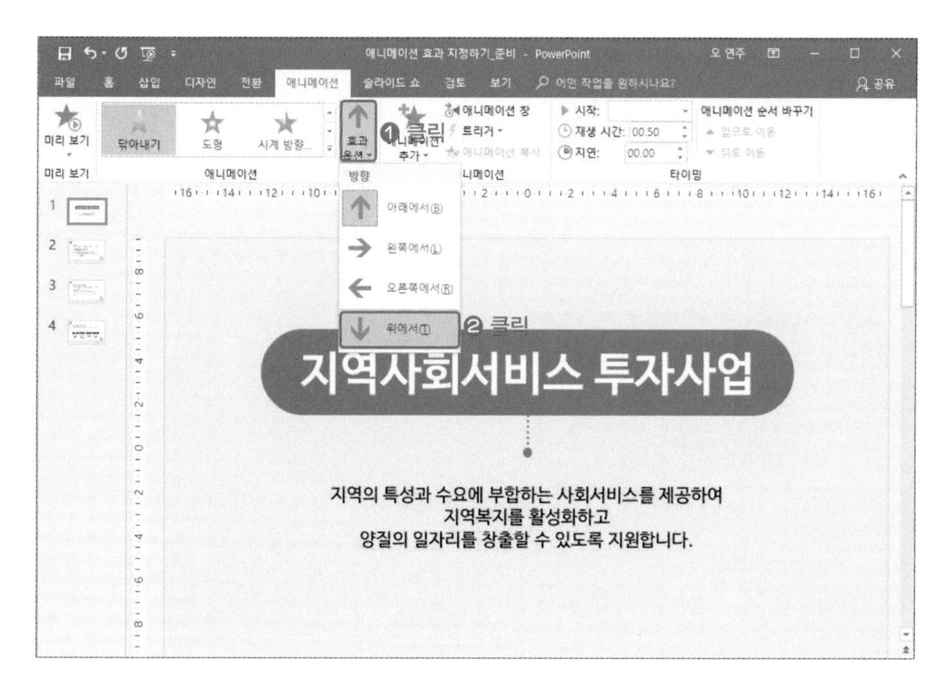

03 [애니메이션] 탭의 [고급 애니메이션] 그룹에서 '애니메이션 창' 단추를 클릭합니다.

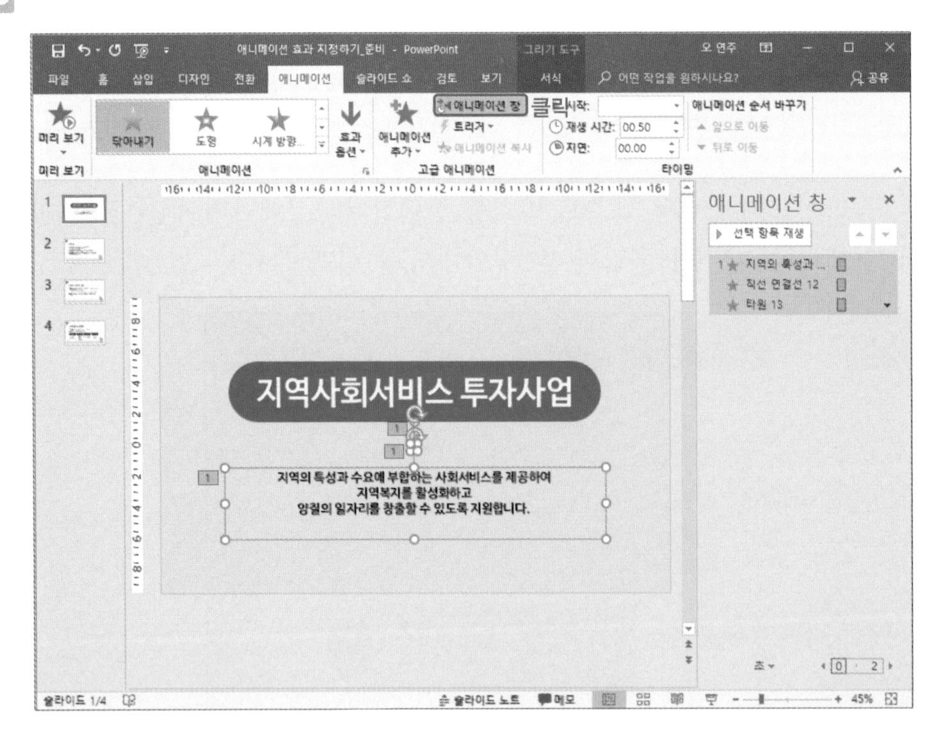

04 오른쪽의 [애니메이션 창]에서 다음과 같이 순서를 조정합니다.

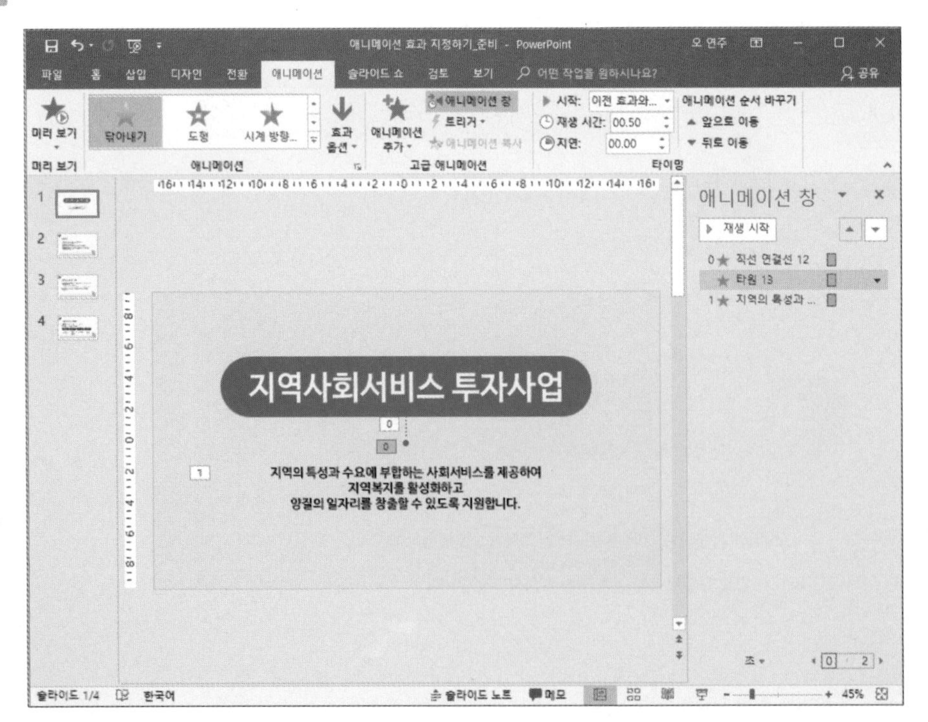

05 [애니메이션] 탭의 [애니메이션] 그룹에서 ❶'시작' 단추를 클릭하여 ❷'이전 효과 다음에'를 선택합니다.

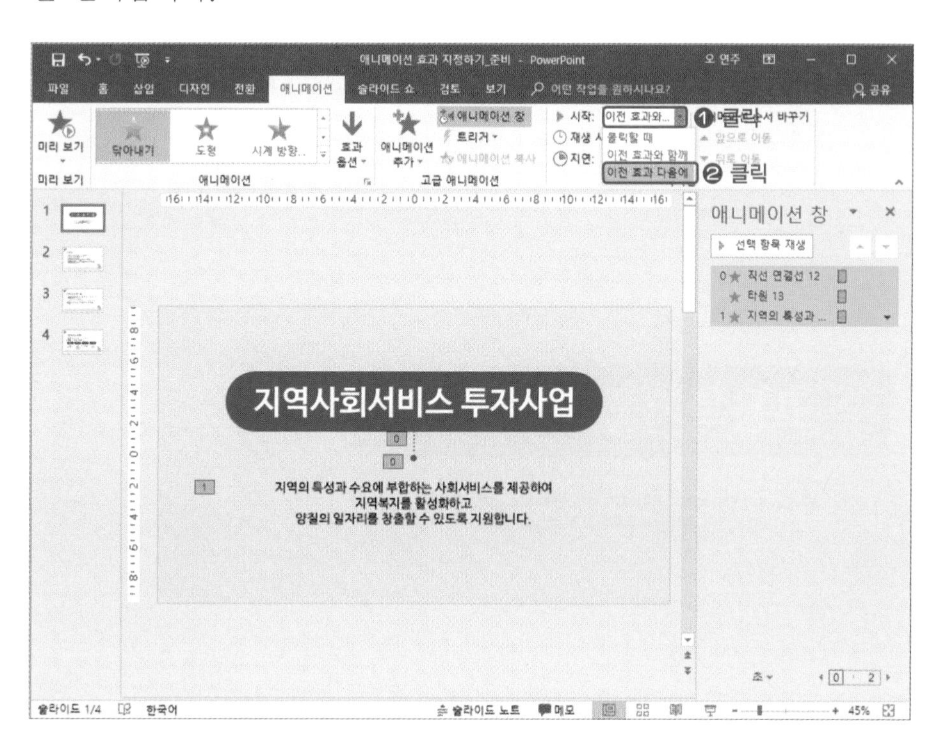

06 [애니메이션] 탭의 [미리 보기] 그룹에서 '미리 보기' 단추를 클릭하여 애니메이션을 확인합니다.

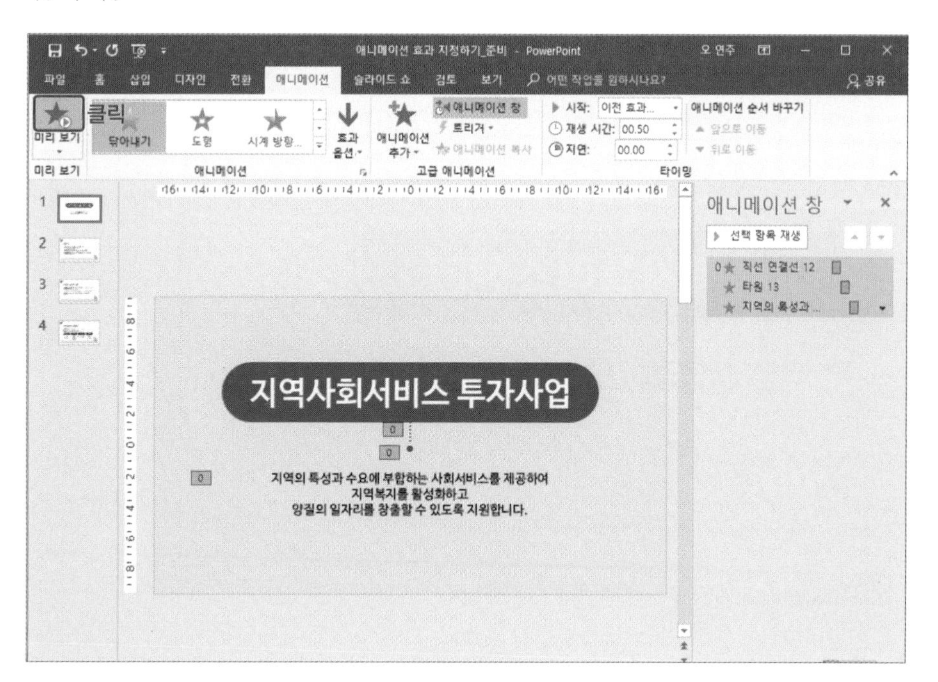

혼자 풀어보기

01 준비파일을 연 후, 1번 슬라이드에 화면 전환 효과를 조건처럼 지정해 보세요.

★조건 | • 슬라이드 화면 전환: 화려한 효과의 '바둑판 무늬'

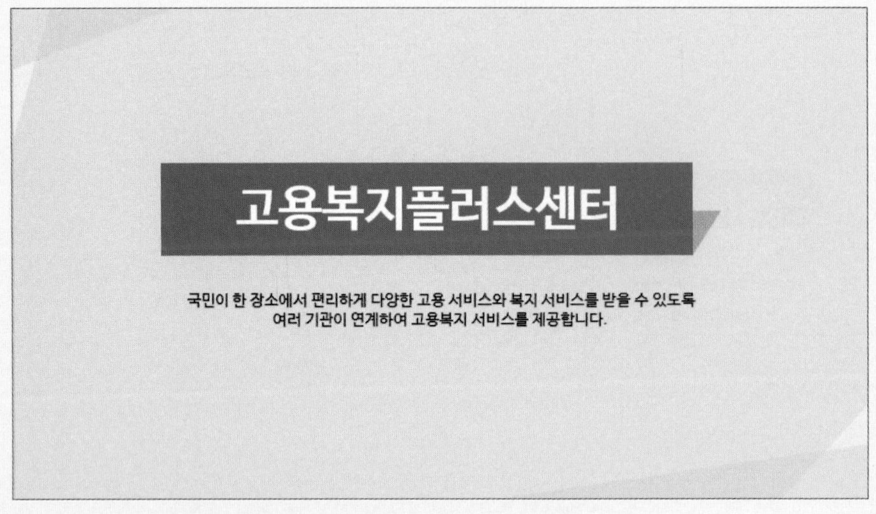

●● 준비파일: 고용복지플러스센터 화면 전환_준비.pptx

●● 완성파일: 고용복지플러스센터 화면 전환_완성.pptx

02 준비파일을 연 후, 1번 슬라이드에서 화면 전환 기간을 조건에 맞게 지정해 보세요.

★조건 | • 기간: 01.00

고용복지플러스센터

국민이 한 장소에서 편리하게 다양한 고용 서비스와 복지 서비스를 받을 수 있도록
여러 기관이 연계하여 고용복지 서비스를 제공합니다.

●● 준비파일: 고용복지플러스센터 기간조정하기_준비.pptx

●● 완성파일: 고용복지플러스센터 기간조정하기_완성.pptx

03 준비파일을 연 후, 2번 슬라이드의 제목과 내용에 애니메이션 효과를 지정해 보세요.

★조건
- '제목' 애니메이션: 나타내기의 '실선 무늬'
- '내용' 애니메이션: 나타내기의 '밝기 변화'

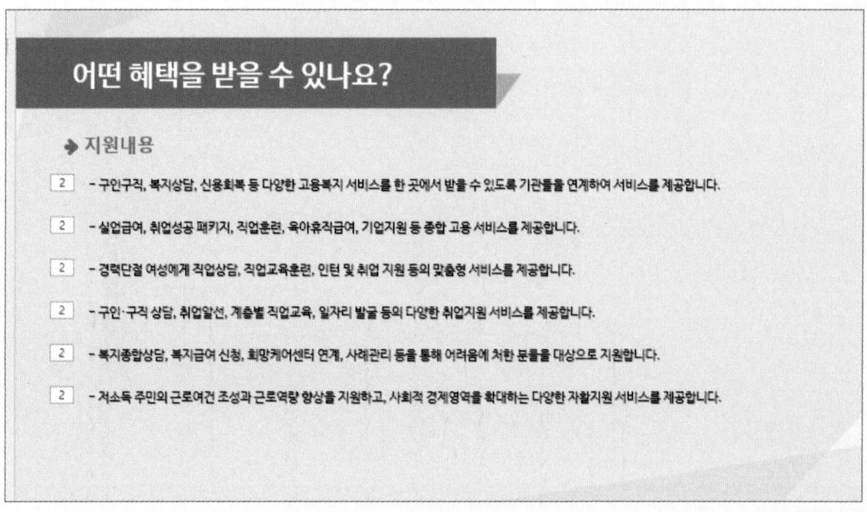

●● 준비파일: 고용복지플러스센터 애니메이션_준비.pptx
●● 완성파일: 고용복지플러스센터 애니메이션_완성.pptx

04 준비파일을 연 후, 3번 슬라이드에 애니메이션 효과의 기간을 조건에 맞게 지정해 보세요.

★조건
- '제목' 애니메이션: 나타내기의 '닦아내기', 효과 옵션: 왼쪽에서, 재생 시간: 00.30
- '내용' 애니메이션: 나타내기의 '밝기 변화', 재생 시간: 00.30

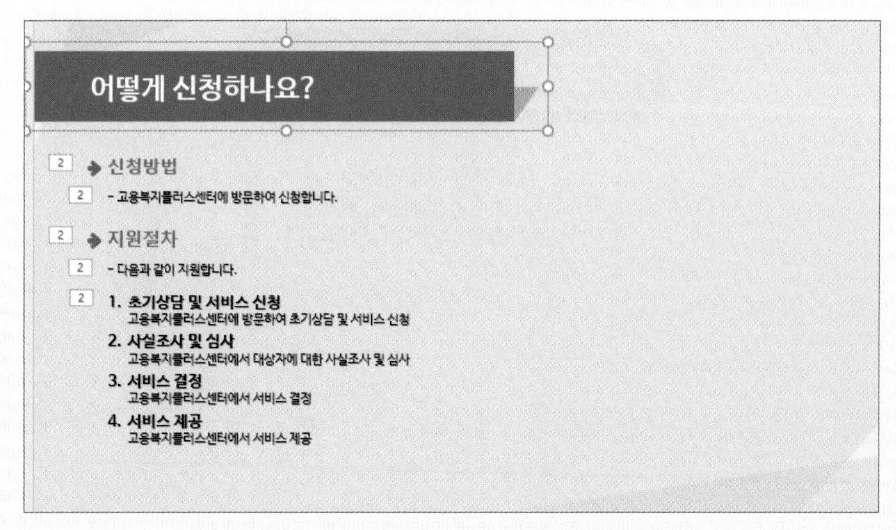

●● 준비파일: 고용복지플러스센터 애니메이션 기간조정_준비.pptx
●● 완성파일: 고용복지플러스센터 애니메이션 기간조정_완성.pptx

슬라이드쇼 진행하기

하이퍼링크나 실행단추는 슬라이드 쇼를 진행하면서 다른 슬라이드로 바로 이동할 수 있는 기능입니다. 파워포인트 2016에서는 슬라이드에 하이퍼링크와 실행단추를 설정하고, 슬라이드 쇼를 실행하는 방법에 대해 알아봅니다.

학습 목표

- 웹페이지 및 문서의 특정 위치에 대한 링크 방법에 대하여 알아봅니다.
- 슬라이드 쇼를 실행하고, 예행 연습을 하는 방법에 대하여 알아봅니다.

배울 내용 미리 보기

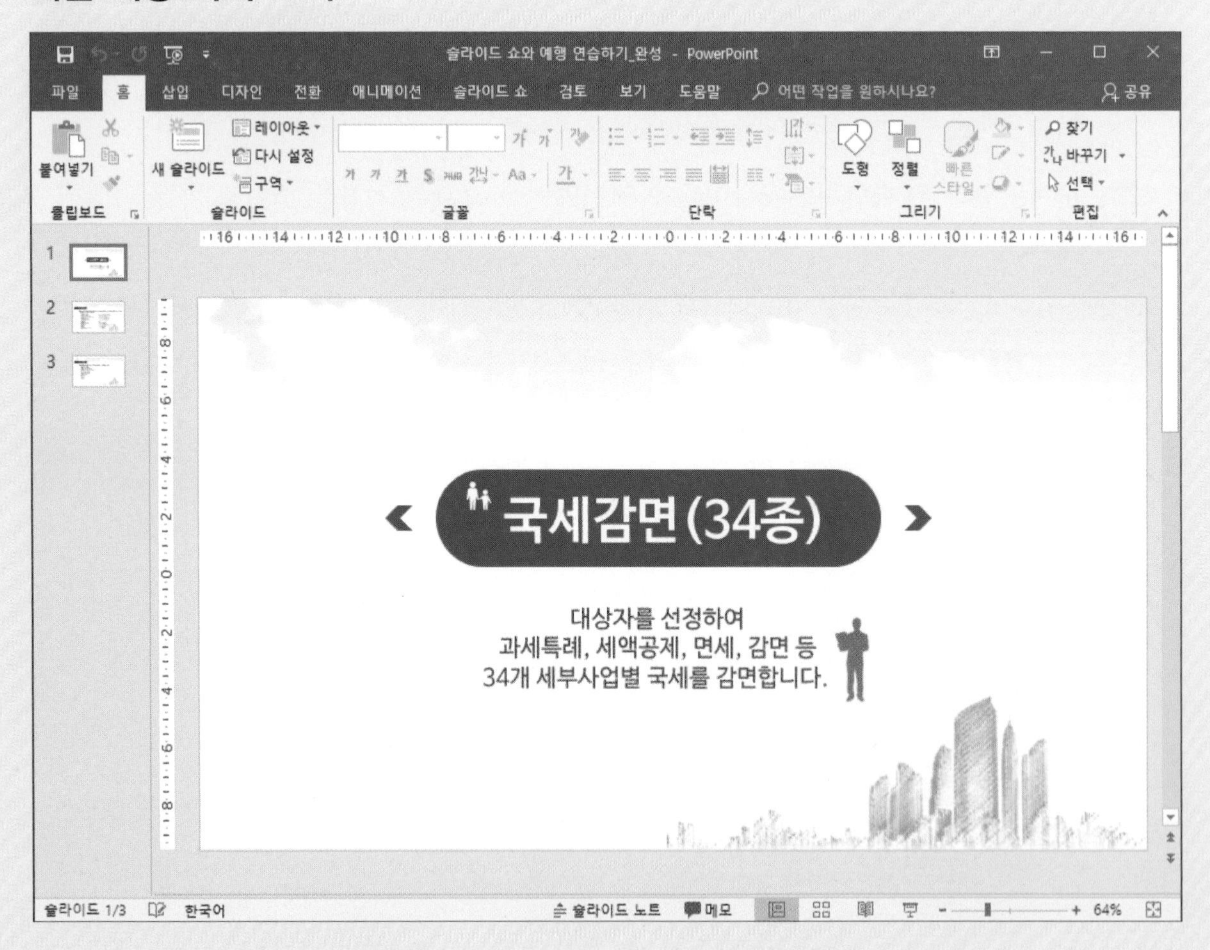

실습 01 | 하이퍼링크 설정하기

●● 준비파일: 하이퍼링크 설정하기_준비.pptx
●● 완성파일: 하이퍼링크 설정하기_완성.pptx

01 준비파일을 연 후, 슬라이드에 '국세감면(34)종' 텍스트를 선택합니다.

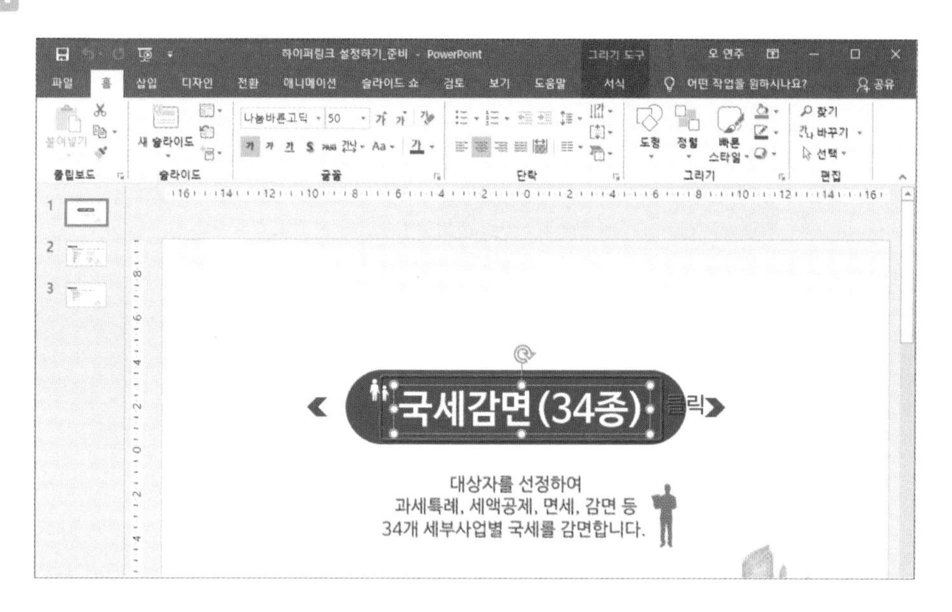

02 [삽입] 탭의 [링크] 그룹에서 ❶'(하이퍼)링크' 단추를 클릭합니다. [하이퍼링크 삽입] 대화상자에서 연결 대상은 ❷'현재 문서', 이 문서에서 위치 선택은 ❸'슬라이드 3'으로 선택한 후 ❹[확인]을 클릭합니다.

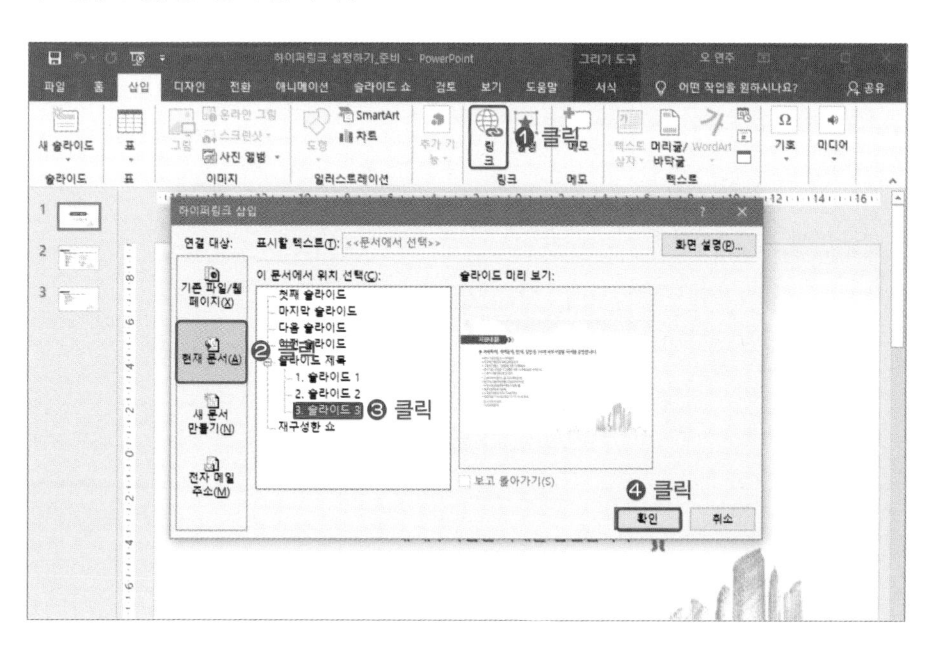

03 하이퍼링크를 확인하기 위해 [슬라이드 쇼] 탭의 [슬라이드 쇼 시작] 그룹에서 '처음부터' 단추를 클릭합니다.

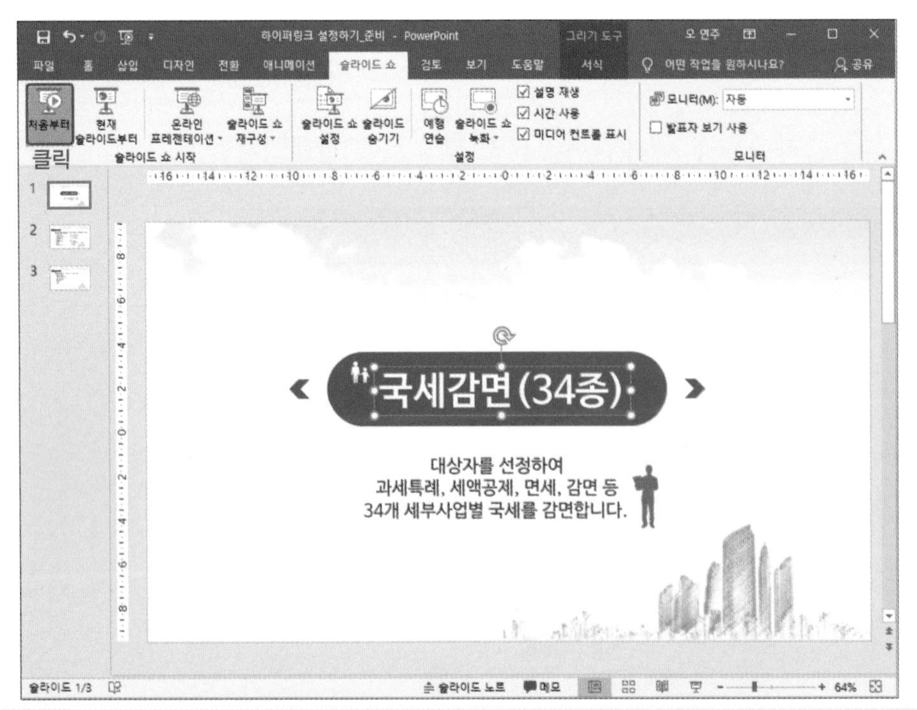

참고

슬라이드 쇼를 실행하는 단축키는 F5 입니다.

04 슬라이드가 쇼가 실행되고 1번 슬라이드에서 '국세감면(34종)'텍스트를 클릭하면, 3번 슬라이드로 페이지가 이동되는 것을 확인할 수 있습니다.

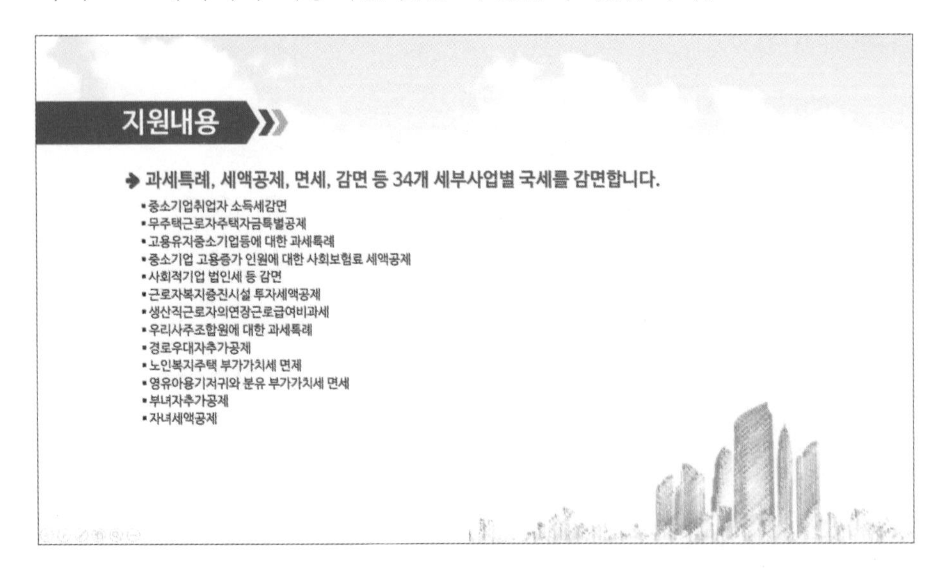

05 슬라이드 쇼를 마친 후, 2번 슬라이드에서 '지원대상' 텍스트를 선택합니다.

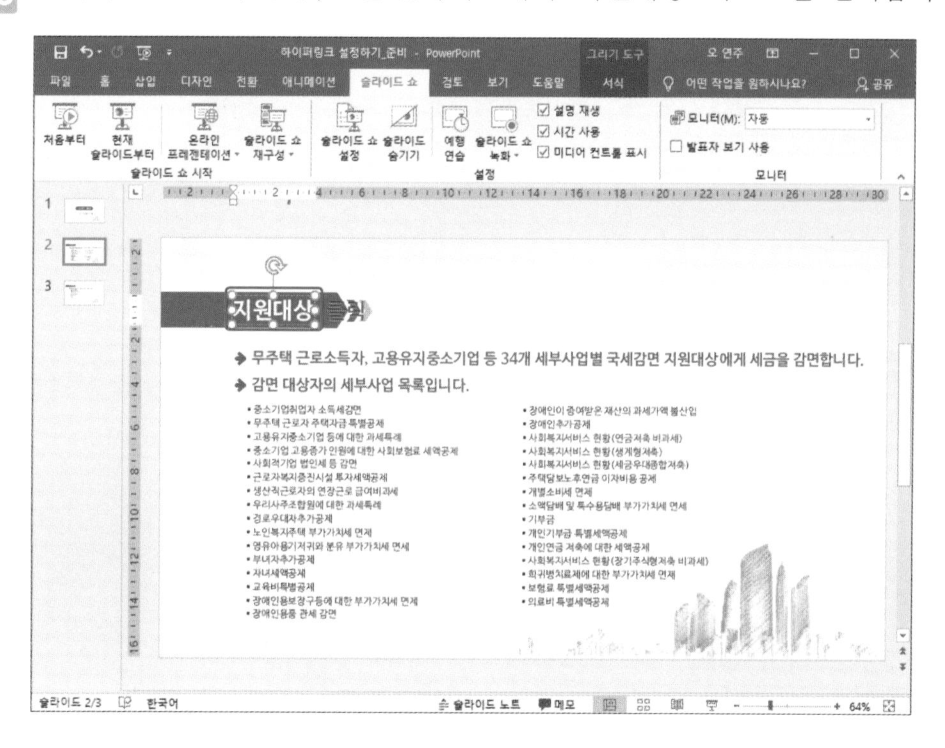

06 [삽입] 탭의 [링크] 그룹에서 ❶'실행' 단추를 클릭한 후, [실행 설정] 대화상자의 ❷'마우스를 클릭할 때' 탭을 클릭하고 ❸'하이퍼링크'에서 'URL'을 선택합니다.

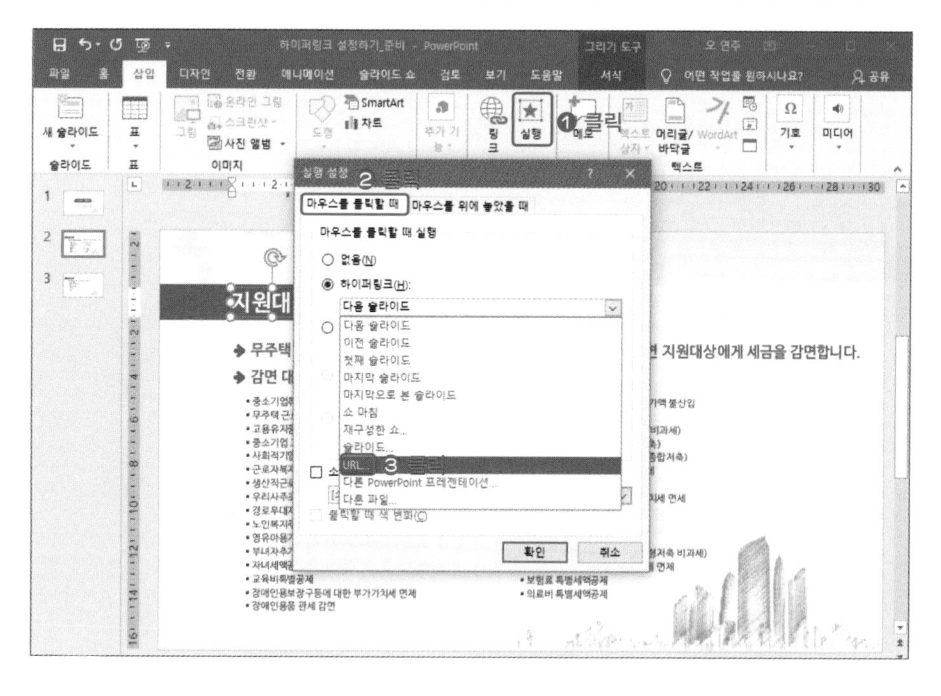

07 [URL 하이퍼링크] 대화상자에서 나타나면 ❶'http://www.bokjiro.go.kr'을 입력한 후, ❷[확인]을 클릭합니다.

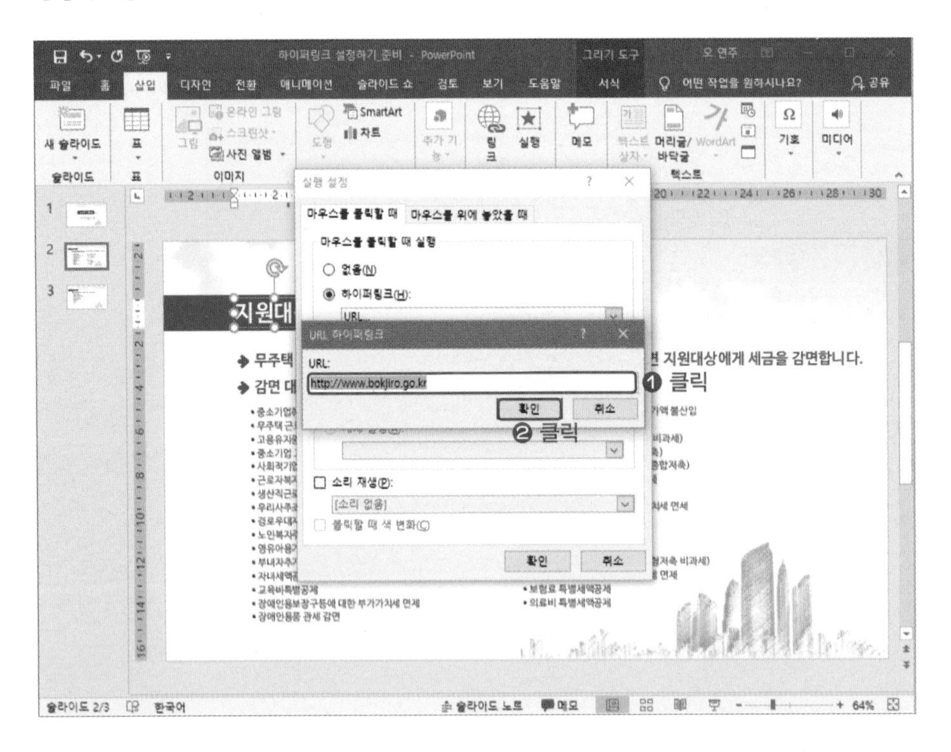

08 [실행 설정] 대화상자에서 ❶'클릭할 때 색 변화'에 체크하고 ❷'확인'을 누릅니다.

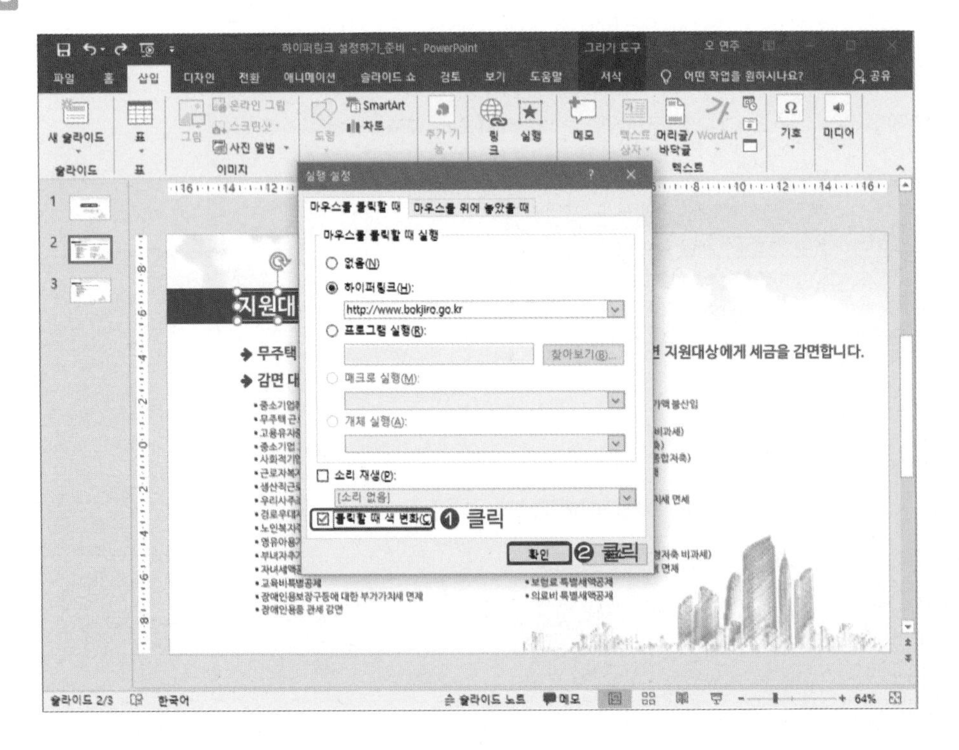

09 슬라이드 쇼를 실행한 후, '지원대상'을 클릭하면 링크 걸어둔 웹페이지가 열리는 것을 확인할 수 있습니다.

실습 02 | 슬라이드 쇼 실행하기

●● 준비파일: 슬라이드 쇼와 예행 연습하기_준비.pptx
●● 완성파일: 슬라이드 쇼와 예행 연습하기_완성.pptx

01 준비파일을 연 후, [슬라이드 쇼] 탭의 [슬라이드 쇼 시작] 그룹에서 '처음부터' 단추를 클릭합니다.

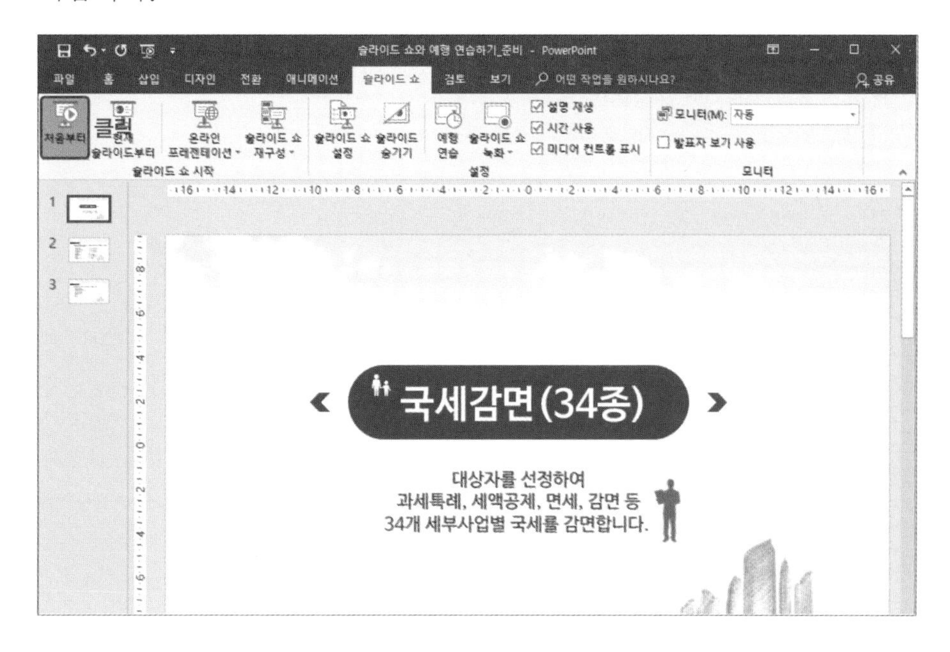

02 슬라이드 쇼가 실행되면 마우스로 화면을 클릭하거나 Enter 키를 눌러 다음 슬라이드로 넘어갑니다.

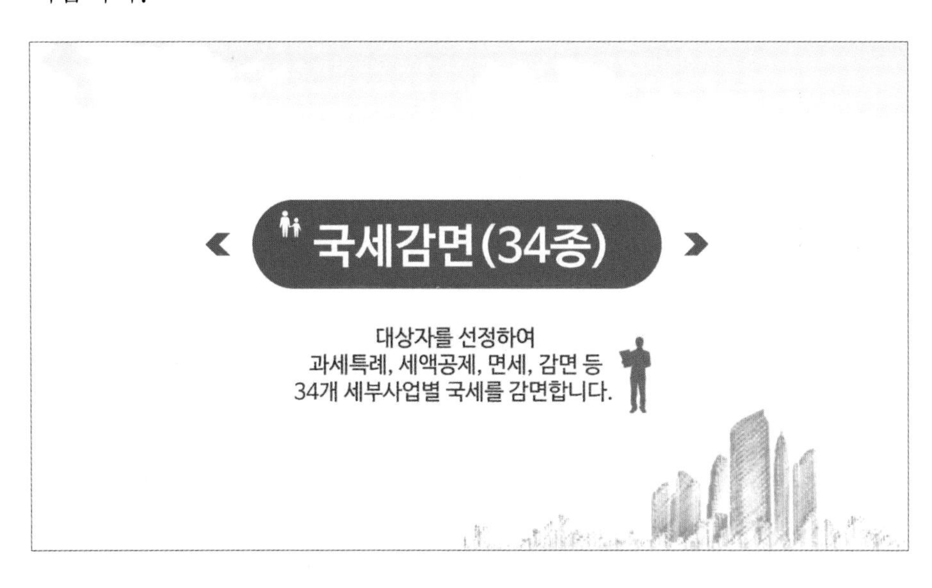

03 마지막 슬라이드에서 마우스로 화면을 클릭하거나 Enter 키를 누르면 슬라이드 쇼가 종료됩니다.

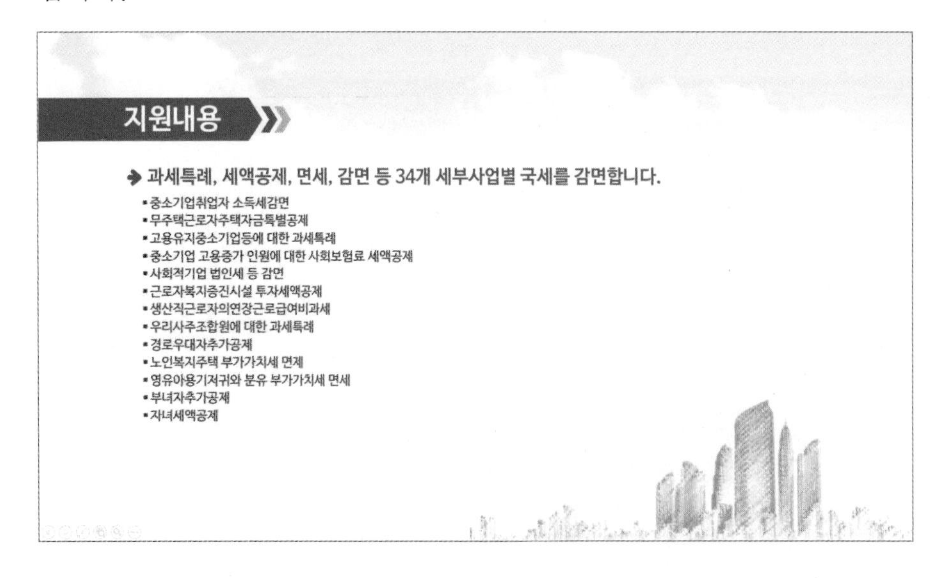

04 [슬라이드 쇼] 탭의 [설정] 그룹에서 '예행 연습' 단추를 클릭합니다.

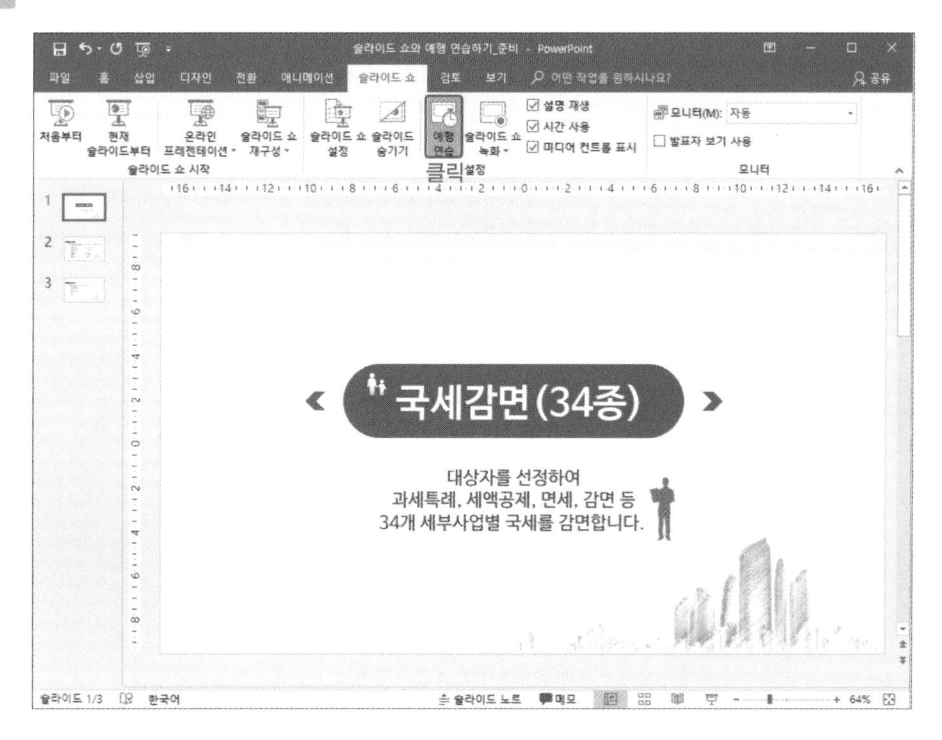

05 슬라이드 쇼가 실행됨과 동시에 슬라이드 왼쪽 상단에 녹화 시간이 표시됩니다.

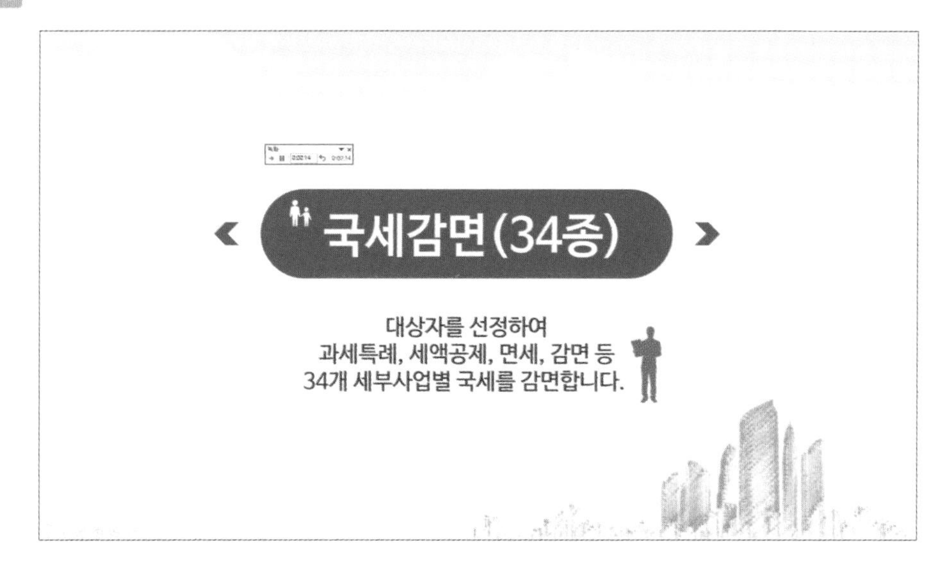

06 모든 슬라이드 쇼가 종료될 때 슬라이드 쇼에 걸린 시간과 함께 각 슬라이드에 그 시간을 저장할 것인지 묻는 대화상자가 등장하면 [예]를 클릭합니다.

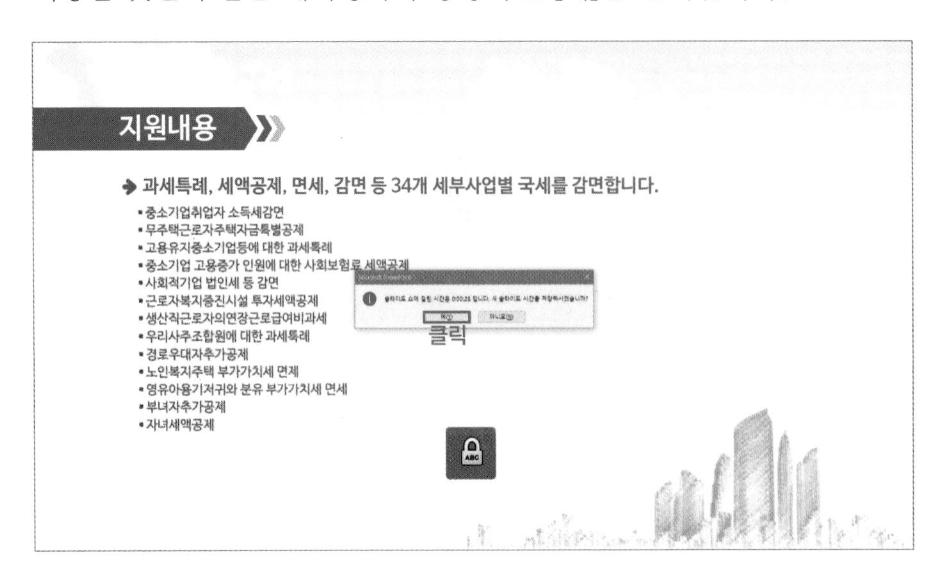

07 [보기] 탭의 [프레젠테이션 보기] 그룹에서 '여러 슬라이드' 단추를 클릭하면 여러 슬라이드 보기 화면이 나타나면서 각 슬라이드마다 녹화 시간이 표시됩니다. 이때, 처음 슬라이드 보기 화면으로 돌아가려면 다시 [보기] 탭의 [프레젠테이션 보기] 그룹에서 '기본' 단추를 클릭합니다.

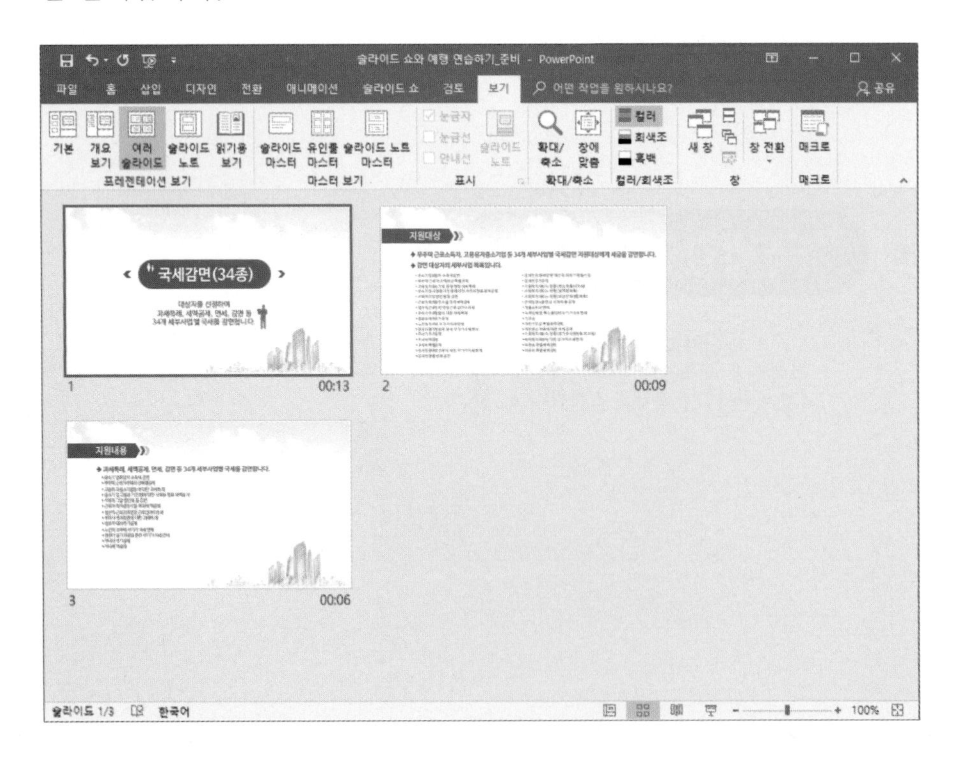

혼자 풀어보기

01 준비파일을 연 후, 1번 슬라이드의 제목 텍스트에 조건에 제시된 URL을 하이퍼링크로 만들어 보세요.

★조건 | • https://www.airport.kr/ap_cnt/ko/dep/depche/depche.do

●● 준비파일: 인천공항 웹페이지 연결하기_준비.pptx
●● 완성파일: 인천공항 웹페이지 연결하기_완성.pptx

02 준비파일을 연 후, 2번 슬라이드의 제목 텍스트에 1번 슬라이드를 하이퍼링크로 만들어 보세요.

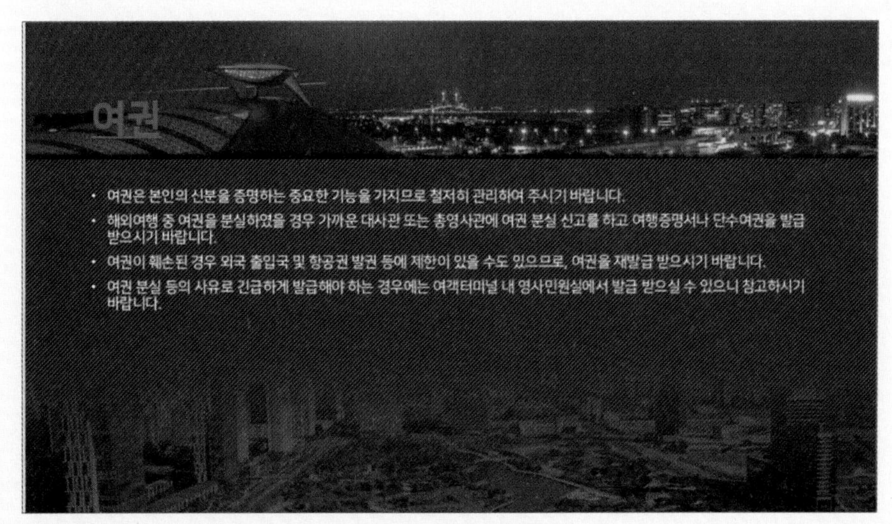

●● 준비파일: 인천공항 문서 내 연결하기_준비.pptx
●● 완성파일: 인천공항 문서 내 연결하기_완성.pptx

슬라이드 마스터와 인쇄하기

슬라이드 마스터를 이용하면 여러 슬라이드에 동일한 서식과 배경 등을 일괄적으로 적용할 수 있습니다. 파워포인트 2016에서는 슬라이드 마스터의 설정 방법과 함께 슬라이드를 인쇄하는 방법, PDF로 내보내기에 대해 알아봅니다.

학습 목표

- 슬라이드 마스터에서 모든 슬라이드에 동일한 슬라이드 번호를 삽입하는 방법에 대하여 알아봅니다.
- 슬라이드를 인쇄 및 PDF로 저장하는 방법에 대하여 알아봅니다.

배울 내용 미리 보기

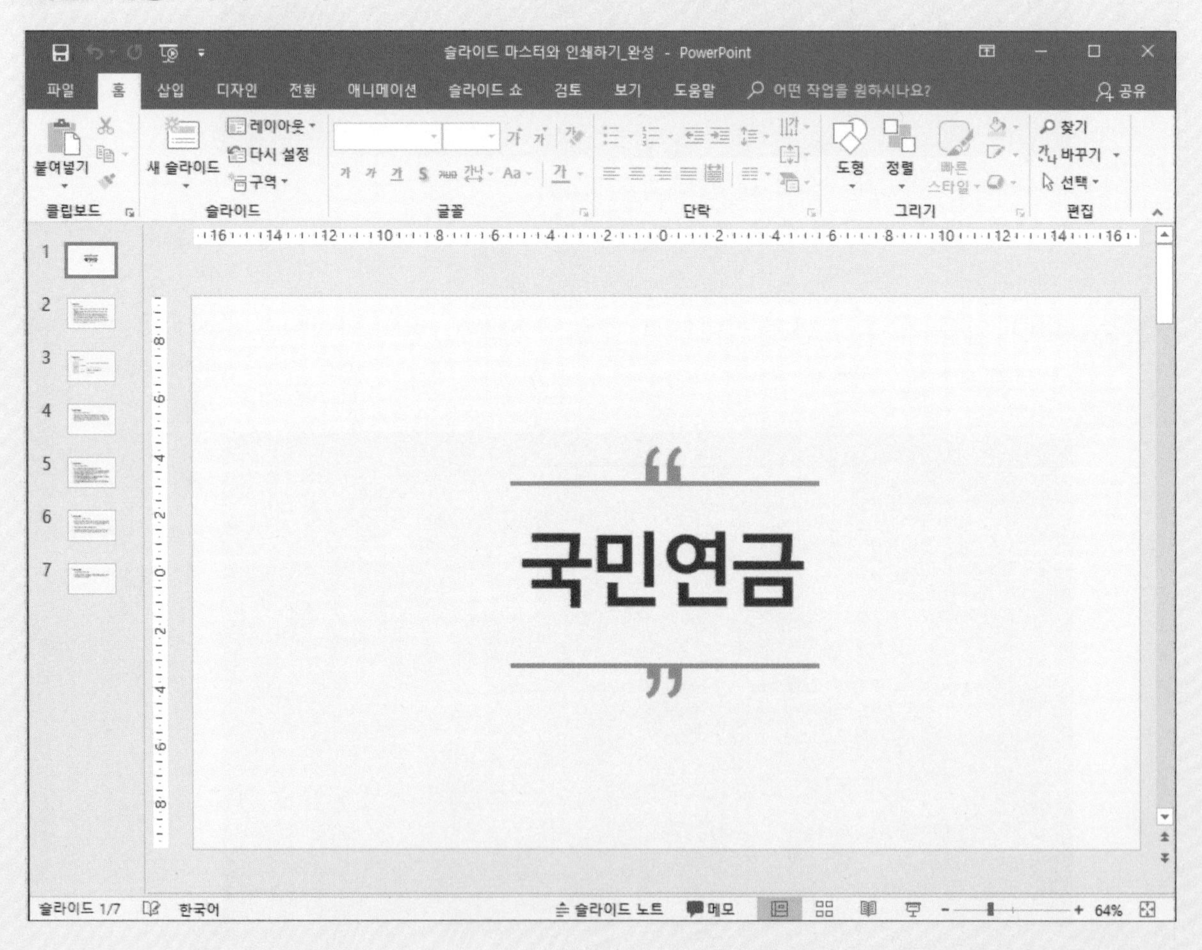

실습 01 | 슬라이드 마스터 설정하기

●● 준비파일: 슬라이드 마스터와 인쇄하기_준비.pptx
●● 완성파일: 슬라이드 마스터와 인쇄하기_완성.pptx

01 준비파일을 연 후, [보기] 탭의 [마스터 보기] 그룹에서 '슬라이드 마스터' 단추를 클릭합니다.

02 슬라이드 마스터 화면이 나타나면 하단에 있는 '바닥글'과 '날짜' 상자를 선택한 후, Delete 키를 눌러 삭제합니다.

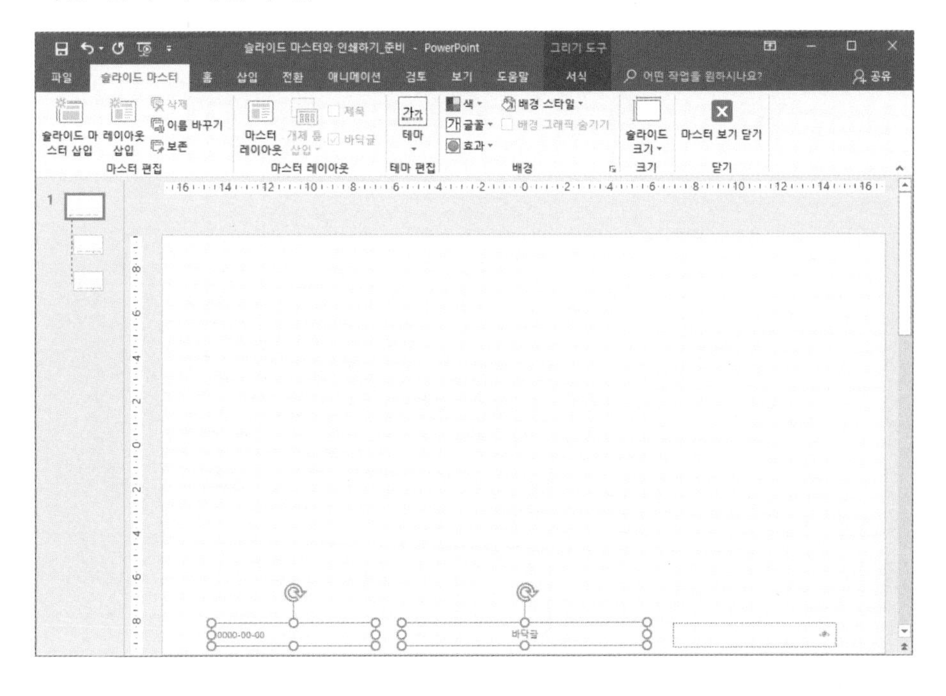

03 슬라이드 하단 오른쪽의 '페이지 번호' 상자를 선택한 후, [그리기 도구]-[서식] 탭의 [정렬] 그룹에서 ❶'개체 맞춤' 단추에서 ❷'가운데 맞춤'을 클릭합니다.

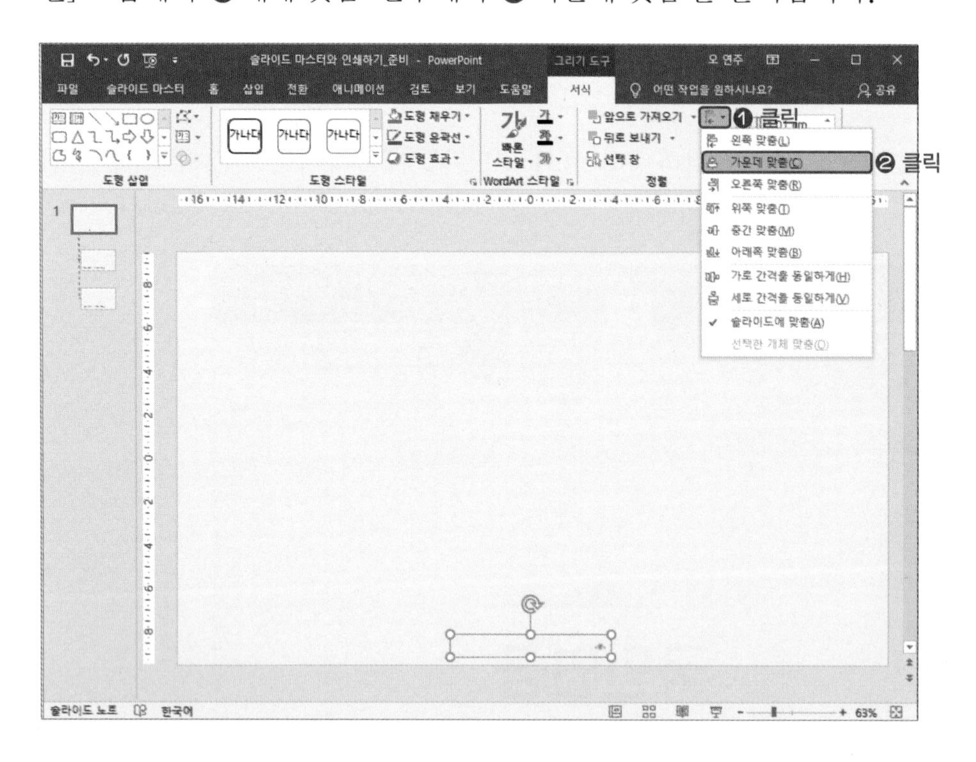

04 상자 안을 클릭한 후, [홈] 탭의 [단락] 그룹에서 '가운데 맞춤'을 클릭합니다.

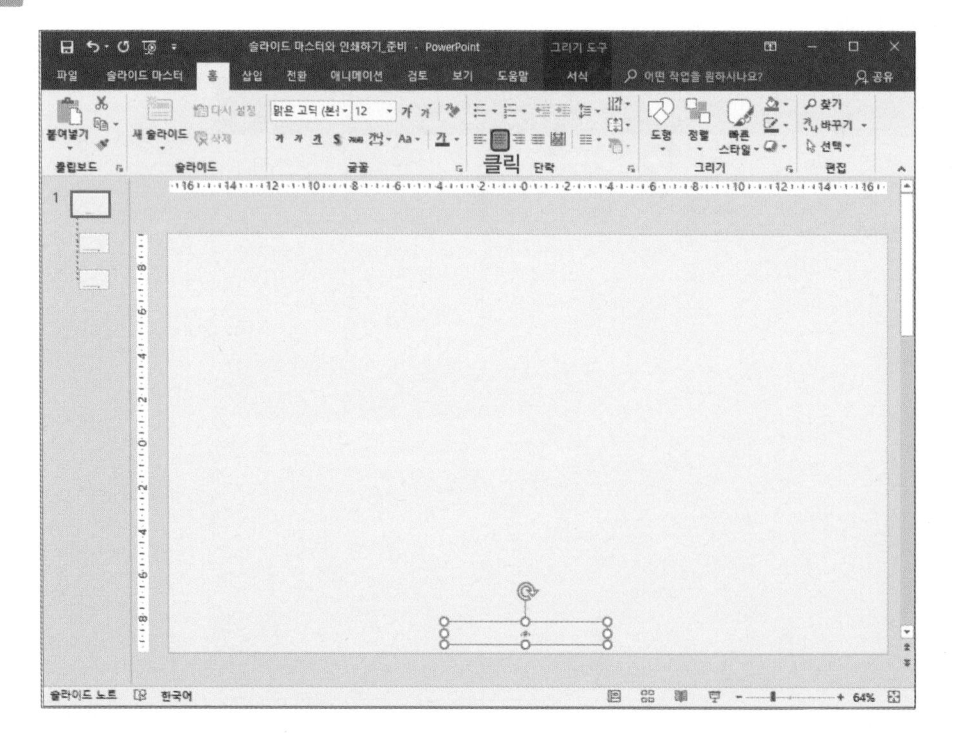

05 왼쪽의 슬라이드 축소판 그림에서 두 번째 마스터를 선택한 후, [슬라이드 마스터] 탭의 [마스터 레이아웃] 그룹에서 '바닥글'을 체크 해제합니다.

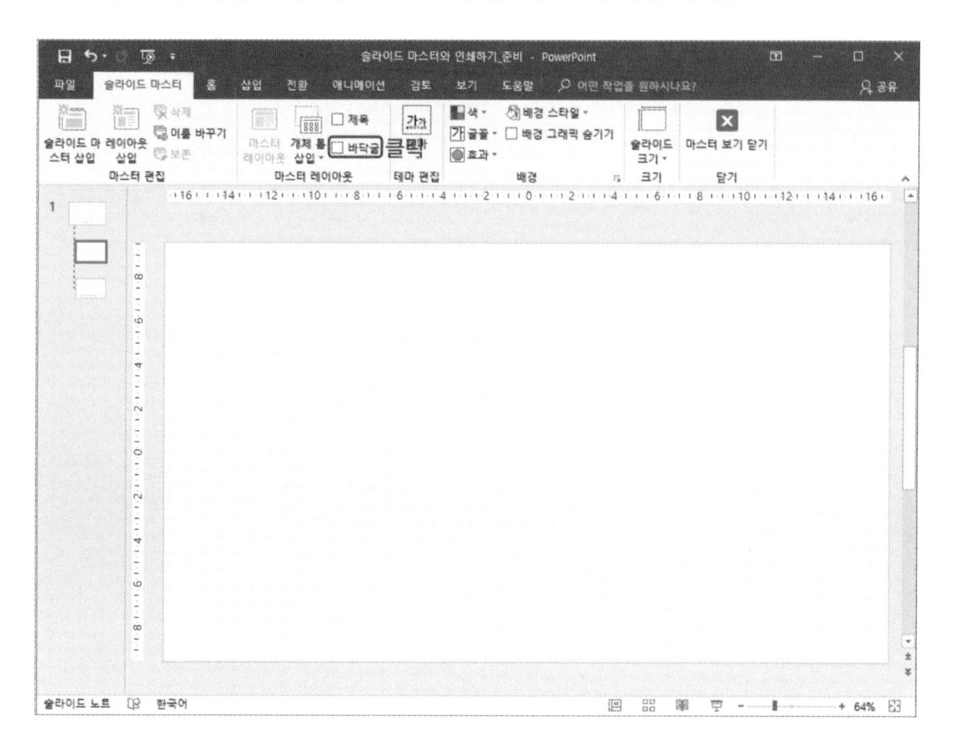

06 슬라이드 번호를 적용하기 위해 [슬라이드 마스터] 탭의 [마스터 레이아웃] 그룹에서 '바닥글'을 다시 체크합니다.

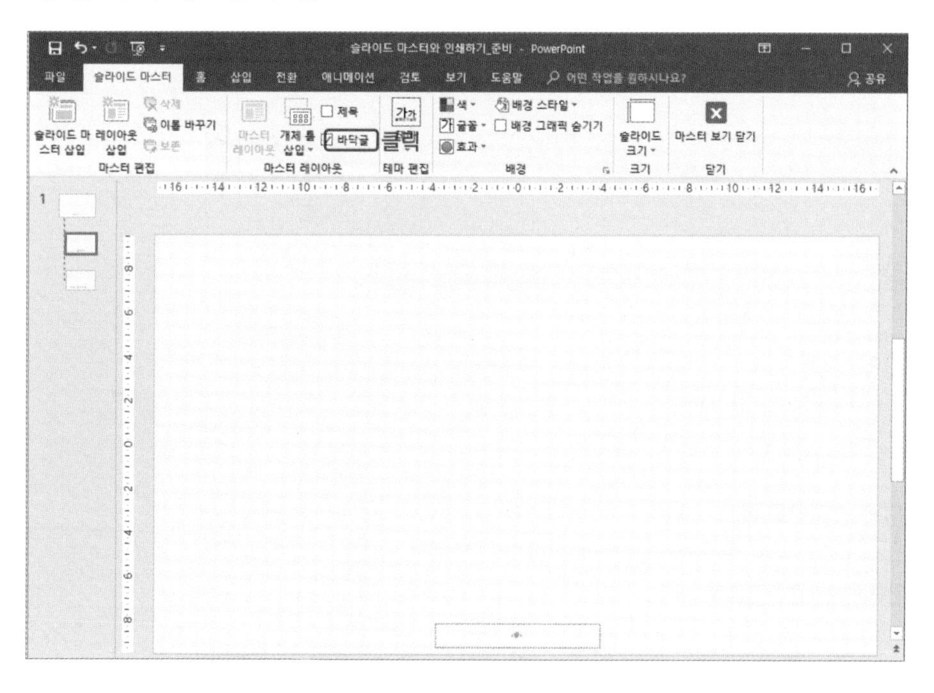

07 3번 슬라이드 마스터를 선택하고 2번 슬라이드 마스터와 같이 바닥글 부분을 수정한 후, [슬라이드 마스터] 탭의 [닫기] 그룹에서 '마스터 보기 닫기' 단추를 클릭합니다.

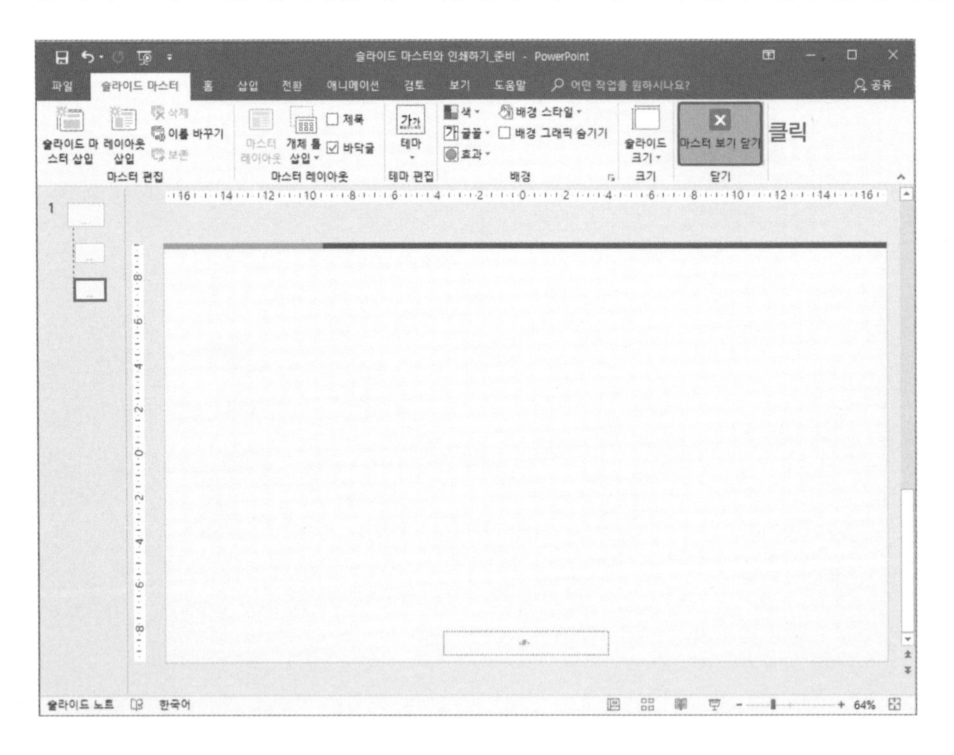

08 슬라이드 번호를 적용하기 위해 2번 슬라이드 마스터를 선택한 후, [삽입] 탭의 [텍스트] 그룹에서 ❶'슬라이드 번호' 단추를 클릭합니다. [머리글/바닥글] 대화상자에서 [슬라이드] 탭에서 ❷'슬라이드 번호'와 ❸'제목 슬라이드에는 표시 안 함'에 체크한 후, ❹[모두 적용]을 선택합니다.

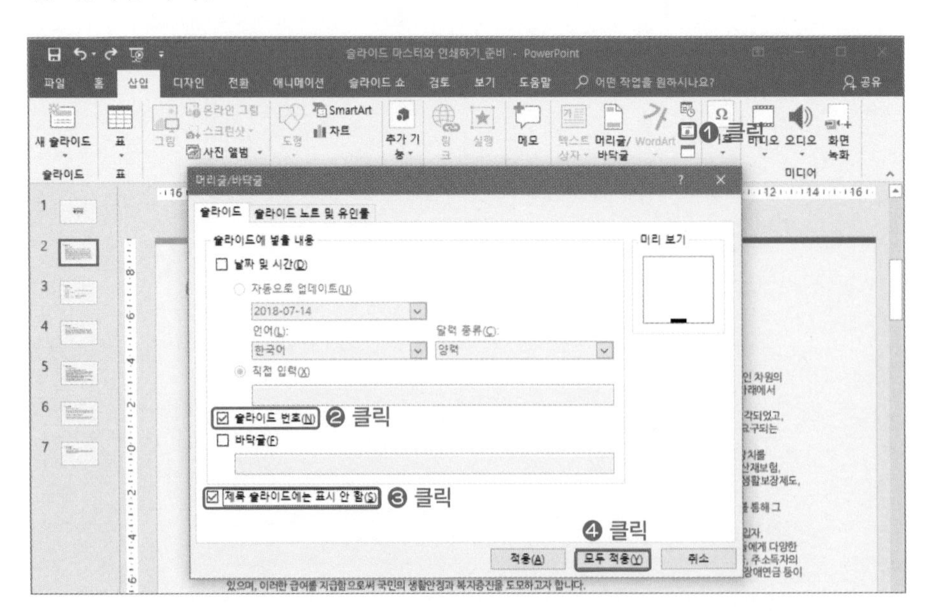

09 1번 슬라이드를 제외한 슬라이드 번호가 적용된 것을 확인할 수 있습니다.

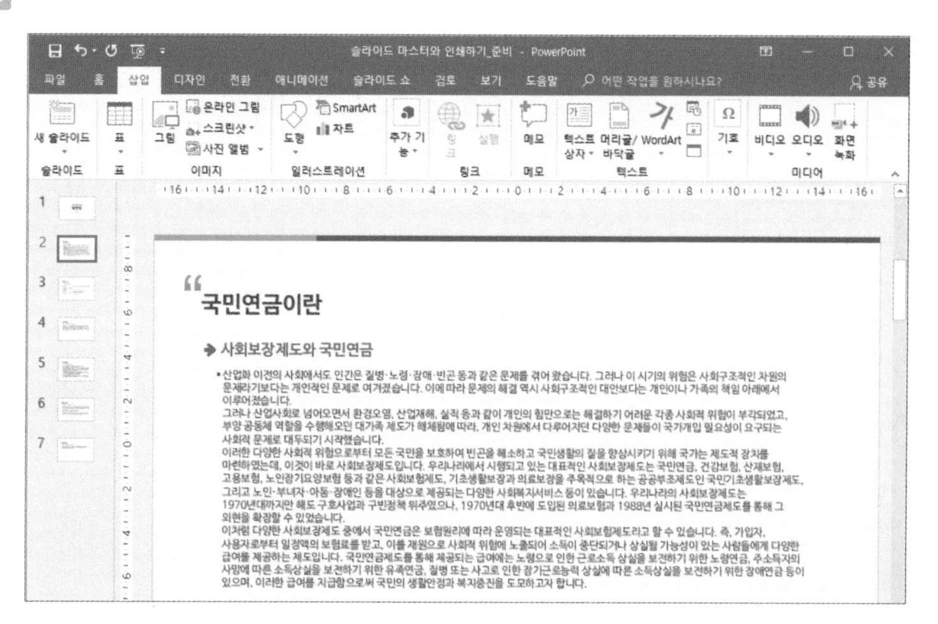

실습 02 | 슬라이드 인쇄 설정하기

- 준비파일: 슬라이드 마스터와 인쇄하기_준비.pptx
- 완성파일: 슬라이드 마스터와 인쇄하기_완성.pptx

01 준비파일을 연 후, [파일] 탭에서 [인쇄]를 선택합니다.

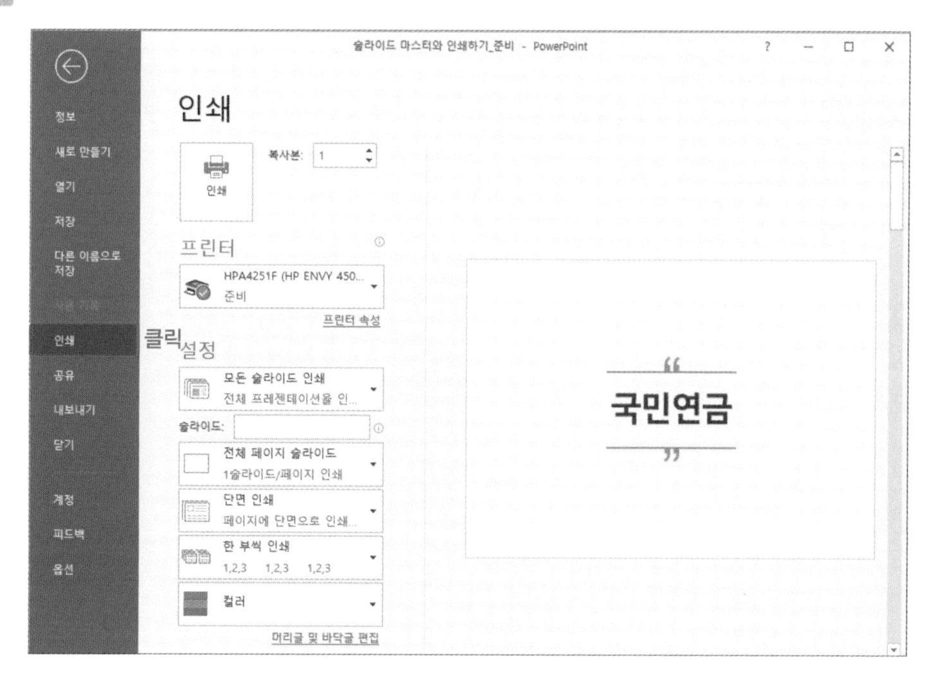

02 인쇄 설정 화면에서 ❶복사본(인쇄 매수)을 '2'로 지정하고, 인쇄 모양을 ❷'전체 페이지 슬라이드'로 설정한 후, ❸'인쇄' 단추를 클릭합니다.

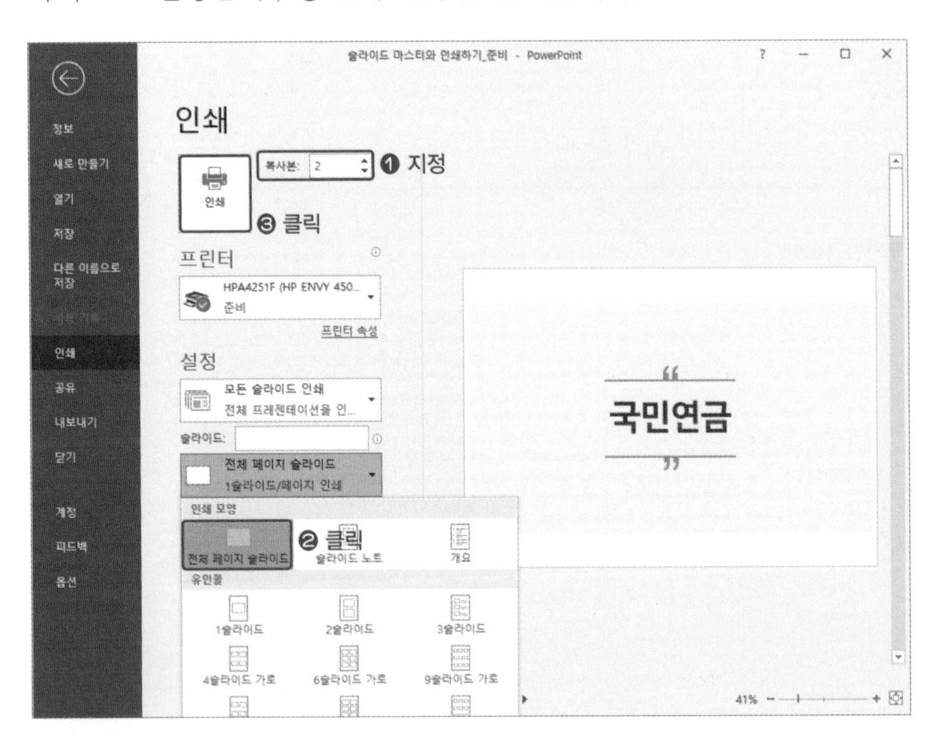

03 이번에는 PDF로 내보내기 위해 [파일] 탭에서 ❶[내보내기]를 선택한 후, ❷'PDF/XPS 문서 만들기' 단추를 클릭합니다.

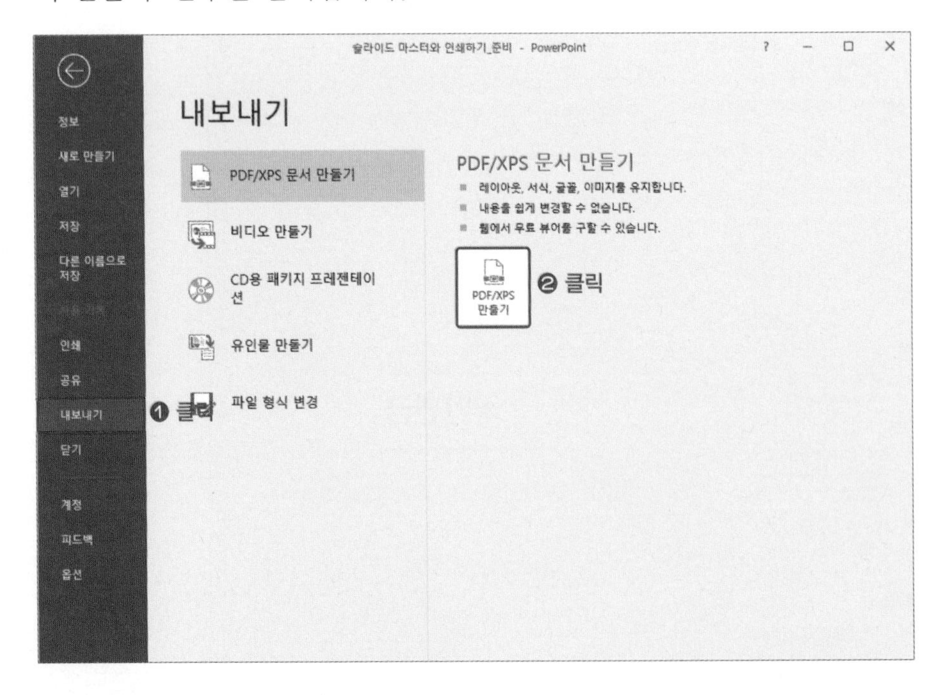

04 [PDF 또는 XPS로 게시] 대화상자가 나타나면 '예제파일' 폴더에 파일 이름을 ❶'슬라이드 마스터와 인쇄하기_준비'로 입력하고 ❷[게시]를 클릭합니다.

05 다음과 같이 PDF 문서로 저장된 것을 확인할 수 있습니다.

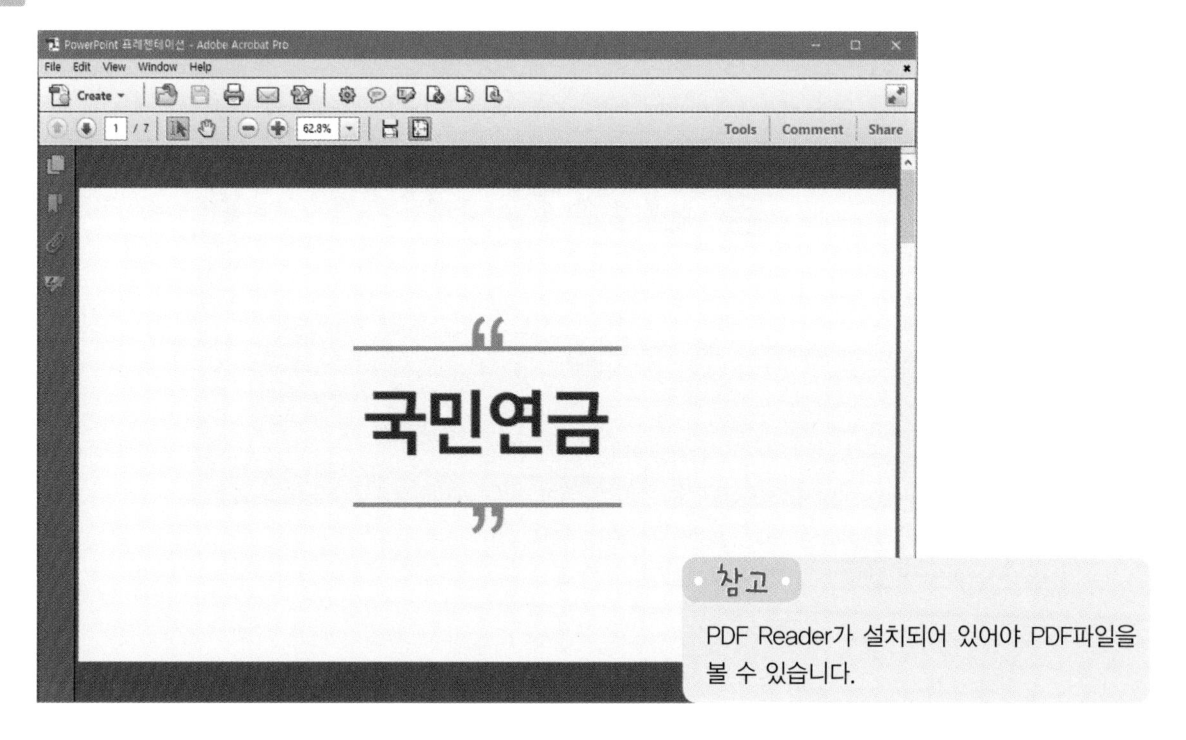

참고

PDF Reader가 설치되어 있어야 PDF파일을 볼 수 있습니다.

혼자 풀어보기

01 준비파일을 연 후, 슬라이드에 슬라이드 번호를 삽입해 보세요.

★조건 | • 제목 슬라이드에는 슬라이드 번호를 표시하지 않습니다.

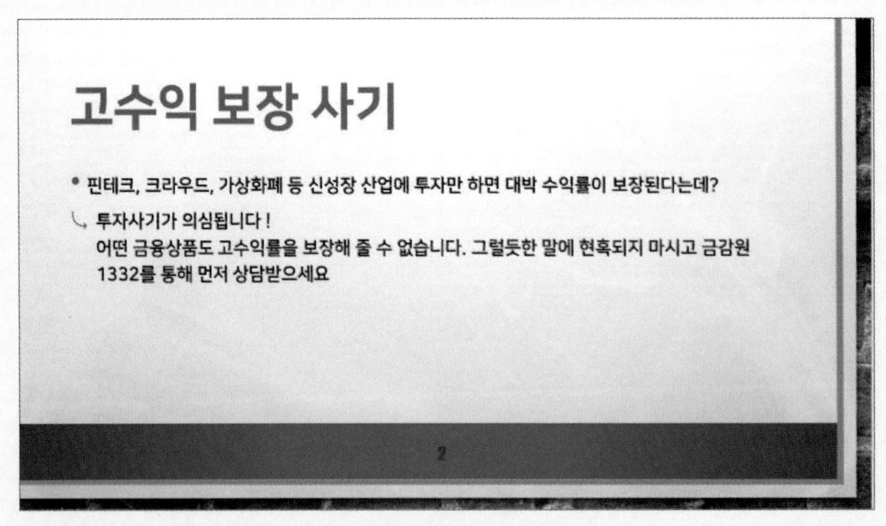

- 준비파일: 금융감독원 마스터 설정하기_준비.pptx
- 완성파일: 금융감독원 마스터 설정하기_완성.pptx

02 준비파일을 연 후, PDF로 저장해 보세요.

- 준비파일: 금융감독원 PDF 설정하기_준비.pptx
- 완성파일: 금융감독원 PDF 설정하기_완성.pptx

03 준비파일을 연 후, 슬라이드에 슬라이드 번호를 삽입해 보세요.

★조건 • 제목 슬라이드에는 슬라이드 번호를 표시하지 않습니다.

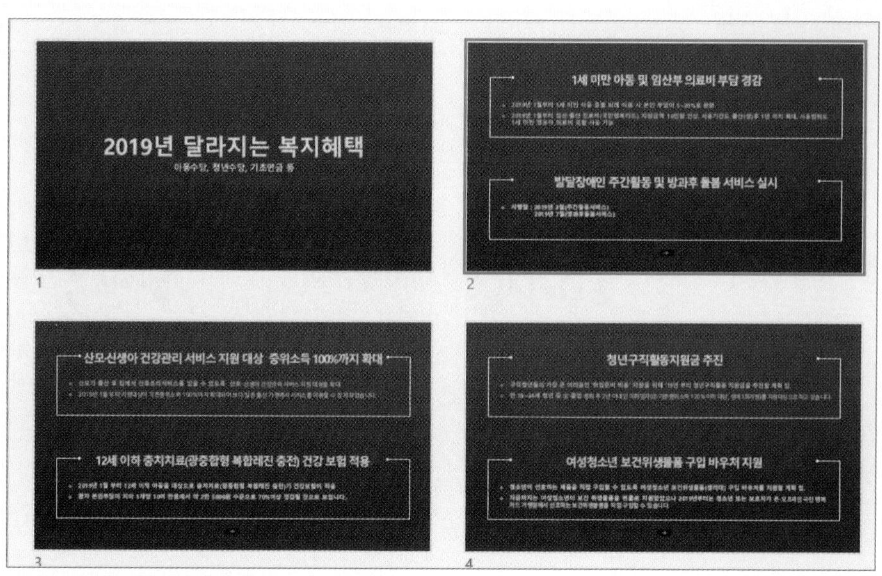

●● 준비파일: 복지혜택 마스터 설정하기_준비.pptx

●● 완성파일: 복지혜택 마스터 설정하기_완성.pptx

04 준비파일을 연 후, PDF로 저장해 보세요.

★조건 • PDF 옵션 : 유인물 2, 슬라이드 테두리 체크

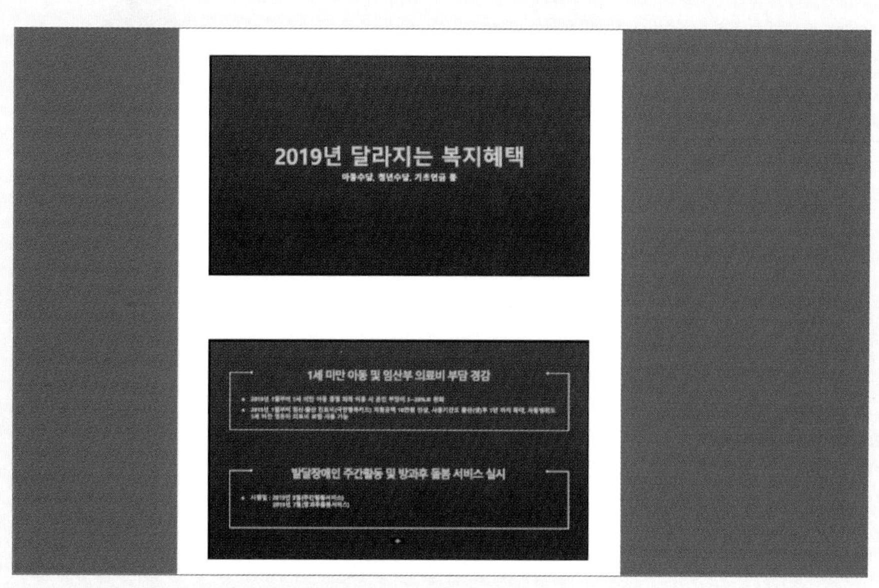

●● 준비파일: 복지혜택 PDF 설정하기_준비.pptx

●● 완성파일: 복지혜택 PDF 설정하기_완성.pptx

쉽게 배우는 시리즈

초보자들이 가장 쉽게 따라할 수 있는 시리즈 교재

NO.1
Windows 7과 사진 꾸미기
비전 IT 지음 |
국배변형판 |
172쪽 |
10,000원 |

NO.2
블로그와 UCC 활용하기
비전 IT 지음 |
국배변형판 |
184쪽 |
10,000원 |

NO.3
트위터&페이스북 활용하기
비전 IT 지음 |
국배변형판 |
180쪽 |
10,000원 |

NO.4
엑셀 2010 실무 활용하기
비전 IT 지음 |
국배변형판 |
176쪽 |
10,000원 |

NO.5
한글 2010 실무 활용하기
비전 IT 지음 |
국배변형판 |
172쪽 |
10,000원 |

NO.6
파워포인트 2010 실무 활용하기
비전 IT 지음 |
국배변형판 |
176쪽 |
10,000원 |

NO.7
파워포인트 2016 실무 활용하기
오연주 지음 |
국배변형판 |
160쪽 |
10,000원 |